The Relationship between
Essence and Cause in Aristotle

亚里士多德"本质"和"原因"概念关系研究

葛天勤 著

图书在版编目（CIP）数据

亚里士多德"本质"和"原因"概念关系研究 / 葛天勤著. -- 北京：北京大学出版社，2025.8. -- ISBN 978-7-301-36533-5

Ⅰ. B502.233

中国国家版本馆CIP数据核字第2025TR6984号

书　　　名	亚里士多德"本质"和"原因"概念关系研究 YALISHIDUODE "BENZHI" HE "YUANYIN" GAINIAN GUANXI YANJIU
著作责任者	葛天勤　著
责 任 编 辑	王晨玉
标 准 书 号	ISBN 978-7-301-36533-5
出 版 发 行	北京大学出版社
地　　　址	北京市海淀区成府路 205 号　100871
网　　　址	http://www.pup.cn　新浪微博：@北京大学出版社
电 子 邮 箱	编辑部 wsz@pup.cn　总编室 zpup@pup.cn
电　　　话	邮购部 010-62752015　发行部 010-62750672 编辑部 010-62752025
印 刷 者	天津中印联印务有限公司
经 销 者	新华书店 650 毫米 ×980 毫米　16 开本　15.75 印张　315 千字 2025 年 8 月第 1 版　2025 年 8 月第 1 次印刷
定　　　价	98.00 元

未经许可，不得以任何方式复制或抄袭本书之部分或全部内容。
版权所有，侵权必究
举报电话：010-62752024　电子邮箱：fd@pup.cn
图书如有印装质量问题，请与出版部联系，电话：010-62756370

国家社科基金后期资助项目
出版说明

　　后期资助项目是国家社科基金设立的一类重要项目，旨在鼓励广大社科研究者潜心治学，支持基础研究多出优秀成果。它是经过严格评审，从接近完成的科研成果中遴选立项的。为扩大后期资助项目的影响，更好地推动学术发展，促进成果转化，全国哲学社会科学工作办公室按照"统一设计、统一标识、统一版式、形成系列"的总体要求，组织出版国家社科基金后期资助项目成果。

全国哲学社会科学工作办公室

作者说明

一、除了另有说明之外，本书的中译文皆由笔者根据希腊文翻译，同时参考了现有中译本和英译本。译文中为语句通顺或语意清楚而做的补充，用"[]"符号标出；译文中的按语皆为笔者所加。

二、本书引用的古希腊文献，皆按照国际学术界的通行惯例，直接注出标准的希腊文本编码，例如亚里士多德著作的贝克尔码（Bekker pagination）、柏拉图著作的斯特方码（Stephanus pagination）、亚里士多德古代评注的 *Commentaria in Aristotelem Graeca* 版本页码。对于亚里士多德著作的引用，《形而上学》的卷次用大写希腊字母表示，其他亚里士多德作品的卷次用罗马数字表示。

三、本书主要引用的亚里士多德著作的希腊文版本如下：

《形而上学》：W. D. Ross, *Aristotle's Metaphysics: A Revised Text with Introduction and Commentary*, Oxford: Oxford University Press, 1924.

《后分析篇》：W. D. Ross, *Aristotelis Analytica Priora et Posteriora*, Oxford: Oxford University Press, 1964.

《论题篇》：W. D. Ross, *Aristotelis Topica et Sophistici Elenchi*, Oxford: Oxford University Press, 1958.

《物理学》：W. D. Ross, *Aristotle's Physics: A Revised Text with Introduction and Commentary*, Oxford: Oxford University Press, 1936.

《论动物的部分》：P. Louis, *Aristote. Les Parties des Animaux*, Paris: Les Belles Lettres, 1956.

《动物志》：D. Balme, *Aristotle: Historia Animalium: Volume 1, Books I-X: Text*, Cambridge: Cambridge University Press, 2002.

《论动物的生成》：H. J. Drossaart Lulofs, *Aristotelis de Generatione Animalium*, Oxford: Oxford University Press, 1965.

其他古希腊文作品在没有文本出入的情况下，采用 *Thesaurus Linguae Graecae* 数据库中收录的版本。

四、本书的部分内容曾以不同形式发表于《哲学研究》《哲学动态》《世界哲学》《古典与中世纪研究》、*Eirene. Studia Graeca et Latina* 等刊物，在修订过程中已根据全书逻辑框架进行了相应改动。在此向相关刊物的编辑团队及匿名评审专家表示诚挚的感谢，他们的专业意见为本书的完善提供了重要帮助。

目 录

导 言 1

上 篇
亚里士多德《工具论》和动物学中
"本质"和"原因"之间的关系

第一章 亚里士多德《后分析篇》中的"同一性命题" 16
  第一节 "同一性命题"的提出和初步解读 19
  第二节 大卫·查尔斯论《后分析篇》的"相互依赖论"
          以及对其的批评 23
    一、查尔斯的"相互依赖论" 23
    二、查尔斯对"相互依赖论"的论证 24
    三、对于查尔斯"相互依赖论"的批评 27
  第三节 理解"同一性命题"的另一方式:"相互蕴涵的解读" 33
  第四节 《后分析篇》中的"首要原因论"与"多重原因论" 39
    一、查尔斯的"首要原因论" 39
    二、对于"首要原因论"的批评 42
    三、《后分析篇》存在"多重原因论"的正面文本证据 55
    四、"多重原因论"的一个理论优势:动物学作品中
        "《后分析篇》模型"疑难的消失 58
  本章小结 59

第二章 亚里士多德动物学中的"多重原因论"及其对《后分析篇》"同一性命题"的影响 62

第一节 动物学探究采用《后分析篇》的证明法 65
一、动物学著作中讨论方法论的段落 65
二、新的理由：来自亚里士多德《劝勉篇》的证据 70

第二节 动物学的"多重原因论"和两个重要澄清 75
一、什么是动物学的"多重原因论" 75
二、"多重原因论"的两方面澄清 76

第三节 动物学"多重原因论"的两种模型 79
一、合取模型 79
二、析取模型 83

第四节 回应两个可能的反驳 90
一、《论动物的部分》I.1 对目的因的强调 90
二、*Bios* 作为首要原因 94

第五节 如何将动物的多重原因放入三段论的证明中 96

第六节 动物学的"多重原因论"对《后分析篇》"同一性命题"的影响 99
一、"多重原因论"反对查尔斯的解释 100
二、"多重原因论"反对布隆斯坦的解释 102
三、"多重原因论"对本质和原因之间的关系的影响 105

本章小结 108

下 篇
《形而上学》ZH 中"本质"和"原因"之间的关系

第三章 《形而上学》Z.17 的"另一个开端"与 *ousia* 概念 116

第一节 作为本质的 *ousia* 是首要原因 120

第二节 《形而上学》中作为原因的 *ousia* 概念的"Z 卷内的连续性" 122

第三节　《形而上学》中作为原因的 *ousia* 概念的
　　　　　　"卷次间的连续性" 128
　　　　一、亚里士多德对于"作为原因的 *ousia* 概念"的论证 130
　　　　二、第一哲学研究的对象是首要原因和本原 130
　　　　三、作为复合实体本质的 *ousia* 是第一哲学的研究对象 139
　　　　四、总结与思考 140
　　第四节　回应对于"卷次间的连续性"的可能反驳 141
　　　　一、"作为原因的 *ousia* 概念"的论证与 *endoxa* 难题 142
　　　　二、第一哲学研究对象的范围问题 144
　　　　三、作为首要原因的 *ousia* 和动物学"多重原因论"的
　　　　　　相容性 144
　　　　四、回应对于"作为原因的 *ousia* 概念"的批评 146
　　本章小结 149

第四章　《形而上学》Z.17 的"另一个开端"与《后分析篇》的
　　　　　三段论学说 150

　　第一节　如何为《形而上学》Z.17 的复合实体提出
　　　　　　"为什么"的问题？ 152
　　第二节　证明性的三段论与非证明性的一般因果框架 160
　　　　一、非证明性的一般性因果框架与"有效性问题"的
　　　　　　提出 161
　　　　二、在 Z.17 引入证明性三段论的一些尝试：解决
　　　　　　"有效性问题"的必要性 164
　　　　三、"有效性问题"的不成功解决方案 170
　　第三节　《形而上学》Z.17"有效性问题"的解决方案 172
　　　　一、对"有效性问题"的初步回答 172
　　　　二、基于《前分析篇》I.36 的解决方案 173
　　第四节　《形而上学》Z.17 出现证明性三段论的另一个证据 177
　　本章小结 179

第五章　《形而上学》ZH 对于本质的探究和对于原因的探究之间的关系 181

　第一节　《形而上学》Z.12 对于本质的探究 183

　第二节　《形而上学》Z.12 划分法的不充分性 190

　　一、统一性条件和优先性条件的再提出 190

　　二、Z.12 的划分法和统一性条件 191

　　三、Z.12 的划分法和优先性条件 196

　第三节　引入《形而上学》Z.17 对于原因的探究：最终的种差是首要原因 200

　　一、Z.17 中证明性三段论的作用 201

　　二、《形而上学》H.2 作为原因的种差 204

　　三、作为原因的种差与复合实体的定义问题 209

　第四节　将《形而上学》Z.12 的探究结果放入 Z.17 的证明性三段论 215

　　一、Z.17 的证明性三段论的第一个模型（模型 1） 216

　　二、Z.17 的证明性三段论的第二个模型（模型 2） 218

　本章小结 225

结　语 227

参考文献 231

导　言

亚里士多德被普遍认为是西方哲学史中本质主义传统的奠基人。一方面，"本质"（essence, τὸ τί ἦν εἶναι）概念在亚里士多德的形而上学中占据了核心地位。另一方面，亚里士多德也是西方哲学传统中第一个系统考察"原因"（cause/explanation）① 概念的哲学家。在《形而上学》A 卷和《物理学》第一卷中，亚里士多德对之前的哲学家关于本原（ἀρχή）的追寻进行了批判性考察，由此将他们的本原学说吸收到自己的"四因说"和自然哲学当中。那么，"本质"和"原因"这两个亚里士多德哲学的核心概念之间存在什么联系？它们之间的关系如何有助于我们重新理解亚里士多德的逻辑学、形而上学和自然哲学？本书的讨论就围绕着这些问题而展开。

本书的目的在于回答以下这个问题："亚里士多德哲学中'本质'和'原因'概念的关系是什么？"这个核心问题又集中体现为以下问题："对于本质的探究"与"对于原因的探究"的关系是什么？我们考察的重点文本是亚里士多德的《后分析篇》、以《论动物的部分》为代表的动物学作品，以及最关键的《形而上学》。我们在这本书中得出的结论可以表述如下：

1. 亚里士多德的"本质"概念依赖于我们如何理解"是什么"的概念。亚里士多德在《后分析篇》和动物学作品中提出了非严格意义的"本质"概念。

2. 在《后分析篇》中，本质和原因是相互蕴涵（co-entailing）的

---

① 在本书中，"原因"一词是我们对于 αἰτία 或 αἴτιον 的翻译（αἰτία 和 αἴτιον 这两个词在亚里士多德那里没有区别，尽管在柏拉图和斯多亚派哲学家克里西普 [Chrysippus] 那里可能不是如此，参见 Frede 1987, 129）。我们同意通过"解释模式"的角度来理解亚里士多德的原因概念，原因是对于"为什么"问题的回答。因此我们也可以将其翻译为"解释"（explanation）——尤其是在认识论语境下。但是，这种理解方式并不意味着亚里士多德的原因概念仅仅是认识论意义上的。参见 Sorabji 1980, 40; Frede 1987, 128-129, 135; Fine 2003; Natali 2013, 57-59; 宋继杰 2011; 曹青云 2016。此外，亚里士多德在很多地方没有区分"原因"和"本原"概念，他指出所有原因都可以被认为是本原（《形而上学》Δ.1, 1013a16-17），尽管并不是所有的本原都可以被认为是原因（参见《论生成与毁灭》I.7, 324a27-28）。在本书中，我们也往往不区分"原因"和"本原"，尤其在谈到"首要原因"的时候。

关系。对于本质的探究和对于原因的探究是相互蕴涵、相互转换的。("《后分析篇》模型")

3. 在动物学作品中，本质在探究的顺序上依赖于原因。对于本质的探究依赖于对于原因的探究，但对于原因的探究可以独立于对于本质的探究。("动物学模型")

4. 在《形而上学》中，本质等同于原因。对于本质的最终探究依赖于对于原因的探究，而对于原因的探究则进一步依赖于对于本质的初步探究。("《形而上学》模型")

5. "《后分析篇》模型"为本质和原因之间的关系提供了一个总体框架，而"动物学模型"和"《形而上学》模型"都以不同的方式进一步细化了这个总体框架，这符合亚里士多德在这两个哲学探究领域的不同进路和目标。①

首先，我们有必要对亚里士多德的"本质"和"原因"概念做一个澄清，尽管亚里士多德没有在著作中明确提出我们应该如何具体定义这两个概念。②"本质"和"原因"都有一系列相关的概念与其相连。与"本质"相关的概念是"是什么"（what it is, *ti esti*）和定义（definition），

---

① 值得注意的是，当我们说动物学模型和《形而上学》模型"发展"了《后分析篇》模型所提供的总体框架时，本书并不意图采用一种"发展论"的观点来解读亚里士多德。我们不会认为亚里士多德在早期提出了《后分析篇》模型，后来提出了动物学模型和《形而上学》模型，也不会像耶格尔那样，将亚里士多德的不同观点和他的生平结合起来。相反，我们想强调的是，动物学模型和《形而上学》模型可以被认为是《后分析篇》模型的更具体化的应用。这种关系并不意味着一种时间上的发展，也没有必要认为当亚里士多德在创作他的《后分析篇》时，他还没有提出"动物学模型"和"《形而上学》模型"。相反，我们认为这种"发展"更多的是在阐释和呈现的方式上。亚里士多德可以在《后分析篇》中提出他的总体框架——毕竟这是一部关于哲学探究方法论的著作。同时，他也可以在其他作品中提出更详细和具体的模型，以适应他在哲学探究的不同领域的具体目标。因此，本书的方法论在总体上坚持"统一论"。关于亚里士多德发展论的新近讨论，参见 Rapp 2019。

② 我们在导言部分先对这两个概念给出一个"最低限度"的说明，为的是不给读者带来太多"先入为主"的印象，而是希望读者在对于文本的具体分析中逐渐意识到这两个概念的丰富含义。"本质"概念的多样性会在后文正式的论述中得以呈现，尤其参见本书第一章。对于亚里士多德"本质"概念的一般讨论，以及结合了当代本质主义思想的研究，例如参见 Kung 1977; Witt 1989; Loux 1991。对于亚里士多德"原因"概念的讨论，以及它与后休谟时代的因果概念的区别，参见 Sorabji 1980; Frede 1987; Hankinson 1998。

与"原因"相关的概念则是解释（explanation）和"为什么"（why it is, dia ti）。"是什么"首先指一个"X是什么？"的问题，它在柏拉图对话那里就已经得到了很多关注。很多柏拉图早期的"苏格拉底式对话"（Socratic dialogues）都以一个"X是什么？"的问题作为主要线索而展开。①对于"是什么"问题的回答由一个定义来表达，定义是关于"是什么"的描述（account，参见《后分析篇》93b29）。而最重要的是"本质"这个概念，它指的是现实世界中的一个"是什么"的对象，也就是一个定义所表述的对象。值得注意的是，正如我们在本书第一章论证的那样，亚里士多德的"本质"概念具有二重含义。一种是严格意义的本质，也就是亚里士多德的"是其所是"（τὸ τί ἦν εἶναι）。在亚里士多德看来，这种严格意义的本质是使得一个事物成为其所是的东西，它不同于该事物其他非本质的"偶性"（accidents）。这种严格意义的本质与其他偶性之间的差别构成了亚里士多德本质主义思想的核心。正如奎因（W. V. Quine）所言：

> [亚里士多德的本质主义]是这样一种学说：一个事物的某些属性……是该事物的本质，而其他属性则是偶然的。例如，一个人，或会说话的动物，或没有羽毛的二足动物（因为它们都是同样的事物），在本质上是理性的，在偶性上是二足的和会说话的，不仅仅是作为人而言（qua man），而是作为其本身而言（qua itself）。②

但是另一方面，我们不能忽视还存在着另一种"非严格的本质"或"次级意义的本质"。它同样是现实世界中的"是什么"问题的对象，也通过定义来表述，并且是对于本质的探究的结果。从而，"严格意义的本质"和"非严格意义的本质"都属于本书讨论的对象。为了避免混淆，我们称"非严格意义的本质"为"是什么"。值得一提的是，亚里士多德的 ousia 这个概念也和"本质"密不可分。众所周知，这个词通常在中文里被翻译为"实体"（substance 或 substantial being），指的是人、马、牛等可感的实体，以

---

① 参见 Politis 2015。

② Quine 1966, 173-174. 对于亚里士多德本质主义的探讨，除了之前提到的文献之外，也参见 Cohen 1978; Matthews 1990。奎因在这里通过一种"模态"（modal）的方式解读"本质"概念，认为亚里士多德的本质就是一个事物"必然"拥有的属性。但是近来学者们已很少通过这种思路来理解亚里士多德的"本质"，而是更多将本质与因果性（causality）联系起来，认为本质是导致一个事物的存在的原因。这一转变很大程度上就来源于亚里士多德有关本质和原因的论述。

及不动的动者（unmoved mover）等不可感的实体。但 ousia 实际上还可以表示一个事物的"本质"（ousia of X），在这个意义上，ousia 等同于"τὸ τί ἦν εἶναι"，指的是"让一个事物成为是这个事物的东西"。除此之外，ousia 还能表示一般意义上的"存在/是（者）"（being）概念。由于 ousia 概念在亚里士多德哲学中的多义性，而且有时候我们不能确定，亚里士多德提到 ousia 的时候指的究竟是"实体"还是"本质"，抑或二者皆有；因此，本书在绝大多数情况下不对 ousia 一词做出翻译，而是保留希腊文转写的形式。不过，本书在能够确定亚里士多德用 ousia 这个词指的就是可感实体或不可感实体的时候，我们依然将其翻译成"实体"。①

同样，"原因"这个概念在亚里士多德那里指的也是现实世界中的对象，而如前所述，"解释"是一种对于原因的表达，更强调其认识论的层面，尽管我们认为"原因"和"解释"都是对 αἰτία 这个希腊词的恰当翻译，我们也应当将"原因"理解为"解释模式"，而不是将其置于后休谟时代的因果模型之下。此外，"原因"和"解释"都是对于"为什么"问题的回答，也是"对于原因的探究"的结果。更重要的是，在《后分析篇》中，原因是通过"证明"（demonstration）和"证明性三段论"（demonstrative syllogism）来探究的（参见《后分析篇》71b17-19，73a21-25），因此我们可以认为三段论证明是一种探究原因的方法。这样，本质是从对于本质的探究中得到的，而原因和相应的三段论则是通过对于原因的探究而获得的。由于这个理由，"本质"和"原因"之间的关系与"对于本质的探究"和"对于原因的探究"之间的关系联系紧密。本书特别关注的是"对于本质的探究"和"对于原因的探究"之间的关系，这构成了我们探求的"本质"和"原因"概念之间关系的主要方面。

"本质"和"原因"的问题对亚里士多德的哲学无疑具有重要意义。在《后分析篇》中，亚里士多德提出了"是什么"和"为什么"之间的密切联系，声称它们是相同的。然而，我们究竟如何理解相应的"本质"和"原因"两个概念，这是不清楚的。我们是不是能够直接将"是什么"理解为严格意义的本质，将"为什么"理解为原因，从而简单地认为本质等同于原因呢？还是说这两个概念实际上有更加复杂的内涵？

最重要的是，我们也不清楚，亚里士多德在不同的哲学探究领域中究

---

① 我们会在本书第三章进一步考察这个问题。对于 ousia 概念的概述，参见 Burnyeat 2001, 11-12; Menn 2011, 165。

竟是如何构想这两者之间的关系的。毫无疑问,"本质"概念和"是什么"的问题构成了亚里士多德《形而上学》和他本质主义思想的基础,但"原因"概念和"为什么"的问题在他的《形而上学》中发挥了多大程度的关键作用,这就不太清楚了。尤其是,我们还不能确定,在《后分析篇》对原因的讨论中占主导地位的三段论证明,在亚里士多德《形而上学》核心卷(即ZHΘ卷)中对ousia的讨论中究竟发挥了什么作用。另一方面,原因概念在亚里士多德的自然哲学中应用得相当普遍,但我们并不清楚,亚里士多德的自然哲学是否必须始终符合他的本质主义思想,以及他在自然哲学中对于原因的探究在多大程度上符合《后分析篇》中的讨论。这是因为,学者们普遍承认《后分析篇》是一部关于哲学探究方法的著作,集中于考察事物之所以如此的原因;但在亚里士多德的其他作品中,他在多大程度上根据《后分析篇》中的讨论进行了具体的哲学探究,这是一个存在很大争议的问题。

因此,本书通过对"本质"和"原因"关系的全面考察,有助于加深我们对亚里士多德哲学的整体理解,从而厘清逻辑学、形而上学和自然哲学之间的关系。并且本书的研究能够让我们更清楚地理解,亚里士多德如何考察不同哲学领域中本质和原因之间的关系,使其符合他在各个领域的不同哲学目标。亚里士多德如何处理哲学方法论与具体哲学实践之间的张力。除此之外,本书讨论的"本质"和"原因"概念在当代形而上学和科学哲学中也占据了重要位置,很多当代哲学家都重新意识到亚里士多德传统对于当下形而上学和科学哲学发展的关键性,试图构建一种"新亚里士多德主义"(Neo-Aristotelianism)。① 本书将这两个概念回溯到亚里士多德,进一步反思亚里士多德本质主义理论的当代哲学遗产,增强对于西方形而上学传统的发展流变的理解。

另一方面,本书对于当代的亚里士多德研究也有重要的学术贡献。自20世纪90年代以来,亚里士多德的本质和原因之间的关系问题在西方学界受到了相当大的关注。其中最有影响力的学者当属大卫·查尔斯(David Charles)。从20世纪90年代开始,查尔斯率先发表了一系列论文,试图将《后分析篇》和《形而上学》联系起来。② 在2000年,查尔斯出版了《亚

---

① 例如当代哲学家基特·法恩(Kit Fine)和他的诸多追随者,他们都通过强调亚里士多德的本质主义思想来重建当代形而上学。他们也被称为"新亚里士多德主义者"(Neo-Aristotelians)。参见 Fine 1994; Tahko 2012。

② 例如参见 Charles 1991; Charles 1994。

里士多德论意义和本质》（*Aristotle on Meaning and Essence*）这部专著，是上述研究的集大成之作。此后在2010年发表的论文《〈后分析篇〉和〈形而上学〉中的定义与解释》（"Definition and Explanation in the *Posterior Analytics* and *Metaphysics*"）中，查尔斯又部分修改了之前的观点，但是前后的整体思路是一致的。① 在2000年的专著中，查尔斯提出了对《后分析篇》中"对于本质的探究"和"对于原因的探究"之间的关系的一种独特的解读。根据他的解读，"对于本质的探究"和"对于原因的探究"是"相互依赖"（interdependence）的。查尔斯进一步认为，我们可以在《形而上学》核心卷中找到同样的情况：一方面，"对于本质的探究"依赖于"对于原因的探究"；另一方面，"对于原因的探究"又依赖于"对于本质的探究"。近二三十年来，查尔斯的观点影响了一大批研究亚里士多德的学者，他们纷纷追随查尔斯的观点，试图将查尔斯的解读应用到亚里士多德的其他哲学领域。② 其中一个突出的领域是亚里士多德的动物学。许多学者试图将亚里士多德动物学著作中的讨论与《后分析篇》中倡导的证明法联系起来，特别是将其与查尔斯对《后分析篇》的定义和三段论证明之间的关系的解读联系起来。尽管不少学者在进行这项工作时遇到了困难，但大多数人的解决方案都是如何让动物学作品与查尔斯在《后分析篇》中的解读相一致，而不是重新考虑查尔斯对《后分析篇》本身的解释是否合理。至于亚里士多德的形而上学领域，如今将《后分析篇》"读入"（read into）《形而上学》ZH 的做法似乎已经得到了普遍的承认。大多数学者倾向于认为，来源于《后分析篇》的证明性三段论被应用在《形而上学》Z.17当中。然而值得注意的是，他们却很少思考，在解读《形而上学》ZH 时，我们究竟在多大程度上可以依赖《后分析篇》；他们也没有考察，《后分析篇》的学说在《形而上学》中的应用究竟具有多强的理由和必要性。针对这些问题，

---

① Charles 2010.
② 除了查尔斯之外，还有佩拉马齐斯（M. Peramatzis）、戈特黑尔夫（A. Gotthelf）、伦诺克斯（J. Lennox）、布隆斯坦（D. Bronstein）、博尔顿（R. Bolton）、勒尼森（M. Leunissen）等学者，他们的作品和具体观点都会在本书之后的章节中讨论到。其中，佩拉马齐斯主要关注《后分析篇》和《形而上学》Z.17的联系。戈特黑尔夫和伦诺克斯则集中研究亚里士多德的动物学作品和《后分析篇》的关系。也参见 Karbowski（2019, 4）对于《后分析篇》和亚里士多德其他哲学领域的关系这个研究话题的文献概览。现在也有一些国内学者开始考察亚里士多德的《后分析篇》与其他领域的哲学研究的关系问题。对于《形而上学》，特别参见聂敏里（2016, 211-288）的全面分析。但总体而言，国内关注《后分析篇》以及它与亚里士多德其他哲学领域的联系的学者还非常少。

本书批判性地审视了以上通行的解读，主张我们不应该将《形而上学》的观点直接应用到《后分析篇》和动物学理论中，也不应该预设《形而上学》ZH一定建立在《后分析篇》的理论基础之上。相反，我们必须就其自身地分别考察亚里士多德在不同著作中对于本质和原因的论述，重视亚里士多德在不同著作中观点的差异，并探究这一差异背后的动机所在。①

在这一背景之下，我们将在本书中批判性地重新考察"本质"和"原因"之间的关系。我们将按照上面勾勒的思路，对这个问题进行系统的论述。本书由五章构成。在每一章中，我们将集中讨论亚里士多德上述不同领域的其中之一，以解决我们在开头提出的核心问题，亦即亚里士多德"本质"和"原因"概念的关系问题。

《后分析篇》在西方古代晚期就被看作是亚里士多德逻辑学著作的核心文本。亚里士多德在《后分析篇》第二卷中提出了"同一性命题"，即"是什么"与"为什么"是相同的。鉴于这两个表述与本质、原因的密切联系，这个同一性命题自然而然地构成了全书讨论的起点。由此，我们在**第一章**集中讨论了《后分析篇》中本质与原因之间的关系。在这里，我们反对大卫·查尔斯对《后分析篇》中"同一性命题"的"相互依赖"的解释。根据他的这种解释，"是什么"就等于严格意义的本质，本质（以及对于本质的探究）则必须总是基于原因（以及对原因的探究），而原因又必须依赖于本质。我们认为，查尔斯的解释不仅在《后分析篇》中面临很多困难，而且与亚里士多德的其他著作——尤其是与他的动物学作品（如《论动物的部分》和《动物志》）不相符。作为查尔斯解读的替代方案，我们提出对《后分析篇》中"同一性命题"的"相互蕴涵"（co-entailing）的解释。《后分析篇》中的"本质"不能直接被等同于严格意义的本质，亚里士多德还承认"非严格意义的本质"，后者同样是"是什么"的对象（为了方便起见，我们把这种"本质"称作"是什么"）。这样一来，本质不需要依赖于原因，对于本质的探究也不需要依赖对于原因的探究；反过来，原因不需要依赖于本质，对于原因的探究也不需要依赖对于本质的探究。然而，一旦我们通过对于原因的探究建立起一个三段论证明，我们就可以把证明转化为相应的定义，反之亦然。换句话说，对于原因的探究和对于本质的探

---

① 就此而言，国际学界关于亚里士多德"本质"和"原因"关系问题的讨论基本集中在英语学界，出版的成果也大多是以英文撰写，在英语学界之外少有对于这个问题的讨论。但是本书也会吸收一些德语学界的成果，例如弗雷德（M. Frede）和帕齐希（G. Patzig）撰写的《形而上学》Z卷注释，德特尔（W. Detel）的《后分析篇》注释等。

究是可以相互转换的。我们与查尔斯的解读的最大区别在于：查尔斯认为对于本质的探究与对于原因的探究二者互为充分必要条件，但我们认为，二者在不同情况下互为充分不必要条件，且二者在获得上各自独立，互不依赖。① 这就是说，在《后分析篇》中，亚里士多德认为我们是应该从对于原因的探究开始，还是从对于本质的探究开始，这个问题应该具体情况具体分析。这种相互蕴涵的关系构成了我们所说的"《后分析篇》模型"。这种模型为亚里士多德的哲学探究提供了一个总体框架，其细节将根据亚里士多德在不同领域的哲学探究中的不同目标和议程而得到进一步的补充。这一点也与查尔斯及其追随者的观点不同。他们认为在其他哲学探究中也必须坚持《后分析篇》中的这两个探究之间的相互依赖关系。在提出了《后分析篇》模型这一总体的基础性框架之后，本书的其余各章主要是为了阐述亚里士多德在动物学和形而上学两个领域究竟如何丰富完善了这一总体框架。

为了说明"《后分析篇》模型"如何可以应用于动物学著作并在其中得到了何种进一步的发展，并且为了强化我们对查尔斯对《后分析篇》的解释的批评，我们将在**第二章**中转向亚里士多德的动物学著作，特别是他的《论动物的部分》。我们认为在《论动物的部分》中，存在着一种"多重原因论"。根据"多重原因论"，动物的某些部分和特征存在多个在因果优先性上不相互关联的恰当原因。多重原因的存在会进一步反对查尔斯对"同一性命题"持有的相互依赖的解读。因为在这种情况下，对于原因的探究不需要依赖于对于本质的探究。然而，与《后分析篇》模型不同的是，我们将论证在《论动物的部分》中，对于本质的探究依赖于对于原因的探究；本质依赖于原因，而原因不依赖于本质。这种单向的不对称的依赖关系就是我们所说的"动物学模型"。这一"动物学模型"涉及"《后分析篇》模型"中证明和定义之间的相互转换关系的具体应用。当我们完成了对关于动物各部分的存在的原因的探究之后，我们就可以转向对于本质的探究，并将相关的三段论转化为相应的定义。否则，我们可能无法确立这些部分的最终本质和定义，而这正是亚里士多德在《论动物的部分》中对这些部分进行探究的最终目的。另一方面，动物学模型也发展了《后分析篇》模

---

① 需要强调的是，我们不是认为二者在所有情况下必须同时互为充分条件或二者同时相互蕴涵（这样就会和查尔斯的观点一样了），而是认为有时候对于本质的探究是对于原因的探究的充分条件，有时候则相反。这就是说，当我们获得了其中一项的时候，另一项就能被推导出来，但其中一项的获得并不依赖于另一项。

型。这是因为，根据《后分析篇》模型，"我们应该首先获得原因还是本质"这个问题是视情况而定的。然而，"动物学模型"表明，我们需要从对于原因的探究开始，这反映了亚里士多德在动物学中"探究原因优先"的进路。只有在我们建立了证明并完成了对于原因的相关探究之后，我们才能转向对于本质的探究，并将这些证明性三段论转化为其相应的定义。

在研究《形而上学》ZH 中本质与原因之间的关系之前，我们将首先考察《后分析篇》和《形而上学》Z.17 之间的关系，旨在澄清亚里士多德如何看待《形而上学》Z.17 中对于原因的探究。亚里士多德在《形而上学》Z.17 宣布了他对实体的探究的"另一个开端"，主张本质意义上的 *ousia* 是一个复合实体的首要原因。我们把这个主张称为"作为原因的 *ousia* 概念"。然而，我们不禁要问，这一"作为原因的 *ousia* 概念"是否直接来自《后分析篇》中的"同一性命题"？如果是的话，这意味着《形而上学》Z.17 宣示了一个全新的开始，亦即将 *ousia* 理解为原因的观点是在 Z.17 中通过《后分析篇》中的"同一性命题"而被引入到对于实体的讨论中。如果不是，那么《形而上学》Z.17 强调的"作为原因的 *ousia* 概念"很可能只是《形而上学》之前的讨论的发展。回答这个问题是**第三章**的任务。我们认为，"作为原因的 *ousia* 概念"与《形而上学》Z 卷的早先讨论是连续的，并可以进一步追溯到《形而上学》的开篇。在《形而上学》A.1-2 中，亚里士多德正是通过对于"形而上学"这门学科一般特征的刻画，推论出"一个事物的本质必须等同于首要原因"的结论。因此，认为"作为原因的 *ousia* 概念"是 Z.17 中一个全新的开始的观点是有问题的。

然而，尽管"作为原因的 *ousia* 概念"在《形而上学》开篇就被提出，那么亚里士多德是否在《形而上学》Z.17 引入了《后分析篇》中的三段论的证明学说呢？在**第四章**中，我们将指出，有充分的理由认为，亚里士多德的确在那里引入了一个新的工具手段，亦即源自《后分析篇》的三段论，并将其作为《形而上学》Z.17 中对原因进行探究的方式，而不仅仅只是在 Z.17 提出了一个一般的、非证明性的因果框架。但是，这样一种在 Z.17 引入《后分析篇》三段论的过程是建立在对于复合实体可分性的深刻反思之上的，而不是像大多数学者那样认为是预先被直接设定的。由此，我们就承认了作为对于原因的探究方式的三段论证明与《形而上学》ZH 的相关性，从而可以转向对《形而上学》ZH 中本质和原因之间关系本身的讨论。而这是我们在最后一章讨论的内容。

在**第五章**中，我们将阐明，亚里士多德如何将对于原因的探究的结果，应用到先前对于本质的探究的基础之上。对于原因的探究是 Z.17 中的证明性三段论，而之前的对于本质的探究则通过 Z.12 的划分法来实现。我们认为，首先，通过 Z.12 的划分法得到的"最终的种差"（final differentia）是一个有效可靠的证明性三段论的中项（middle term）。其次，这个最终的种差最后应当被确立为相应的复合实体的首要原因和本质。此外，为了证实我们对 Z.12 和 Z.17 之间的这种"连续性"的解读，我们将考察 H.2 的一些段落。在这些段落中，亚里士多德把种差确定为原因。这样一来，关于《形而上学》ZH 中对复合实体的讨论，本质与原因之间的关系可以表述如下：（1）按照作为原因的 ousia 概念，严格意义的本质与首要的原因是相同的；（2）对于本质的最终探究依赖于对于原因的探究，这种探究通过 Z.17 引入的三段论理论而实现，旨在确保本质优先于复合物；（3）这种对于原因的探究必须依赖于 Z.12 中对于本质的初步探究，通过利用 Z.12 描述的划分法的结果。这构成了我们所说的"《形而上学》模型"。

就此我们可以看到，这个《形而上学》模型也利用了《后分析篇》模型。正是通过一个证明性三段论和相应的定义之间的相互转换关系，我们才可以把 Z.12 划分法的结果放入一个三段论中，而后又能够把一个包含了"最终的种差"的有效可靠的证明性三段论转变成一个表达了本质的定义。然而，与《后分析篇》模型提供的一般性总体框架相比，《形而上学》模型呈现出了一幅更为复杂的图景。这主要是由于第一哲学的研究对象（即 ousia）必须是首要原因。而这在《形而上学》的开头就已经得到了证明。依照《后分析篇》模型，在某些情况下，我们需要首先获得一个三段论证明，而在其他情况下，我们可以从对于本质的探究开始，寻找一个定义。简而言之，亚里士多德在《后分析篇》中对这一问题持开放态度。然而，在《形而上学》ZH 中，当我们探究复合实体的本质时，我们需要遵循一个特定的探究顺序：第一，《形而上学》模型规定，我们应该从对于本质的探究开始，这就是亚里士多德在 Z.12 中所描述的划分法；第二，当我们根据划分法获得了最终的种差时，我们就需要转向对于原因的探究，并把最终的种差放入一个三段论；第三，只有在我们确认这个三段论是一个有效可靠的证明性三段论之后，我们才能确保从 Z.12 得到的最终的种差是复合实体的本质。这样一来，我们就可以通过把这个证明性三段论转换为最终的定义，从而把握了一个复合实体的本质，据此而完成《形而上学》ZH 中对于本质的最终探究。

上 篇

亚里士多德《工具论》和动物学中"本质"和"原因"之间的关系

——以《后分析篇》与《论动物的部分》为核心

自公元前1世纪安德罗尼柯（Andronicus）以来的古代评注者几乎都把亚里士多德的《工具论》——也就是他的逻辑学作品——作为进入亚里士多德哲学的门径。① 既然本书的要旨在于研究亚里士多德哲学中"本质"和"原因"概念之间的联系，那么我们不妨也从《工具论》作品开始我们的考察。古代评注传统认为亚里士多德的《后分析篇》是《工具论》的核心。② 而且，也正好在《后分析篇》中，亚里士多德论述了本质和原因之间的联系。亚里士多德在《后分析篇》第二卷的很多地方都提到："是什么"和"为什么"是相同的。我们把这一命题称作"同一性命题"，它构成了本书研究的起点。我们究竟应该如何理解《后分析篇》中的同一性命题？首先，"是什么"的意思是什么？就像很多人所认为的那样，它就是直接意指亚里士多德的"本质"吗？还是说具有更加丰富的含义？其次，我们如何理解"为什么"？它指的是"原因"，还是"对于原因的探究"？"原因"是一个还是多个？"对于原因的探究"在亚里士多德那里又如何实现呢？最后，最关键的是，"相同"是什么意思？这仅仅是指二者是完全同一的吗？还是说亚里士多德还允许用"相同"这个词表示其他的关系？对于这三个问题的考察构成了我们第一章的重点。

近二三十年来，西方学界对于《后分析篇》产生了巨大的兴趣。其中的一个关键议题就是"同一性命题"。对此，大卫·查尔斯提出了一种富有影响力的解释。在他看来，"同一性命题"意味着本质和原因之间，以及对于本质的探究和对于原因的探究之间，都存在一种相互依赖的关系，这就是说，二者之间互为充分必要条件。这种本质和原因之间的"相互依赖论"得到了一大批学者的追随。在此基础上，查尔斯还主张，"相互依赖论"会导致一种"首要原因论"，即《后分析篇》中的探究对象的原因有且只有一个。查尔斯认为，《后分析篇》中"首要原因论"的成立也能够支持"相互依赖论"的合理性，从而提出他关于本质和原因关系的"《后分析篇》模型"。

---

① 参见阿摩尼乌斯（Ammonius）：《〈范畴篇〉评注》，5.31-6.8；辛普利丘（Simplicius）：《〈范畴篇〉评注》，5.3-6.5；菲洛庞努斯（Philoponus）：《〈范畴篇〉评注》，5.15-33；奥林匹奥多罗斯（Olympiodorus）：《〈范畴篇〉评注导言》（*Prolegomena*），9.5-11。

② 参见阿摩尼乌斯：《〈范畴篇〉评注》，4.30-5.22；奥林匹奥多罗斯：《〈范畴篇〉评注导言》，7.27-8.10；菲洛庞努斯：《〈后分析篇〉评注》，1.5-10。

第一章在考察《后分析篇》中"同一性命题"的以上三个问题的同时，会主要致力于批判性地考察查尔斯的解读。这不仅是因为查尔斯的《后分析篇》解读已经成为被普遍接受的解读，而且因为正是在批评查尔斯的基础之上，我们对于《后分析篇》中本质与原因的关系，以及对于"同一性命题"的三个问题，都会有更加丰富的理解。就此而言，我们将不但批评查尔斯的"相互依赖论"，而且也对于他的"首要原因论"提出反对意见。在此基础之上，我们提出了对于"同一性命题"的"相互蕴涵解读"，以及针对《后分析篇》探究对象的"多重原因论"。

第一，《后分析篇》中的"是什么"不仅仅指亚里士多德的严格意义的本质，它也指非严格意义的本质，二者都是《后分析篇》的讨论对象。第二，"为什么"既是原因，又是对于原因的探究，而在《后分析篇》中对于原因的探究是通过三段论证明法而实现的。第三，《后分析篇》中本质与原因之间的关系可以表示如下：本质与原因之间，以及对于本质的探究和对于原因的探究之间，都存在着一种相互蕴涵的关系，这就是说，二者在不同情况下互为充分不必要条件，且在获得上二者互不依赖。我们可以在没有另一者的帮助下独立地获得其中之一，而一旦我们完成了对于本质的探究或对于原因的探究，我们就可以把其中一个探究的结果转换为另一个。在这种情况下，我们认为《后分析篇》中的探究对象可以存在多个恰当的首要原因，而不是有且仅有唯一的一个首要原因。就此，我们提出了自己版本的"《后分析篇》模型"。

根据这个模型，我们可以发现，亚里士多德对于《后分析篇》中通过"同一性命题"所表达的本质和原因的关系其实是比较松散的。他没有规定，我们必须首先开始探究一个事物的本质，还是应该首先探究一个事物的原因；他也没有像查尔斯所认为的那样，规定我们必须借助本质来探究原因，并通过原因来探究本质。这样看来，我们提出的"《后分析篇》模型"实际上意味着《后分析篇》只是对于本质和原因之间的关系提供了一个一般性的总体框架，而没有规定其细节。从《后分析篇》出发，我们就可以接下来考察亚里士多德在其他哲学领域，是否对于本质和原因的关系有不同的思考。

我们首先考察的领域是亚里士多德的动物学。虽然动物学或生物学在今天被看作是自然科学的一个门类，但在亚里士多德那里，动物学无疑属于自然哲学的一部分，而自然哲学则属于理论哲学的一部分，因而亚里士多德的动物学实际上有很丰富的内在哲学价值。对于本书的主题来说，亚里士多德的动物学探究可以帮助我们理解亚里士多德是如何在自然哲学探究中阐发本质和原因之间的关系的。这构成了我们第二章的研究对象。在动物学探究中，我们认为《论动物的部分》这部著作最有利于我们的考察，这不仅是因为《论动物的部分》或许是亚里士多德动物学著作中"最具哲学性"的一部，而且亚里士多德在那里的讨论最能够体现他动物学探究的特色。

更重要的是，我们对于《论动物的部分》的考察可以反过来为我们对于《后分析篇》的"同一性命题"的解读提供进一步的证据。查尔斯对于《后分析篇》的解读恰恰是在动物学的问题上遇到了困难。他只好承认亚里士多德很可能在动物学著作中"背离"了所谓的"《后分析篇》模型"。相反，我们的解读可以避免这一难题。我们将论证在动物学中也存在着一种"多重原因论"，这与《后分析篇》中的"多重原因论"可以相互佐证，以表明亚里士多德在两个哲学领域的探究中的一种连续性。从动物学的"多重原因论"出发，我们也能够进一步理解动物学当中本质与原因的关系。首先，在动物学探究中，本质依赖于原因，但原因则可以不依赖于本质。其次，对于本质的探究依赖于对于原因的探究，但是对于原因的探究则不依赖于对于本质的探究。由此，我们可以看出亚里士多德的动物学探究具有一种"探究原因优先"的进路：我们必须首先从对于原因的探究开始，只有当我们完成了原因探究，并找到关于某一动物学事实的所有恰当的原因之后，我们才能转而探究这个动物学对象的本质。然而我们会提到，亚里士多德没有完成对于动物本质的探究，故而他的动物学探究可以说是未完成的，尽管他通过上述的"动物学模型"为我们指明了探究的方向。

这样，相较于我们提出的"《后分析篇》模型"，亚里士多德的"动物学模型"并没有"偏离"它。相反，"动物学模型"只是从一个方面丰富并完善了"《后分析篇》模型"所提供的总体框架。动物学模型一方面诉诸对于本质的探究与对于原因的探究之间的相互蕴涵关系，另一方面则要求我们必须从对于原因的探究开始。这一"探究原因优先"的进路和亚里士多德在动物学探究中，乃至在整个自然哲学探究中对于"原因"和"本原"的关注是分不开的，《论动物的部分》中的"多重原因论"则最为显著地体现了这一特征。

第一章 亚里士多德《后分析篇》中的"同一性命题"

—— 本质和原因同一吗？

在《后分析篇》第二卷中，亚里士多德将"是什么"（*ti esti*）与"为什么"（*dia ti*）联系起来，声称它们是相同的。然而，亚里士多德并没有具体说明我们应该如何理解这一主张。我们把这一主张称为"同一性命题"。在本章中，我们将重点讨论大卫·查尔斯（和他的追随者）对《后分析篇》中的"同一性命题"的解释，并论证这种解读是有问题的。基于我们的批评，我们对亚里士多德的"同一性命题"提出了一种不同的理解，并指出我们的解读对于重新考察《后分析篇》，以及本书关注的亚里士多德其他作品的重要意义。

在下文中，我们将首先在第一节中根据《后分析篇》中的几段文本，提供一个在解读上相对"中立"的对于"同一性命题"的表达。我们还将进一步阐明通过对于原因的探究而得到的证明（demonstration）①和通过对于本质的探究而得到的定义之间的相互转换的关系，这一关系可以比较明显地从文本中推出。根据"同一性命题"，一个三段论证明可以转换成一个定义，一个定义也可以转换成一个三段论证明。

在第二节中，我们将阐述查尔斯是如何理解"同一性命题"的，以及他是如何为这种解释辩护的，我们称这种解释为"相互依赖论"。②查尔斯的相互依赖论的核心主张是，本质和原因是相互依赖的，也就是说，我们必须在原因的帮助下获得本质，在本质的帮助下获得原因。我们之所以选择大卫·查尔斯，不仅是因为他是第一个详细讨论"同一性命题"的学者，

---

① 这是通过证明性三段论（demonstrative syllogism）的形式表达的，它说明了 τὸ διότι，而不是 τὸ ὅτι。参见《后分析篇》I.13; Karbowski 2019, 61。本书讨论的三段论都是这类三段论。

② Charles 2000, 246.

而且因为他的解释仍然是学界的主流。① 尽管也有其他学者的工作受到查尔斯解读的影响，但他们的主要焦点并不在"同一性命题"上。②

在阐述了查尔斯的"相互依赖论"和他对这一论题的辩护之后，我们将指出，查尔斯的解释不是理解"同一性命题"的唯一方式，也不是正确的理解方式。我们将从三个方面论证查尔斯对"相互依赖论"的辩护是值得怀疑的。其中最重要的一点是，查尔斯认为"同一性命题"中的"是什么"就等于严格意义的本质。但我们认为，《后分析篇》中还存在"非严格意义"的本质，而它们同样是"是什么"的所指对象，也在我们的讨论范围内。

在批评了查尔斯的解读之后，我们在第三节提出对于"同一性命题"的"相互蕴涵（co-entailing）的解读"。根据这种解释，关于原因的证明和关于本质的定义之间是可以相互转换的。"相互蕴涵解释"与查尔斯的"相互依赖论"之间的主要区别在于，我们认为本质和原因，以及对于本质的探究和对于原因的探究之间存在充分不必要的关系，且在获得上二者之间互不依赖；但是查尔斯认为二者之间总是充分必要的关系。具体来说，根据前者，我们不借助三段论证明就可以获得定义，反过来，不借助对于本质的探究，我们也能获得原因。但是对于查尔斯来说，定义必须始终依赖于证明，而证明也必须始终依赖于定义。不过，"相互蕴涵的解读"也可以被理解为两种方式。根据一种理解，本质和原因必须彼此独立地获得，只有当我们获知了这两者，它们之间才能有相互蕴涵的关系。另一种理解是，为了在一个证明性的三段论和它相应的定义之间有这种相互转换的关系，我们不需要首先分别独立地完成对于本质的探究和对于原因的探究。相反，一旦我们在没有其中一个的帮助下获得了另一个，我们就可以把得到的这一个转化为另一个，反之亦然。

如果我们拒绝查尔斯对"同一性命题"的解读，并且，如果《后分析篇》中没有证据表明，对于本质的探究和对于原因的探究必须彼此独立地进行，然后才能将一个转化为另一个，那么剩下的唯一可能性就是采用第二种"相互蕴涵的解读"。根据这种解释，首先，从探究的顺序来看，原因的获得不需要依赖于本质的获得，本质的获得也不需要依赖原因。其次，一旦我们得到其中一个，我们就可以推导出另一个，这是由于三段论证明和定义

---

① 查尔斯的解读最详尽地体现在 Charles 2000，也参见 Charles 2010。
② 例如，布隆斯坦（D. Bronstein）在他 2016 年的书中重点讨论了《后分析篇》中的探究和学习过程，参见 Bronstein 2016；而伦诺克斯则更关注《后分析篇》的一般探究模式在多大程度上可以适用于动物学作品，特别是《论动物的部分》和《动物志》，参见 Lennox 2001b; Lennox 2021。

之间的相互转化关系。最后，需要注意的是，关于我们应该先获得三段论证明还是定义的问题，需要在《后分析篇》中具体情况具体分析。也就是说，在某些情况下，我们首先通过对于原因的探究建立一个证明性的三段论，然后通过相互转换关系得到一个定义；而在另一些情况下，则是相反的。

查尔斯讨论了他相互依赖论的一个理论后果——"首要原因论"。根据这个理论，对于一个被解释项（explanandum，我们也称之为"探究对象"），必须只有一个原因作为解释者（explanans）。他还给出了几个为"首要原因论"辩护的论据，以加强他对于"同一性命题"的"相互依赖解释"。我们将在第四节阐述这些理由。然后，我们认为查尔斯的"首要原因论"是没有说服力的。相反，亚里士多德在《后分析篇》中主张"多重原因论"。这就是说，对一个给定的对象可以有几种在因果优先性上不相互关联的解释或原因，而不一定存在唯一的一个首要原因。这样一来，不但本章提出的"多重原因论"有助于支持我们对于"同一性命题"的不同理解，也就是说，本质与原因，以及对于本质的探究和对于原因的探究之间的关系是相互蕴涵的，而不是相互依赖的。而且，查尔斯面临的关于亚里士多德动物学作品的困难也会消失。查尔斯担心，动物学作品的文本证据将威胁到他的"首要原因论"，而后者正是他的"相互依赖解读"的一个理论后果。但根据我们的"多重原因论"，并不会面临这个问题。最后，没有理由认为我们必须独立地获得一个证明和一个定义，然后才能在它们之间有一个相互转换的关系。因此本章的结论是，一旦我们获得了一个证明性的三段论，我们就可以把它转化为相应的定义，反过来也是如此。而且，我们应该首先获得一个证明性的三段论（即原因）还是定义（即本质），这应该是具体情况具体分析的。

在我们开始正式的讨论之前，必须强调两点：第一，在本章中，我们将讨论限制在《后分析篇》当中。这样做的原因是，我们不应该直接假设，亚里士多德在《后分析篇》中一定包含了其他作品（尤其是《形而上学》）中的某些学说。这对本书的研究来说是一个非常重要的问题。我们将在本章的第四节中触及这一点，并在随后的章节中多次讨论这一问题。

第二，更重要的是，我们需要注意到，查尔斯对《后分析篇》的解释的一个重要动机是为一种本质主义（或所谓的"亚里士多德的本质主义"）理论辩护。在他看来，这种本质主义在哲学上是有吸引力的，可以与一些当代哲学的本质主义理论竞争。[①] 鉴于我们的"相互蕴涵的解读"和"多重

---

① Charles 2000, 348-372，另参见 Charles 2010, 322-327。

原因论"可以被看作是对查尔斯的解读的批判,有人可能想知道我们在《后分析篇》中的解释与亚里士多德的本质主义的关系。在我们看来,在《后分析篇》中,我们不能从一开始就假定存在所谓的亚里士多德本质主义。例如,正如在本章第二节中论证的那样,我们不认为亚里士多德的本质和原因必须始终满足查尔斯所坚持的"统一性条件"(the Unity Condition)和"优先性条件"(the Priority Condition)。相反,在《后分析篇》中,亚里士多德对我们是否必须在每一个哲学探究中都坚持本质主义留下了疑问。有可能在某些情况下,我们应该符合本质主义的要求,例如满足统一性条件和优先性条件;而在其他情况下,则没有必要这样做。这样,在《后分析篇》中,亚里士多德在对于本质的探究和对于原因的探究上采用了一种"可变的本质主义"(flexible/pliable essentialism)。当然,亚里士多德为本质主义的存在留下了空间,这样他就能够使"《后分析篇》模型"也与我们后面提到的"《形而上学》模型"相一致;但我们必须明白,亚里士多德在《后分析篇》中并不完全执着于坚持本质主义。

第一节 "同一性命题"的提出和初步解读

在《后分析篇》第二卷,我们很容易找到亚里士多德认为"是什么"等同于"为什么"的段落。

T1:因为很明显,在所有这些情况下,"是什么"(τὸ τί ἐστι)和"为什么"(διὰ τί)是相同的。什么是月食?由于地球的遮挡[而造成]的月光的缺失。为什么会有月食?或者说为什么月亮会发生食相?因为地球的遮挡使光离开了它。什么是和谐?高音与低音之间的数字比例。为什么高音与低音会和谐?因为高音与低音之间有一个数字比例。(《后分析篇》II.2,90a14-21)①

---

① ἐν ἅπασι γὰρ τούτοις φανερόν ἐστιν ὅτι τὸ αὐτό ἐστι τὸ τί ἐστι καὶ διὰ τί ἔστιν. τί ἐστιν ἔκλειψις; στέρησις φωτὸς ἀπὸ σελήνης ὑπὸ γῆς ἀντιφράξεως. διατί ἐστιν ἔκλειψις, ἢ διὰ τί ἐκλείπει ἡ σελήνη; διὰ τὸ ἀπολείπειν τὸ φῶς ἀντιφραττούσης τῆς γῆς. τί ἐστι συμφωνία; λόγος ἀριθμῶν ἐν ὀξεῖ καὶ βαρεῖ. διὰ τί συμφωνεῖ τὸ ὀξὺ τῷ βαρεῖ; διὰ τὸ λόγον ἔχειν ἀριθμῶν τὸ ὀξὺ καὶ τὸ βαρύ.

T2：所以，正如我们所说，知道"是什么"和知道"为什么"是相同的。(《后分析篇》II.2，90a31-32) ①

T3：正如我们所说，知道"是什么"和知道它是不是的原因（τὸ αἴτιον τοῦ εἰ ἔστι）是一样的。(《后分析篇》II.8，93a3-4) ②

T4：正如当我们掌握了事实时就寻求原因一样（有时这两件事确实同时变得清楚，但在知道事实之前不可能知道原因），同样地，我们显然不能在没有掌握"它是如此"（τοῦ ὅτι）的情况下掌握本质（τὸ τί ἦν εἶναι）。(《后分析篇》II.8，93a16-20) ③

在这些段落中，亚里士多德似乎都声称"是什么"和"为什么"是一样的。我们可以把亚里士多德的这一主张称为"同一性命题"，并把这个命题表述如下（这里我们试图以一种在诠释上尽量"中立"、不带理论预设的方式表达这个命题）：

"同一性命题"："是什么"与"为什么"是相同的。

然而，亚里士多德并没有说明，他为什么要提出这一命题，更重要的是，他没有说明，我们应该如何理解"同一性命题"。"是什么"表示本质（作为现实世界中的对象），还是表示对于本质的探究（这种探究是通过作为一种描述 [logos] 的定义表述的）？"是什么"是否必须意味着严格意义的本质和定义，还是也允许表示非严格意义的本质和定义？同样，对于"为什么"，我们不确定它是应该被理解为原因（αἴτιον，指现实世界中的对象），还是应该被理解为对于原因的探究。而在《后分析篇》中，对于原因的探究是通过三段论证明，特别是通过 Barbara 形式的证明性三段论来表达的，我们可以从亚里士多德在《后分析篇》中的大量例子说明这一点（参见《后分析篇》I.14；II.8，93a6-9）。此外，我们如何解释"A 与 B 是

---

① Ὥσπερ οὖν λέγομεν, τὸ τί ἐστιν εἰδέναι ταὐτό ἐστι καὶ διὰ τί ἐστιν.
② ἐπεὶ δ᾽ ἐστίν, ὡς ἔφαμεν, ταὐτὸν τὸ εἰδέναι τί ἐστι καὶ τὸ εἰδέναι τὸ αἴτιον τοῦ εἰ ἔστι.
③ ὥσπερ γὰρ τὸ διότι ζητοῦμεν ἔχοντες τὸ ὅτι, ἐνίοτε δὲ καὶ ἅμα δῆλα γίνεται, ἀλλ᾽ οὔτι πρότερόν γε τὸ διότι δυνατὸν γνωρίσαι τοῦ ὅτι, δῆλον ὅτι ὁμοίως καὶ τὸ τί ἦν εἶναι οὐκ ἄνευ τοῦ ὅτι ἔστιν.

相同的"这一说法？它一定是指严格的同一性或数量上的同一性关系吗？① 还是说，在提到"同一性命题"的时候，亚里士多德其实也允许"是什么"与"为什么"之间存在一些更宽松的关系？最后一点特别值得注意，因为除了 T1 之外，亚里士多德所主张的是"认识 A 与认识 B 是相同的"。这与"A 与 B 是相同的"这一主张不同。而在 T4，他甚至采用了一个更微妙的表述："正如"我们探究它的原因一样，"以同样的方式"我们探究本质（ὥσπερ...ὁμοίως...）。我们将在下文中讨论查尔斯的解释时回到这些问题。

在我们讨论查尔斯的解释之前，我们可以发现，"是什么"和"为什么"之间存在着一种联系，这可以从"同一性论题"的相关段落中直接推导出来，而且是没有什么争议的。在 T1 中，亚里士多德给出了这种联系的一些例子：一个三段论证明（通过对于原因的探究获得）可以转变成某种定义（通过对于本质的探究获得），反过来，一个具体的定义也可以转换为相应的三段论证明。② 此外，亚里士多德在《后分析篇》II.10 阐述不同种类的定义时，认为一种定义具有"三段论的结构"（syllogistic），并更明确地指出了这种相互转换的关系。

> T5：另一个定义是澄清了某物为什么存在的描述。因此，……[它]明显像是对它"是什么"的证明（ἀπόδειξις τοῦ τί ἐστι），但在布置上（τῇ θέσει）与证明不同。因为说"为什么有雷声"（διὰ τί βροντᾷ）和"雷声是什么"（τί ἐστι βροντή）之间是不同的。在一种情况下你会说：因为火在云中熄灭了。但是，什么是雷声？是在云中火被熄灭的声音。因此，同样的描述有不同的述说方式：一种方式是连续的证明，另一种方式是定义。(《后分析篇》II.10，93b38-94a7）③

在这段话中，我们可以注意到，"为什么会存在雷声"的三段论证明和"什么是雷声"的定义可以相互转化。我们可以把这个例子表述如下：

---

① 我们不需要具体阐明亚里士多德那里的同一性的确切含义，对此可参见 White 1971。
② 关于这些例子的说明，参见 Bronstein 2016, 96-98。
③ ἄλλος δ' ἐστὶν ὅρος λόγος ὁ δηλῶν διὰ τί ἔστιν. ὥστε ὁ …φανερὸν ὅτι ἔσται οἷον ἀπόδειξις τοῦ τί ἐστι, τῇ θέσει διαφέρων τῆς ἀποδείξεως. διαφέρει γὰρ εἰπεῖν διὰ τί βροντᾷ καὶ τί ἐστι βροντή· ἐρεῖ γὰρ οὕτω μὲν "διότι ἀποσβέννυται τὸ πῦρ ἐν τοῖς νέφεσι"· τί δ' ἐστι βροντή; ψόφος ἀποσβεννυμένου πυρὸς ἐν νέφεσιν. ὥστε ὁ αὐτὸς λόγος ἄλλον τρόπον λέγεται, καὶ ὡδὶ μὲν ἀπόδειξις συνεχής, ὡδὶ δὲ ὁρισμός.

问题 1：为什么会存在雷声？

证明性三段论：

P1：声音（A）谓述①火的熄灭（B）。

P2：火的熄灭（B）谓述云（C）。

———————————————————

C1：声音（A）谓述云（C）。

P3：云中的声音（A），谓述火的熄灭（B）。

P4：火的熄灭（B）谓述雷声（C）。

———————————————————

C2：云中的声音（A）谓述雷声（C）。

问题 2：什么是雷声？

三段论式定义：雷声（C）是云中因为火的熄灭（B）的声音（A）。

在这里，我们认为上述两个三段论是等价的。正如阿克利尔（J. L. Ackrill）所总结的那样："在适当的背景下，两者中的任何一个三段论都可以用来说明亚里士多德关于定义与证明的关系的理论。"②在这两个证明性三段论中，雷声存在的原因是中项（middle term）"火的熄灭"（B），它也出现在三段论式的定义（syllogistic definition）中。这种"三段论式的定义"的结构是"A 谓述 C（或'C 是 A'），因为 B"，B 是原因。③因此，根据

---

① 亚里士多德一般会使用"A ὑπάρχει B"（其中 A 是主格形式，B 是与格形式）这样的形式来表述三段论中的命题，而不是像我们通常那样采用"S 是 P"这样的形式，这可能是因为用"ὑπάρχει"可以更明确地区分出命题中的主词和谓词，而且亚里士多德的三段论不止包括"S 是 P"这样的命题，参见 Patzig 1968, 9-12; Slomkowski 1997, 135-138。需要注意的是，在"A ὑπάρχει B"这个命题中，A 是谓词，B 是主词。通常英语世界的学者会用"belongs to"来翻译"ὑπάρχει"这个词，但是在中文语境下，"属于"有时意味着"主词属于谓词"（例如，"人属于动物"这句话中的"动物"是谓词），容易造成误解。因此，本书用"谓述"来翻译"ὑπάρχει"。尽管亚里士多德的"谓述"对应的希腊文应当是 λεγέθσαι、κατηγορεῖσθαι 等语词，但是他在表述三段论时也没有明确区分这几个词，比如在《后分析篇》91a18-25。参见 Barnes 1993, xvi-xvii; Barnes 2007, 330-331; Patzig 1968, 14 n. 17。此外，詹文杰在亚里士多德《前分析篇》的译本中使用"寓于"来翻译 ὑπάρχει，也是合适的方式。

② Akrill 1981, 363。另参见 Bronstein 2016, 152, 165; Bayer 1995, 255-256。

③ 由于这类定义带有原因，我们也称之为因果性定义（causal definition）。

"同一性命题",一个给定的证明可以变成相应的三段论式的定义,反之亦然。这种相互转换关系并不依赖于对于"同一性命题"的任何一种特定解释,它可以通过亚里士多德对"同一性命题"的描述而直接推导出。即便查尔斯在为自己的解释辩护时,也使用了"同一性命题"的这一特征。

在提出了"同一性命题"以及证明和定义之间的基本关系之后,在下一节,我们将转向查尔斯对"同一性命题"的解释以及他对此的理由。然后,我们将对查尔斯的解释提出三点批评。

第二节 大卫·查尔斯论《后分析篇》的"相互依赖论"以及对其的批评

一、查尔斯的"相互依赖论"

大卫·查尔斯提出一种"相互依赖论",声称这是解释亚里士多德"同一性命题"的正确方式。首先,查尔斯认为"是什么"表示严格意义的本质和定义,而"为什么"表示原因和解释。其次,他一方面将作为现实世界的对象的本质与对于本质的探究(通过陈述本质的定义表述)区分开来,另一方面将作为现实世界的对象的原因与对于原因的探究(通过三段论的证明来表达)区分开来。[①] 这样一来,他的"相互依赖论"可以表述为如下3个主张:

1. 严格意义的本质与原因是相互依赖的。[②]
2. 定义(从对于本质的探究中获得)依赖于本质(定义和探究的

[①] 例如,参见 Charles 2000, 245-257; Charles 2010, 290 n.6。

[②] 值得注意的是,在查尔斯 2010 年的论文中,他似乎改变了主意,认为本质与原因是相同的(但也可以参见 Charles 1991, 239-240; Charles 2000, 274-275,他似乎在那些地方也隐含地预设了这种解读)。他可能直接认为"A 与 B 是相同的"就必然意味着二者完全相同。然而,这在《后分析篇》中很难是正确的——即使我们只是从上面雷声的例子来分析。假设雷声的本质是"云中的如此这般的声音",但雷声的原因却是"火的熄灭",这二者指涉的对象是不同的。虽然查尔斯对本质和原因之间的同一关系做了一些限定,但他引证的段落并非来自《后分析篇》,参见 Charles 2010, 288 n. 4。这意味着查尔斯将亚里士多德的其他作品"读入"了《后分析篇》,而这是值得警惕的。我们将在本章第四节再次讨论这个问题。

对象），证明（由三段论表达，从对于原因的探究中获得）依赖于原因（"为什么"的对象）。

3. 定义与证明是相互依赖的。对于本质的探究与对于原因的探究相互依赖。①

当查尔斯说"A 和 B 是相互依赖的"时，他的意思是说，A 依赖于 B，由 B 决定；② 并且 B 依赖于 A，由 A 决定。A 和 B 必然是相伴随的；我们不能在没有 B 的情况下而得到 A，也不能在没有 A 的情况下而得到 B。因此，当亚里士多德在《后分析篇》中表达"同一性命题"时，他的意思是，定义和证明是相互共同决定的：认识一个本质就等于认识一个原因；我们必须通过三段论证明的帮助得到一个定义，并且必须通过定义的帮助得到一个三段论证明。查尔斯认为，对于亚里士多德来说，我们的探究和考察应该依赖于现实世界的对象，亦即本质和原因，所以他认为本质和原因也是相互依赖的。③ 在下文中，我们将基于《后分析篇》，进一步阐明查尔斯对主张 3 的论证。

二、查尔斯对"相互依赖论"的论证

首先，如上所述，查尔斯认为我们的探究实践必须要依赖于现实。在亚里士多德看来，很明显，我们对本质和原因的探究必须有其存在论的基础，这就是现实世界中的对象。没有恰当的定义和解释的对象，我们就不会有关于本质和原因的描述，我们也就无法对本质和原因进行探究。这一点是没有争议的，因为无论如何，亚里士多德还是一个实在论者，所以我们可以不讨论主张 2。其次，查尔斯认为，（1）本质依赖于原因，（2）原因依赖于本质。④ 他提出的两个论点主要是基于《物理学》第二卷，而不是基于《后分析篇》的文本，而我们在这里不处理《物理学》的讨论，而是将目光聚焦于《后分析篇》。再者，正如我们多次提到的，我们不能贸然将亚里士多德在其他著作中的观点随意"读入"（read into）《后分析篇》。因此，在本章中，我们只关注查尔斯对主张 3 的论证；也就是说，定义与证明是

---

① 定义是从对定义的探究中得到的，而证明则是从对解释的探究中得到的。因此，这两组概念之间存在着相应的关系。

② 我们没有必要具体说明 A 在何种意义上依赖于 B（无论是在探究的顺序上还是在本性上）。因为 A 和 B 之间的依赖关系是相互的。

③ Charles 2000, 247-251, 255-257, 260-261.

④ 特别参见 Charles 2000, 257-259.

相互依赖的。对于本质的探究与对于原因的探究相互依赖。① 查尔斯对主张3的论证主要集中在《后分析篇》和其中的"同一性命题",这也构成了本章的重点。

1. 为什么定义依赖于证明/原因?

在查尔斯为这一主张辩护之前,他还对亚里士多德提出"同一性命题"的合理性进行了辩护,也就是说,对亚里士多德提出这一命题的动机进行了说明。查尔斯指出,"同一性命题"能够保证我们获得的定义满足任何本质都必须满足的两个关键条件。这两个条件是:统一性条件(the Unity Condition)和优先性条件(the Priority Condition)。② 根据统一性条件,被定义的对象和定义本身都必须是统一的。③ 至于优先性条件,查尔斯认为,一个本质必须说明对象的某些特征,这些特征在本性上优先于这个对象的其他特征。④ 对查尔斯来说,本质和陈述本质的定义必须满足这两个条件。⑤ 如果不满足统一性条件,那么本质就不能决定一个类并"固定一个类的特性";而在这种情况下,定义会表示一些偶性对象,甚至是几个相互之间没有联系的东西,而不是一个统一的对象。另一方面,如果不满足优先性条件,本质就不能与某一对象的其他特征和它的偶性区分开来,不能使这个对象成为它所是的样子。⑥ 查尔斯认为,为了满足这两个条件,说明本质的定义必须借助于"同一性命题"来获得。⑦ 因此,查尔斯的结论是,亚里士多德提出了"同一性命题",为了让陈述本质的定义满足统一性条件和优先性条件。

鉴于定义必须满足统一性和优先性条件,查尔斯认为,定义必须依赖于三段论的证明和原因。主要的原因是,证明将保证定义的对象是在先

---

① 很明显,对原因的探究依赖于原因的存在,而对本质的探究则取决于本质的存在。
② 这两个条件会在本书中发挥重要作用。我们将在第二章和第五章再次讨论它们。
③ Charles 2000, 192.
④ Charles 2000, 191. 关于这两个条件的另一种表述,也参见 Charles 2010, 297。
⑤ 关于本质的这两个条件的重要性,参见 Charles 2000, 179-196; Charles 2010, 291-292, 294-297。
⑥ 有人可能会声称,关于某个对象的整个定义并不优先于被定义的对象本身,而是与被定义的对象相同,参见 Peramatzis(2011, 31, 196)的质疑;但 Malink(2013, 342-343)认为佩拉马齐斯实际上也同意严格的定义本身先于被定义的对象。另外,我们认为,对于三段论式的定义,只有陈述原因的那一部分才是优先的。然而,定义的对象也包含其他该对象的非本质的特征,而陈述本质的严格定义作为一个整体,应该指明该定义对象中优先的因素。
⑦ Charles 2000, 248-251.

的，因此能使其满足优先性条件。① 正如我们上面提到的，根据"同一性命题"，在证明和定义之间存在着一种相互转换的关系。在三段论证明中，中项说明了原因。亚里士多德在《后分析篇》71b31 声称，那些在本性上优先的事物之所以如此，是因为它们是原因（另参见《后分析篇》78a30-b4，98b17）。鉴于原因是中项，在证明中是在先的，那么，通过"同一性论题"，这个在先的原因会成为三段论式的定义的一部分。而查尔斯认为，定义中的这部分原因也将使整个定义在先。因此，定义的优先性基于原因的优先性，而原因的优先性通过"同一性论题"所蕴涵的证明和定义之间的相互转换关系，从三段论证明转移到与之相应的三段论式的定义上。这样，查尔斯认为，定义依赖于证明和原因，这是因为定义的优先性必须依赖于原因上的优先性而得到。②

2. 为什么证明依赖于定义 / 本质？

查尔斯提出了两个论据来捍卫这一主张。第一个论证也是来自三段论证明和三段论式的定义之间的相互转化性；第二个论证来自亚里士多德对三段论证明的无限倒退的拒斥。根据"同一性命题"所蕴涵的证明与定义之间的相互转换性，说明本质的三段论式的定义必须通过一个证明转换过来。而定义必须同时满足优先性条件和统一性条件，才能说明本质。因此，为了建立定义和证明之间的相互转换性，三段论证明也必须说明本质。为了说明本质，一个证明必须同时满足统一性条件和优先性条件。因为每个定义必须是一个统一体，那么证明的统一性就会依赖于定义的统一性。因此，证明必须依赖于定义。③ 值得注意的是，这个论证和上面"定义依赖于证明"的论证，并不依赖于对"同一性命题"的某种特定解释。我们已经看到，这两个论证都依赖于证明和定义之间的相互转换关系，这种关系可以从亚里士多德的文本中直接推导出来。

查尔斯的第二个论证基于三段论证明本身的要求。亚里士多德在《后分析篇》I.3 认为，不可能有无限倒退的三段论证明。查尔斯声称，避免证

---

① 至于统一性条件，每一个定义——无论它是否陈述了一个本质——都必须是一个统一的事物；否则它甚至不能表示一个东西，而是同时表示几个东西，而这将违反矛盾律。关于统一性和矛盾律之间的关系的讨论，参见 Politis 2004, 146-150。另一个问题是，定义中的元素如何能够成为一个统一体，正如《后分析篇》II.6, 92a29-33 所提出的那样（参见 Charles 1991, 234-237; Charles 1994, 82 n. 13; Charles 2000, 203-204）。似乎在《后分析篇》中，定义的统一性条件已被预先假定，如何实现这一点可能不是亚里士多德在这里的主要任务，正如 Gill（1991, 264-265）所暗示的那样。

② Charles 2000, 198-204; Charles 2010, 289-292.

③ Charles 2000, 217-218, 245-246.

明的无限倒退的唯一方法是让证明从陈述本质的定义开始。由于一个三段论证明依赖于它的前提，那么我们可以得出结论，证明必须依赖于定义和本质，以避免无限倒退问题的出现。①

我们已经提出了查尔斯的"相互依赖论"以及支持这一论点的主要论据。接下来，我们将论证，"相互依赖论"不是理解亚里士多德"同一性命题"的正确方式，我们会阐明查尔斯论证中的潜在困难，特别是他的主张证明（对于原因的探究）依赖于严格的定义（本质）。

三、对于查尔斯"相互依赖论"的批评

在这一部分，我们要对查尔斯的论点提出三点批评。第一个批评是，"是什么"并不总是需要被理解为严格意义的本质，或者说是指称了严格本质的定义。第二个批评关于原因的优先性是否能满足定义的优先性的问题。第三个批评是，从本质定义出发并不是避免三段论证明无限倒退的唯一方法。

1. 《后分析篇》"本质"概念的多重性

我们要注意到，根据亚里士多德对"同一性命题"的表述，"是什么"不一定表示严格意义的本质和说明严格意义的本质的定义。相反，在《后分析篇》中，对于本质这个概念的理解取决于我们对于"是什么"的理解。"本质"概念不仅指涉了严格意义上的使得一个事物成为其所是的东西，而且也包括其他非严格意义的"本质"。它们都是"是什么"的对象，也被包括在"同一性命题"的讨论范围内。因此，《后分析篇》中的"本质"概念并不局限于严格意义的"是其所是（即本质）"，对于本质的探究并不仅仅意味着对于严格意义的本质的探究。为了方便起见，我们称非严格意义的本质为"是什么"，严格意义的本质和非严格意义的本质都在本书的研究范围内。

我们至少有四个理由怀疑"是什么"的对象只能是一个严格意义的本质，而不可能是其他非严格意义的本质。第一，在《后分析篇》II.10 中，亚里士多德提到有不同种类的"关于'是什么'的说明"（λόγος τοῦ τί ἐστι, 93b29）。他进一步说，（1）"一种类型是对其名称或其他一些类似名称意味着什么的说明"（《后分析篇》93b29-31）；还有（2）另一种类型（即亚里士多德提到的第三种定义）是"对其是什么的证明的结论"（《后分析篇》94a9-10）。对于（1）是不是"是什么"的真正对象，以及它与（2）的关系，在学术界有很多争议。② 然而，大家普遍承认（2）是"是什么"

---

① Charles 2000, 215-216; Charles 2010, 297-299.
② 例如参见 Goldin 1996, 133 n. 64; Bronstein 2016, 141-143; Sedley 2015; Deslauriers 2007, 66-78; Pellegrin 2010, 134-144。

的一种真正对象，因为当亚里士多德在《后分析篇》75b30-32，94a11-15 等处谈到不同类型的定义时，他总是会提到（2）。① 但是，（1）和（2）都不指涉亚里士多德的严格意义的本质。② 例如，正如亚里士多德所说，（2）中提到的证明的结论可以是"月食是一种光的缺失"（如《后分析篇》90a15-16），"雷声是云中的声音"（如《后分析篇》93a22-23，93b7-12，94a7-8），以及"长寿的动物是干燥的动物"（如《后分析篇》99b5-7），这些都指向了现实世界的对象。但它们很难成为亚里士多德严格意义上的本质（例如，其他长寿的动物有可能不是干燥的）。③

第二，我们或许有理由认为，τὸ τί ἦν εἶναι 这个短语和 ousia 这个词表示亚里士多德的严格意义的本质。而且在《后分析篇》中，亚里士多德的确在一些段落中将这两个语词与"是什么""本质"的概念联系起来（例如《后分析篇》91b8-9，92a7-8，92a34）。然而，值得注意的是，亚里士多德在谈到"同一性命题"时，从未在毫无争议的情况下明确地提到这两个词。④ 因此，我们不能简单地假设，当亚里士多德提到"是什么"和本质时，他一定想到了严格意义的本质，并且认为严格意义的本质一定是"是什么"的唯一对象。

第三，正如巴恩斯（J. Barnes）所指出的，⑤ "是什么"也可以指有关事物所属的属或种类。当有人问"它是什么"时，我们可以回答说"它是动物，或者它是鱼"。但显然它们都不是严格意义的本质，但却是"同一性命题"的指涉对象。

第四，《论题篇》I.9 的一段话是很有启发的："显然，表示'是什么'的东西有时会表示一个实体，有时表示一个量，有时表示一个质，有时表

---

① 参见 Goldin 1996, 131-133。
② 我们不讨论（1）是否可能包括"独角兽"等在现实世界中不存在的事物的问题。
③ 事实上，亚里士多德似乎认为干燥是老年的特征，因此，在《论生命的长短》466a19，466b15，干燥是一些动物死亡的原因之一。虽然 Wilson（2000, 95）声称"过度的湿润"可以导致死亡，因此干燥可能真的是长寿的原因。然而，"不干燥的"并不意味着一定是"过度湿润"的。另参见亚里士多德在《论动物的生成》777b6-8 关于长寿的原因的另一个说法："任何动物长寿的真正原因是它被调节得与周围的空气以及它本性的某些其他情况相似。"
④ 在 T4，亚里士多德确实明确提到了 τὸ τί ἦν εἶναι，但如上所述，T4 可能陈述了一个宽松版本的同一性命题。
⑤ Barnes 1993, 174。

示其他范畴中的一个。"(《论题篇》103b27-29)① 在这段话中,亚里士多德对"是什么"有一个相当宽泛的概念,比如它也指质、量以及《范畴篇》中的第一范畴以外的其他范畴。② 诚然,亚里士多德在《后分析篇》中未必会同意质和量可以成为"是什么"的对象,③ 但至少这段文本可以提醒那些希望将"是什么"的对象仅仅限于严格意义的本质的人。"是什么"的对象在《后分析篇》中更为灵活:它当然可以指亚里士多德的严格意义的本质,但它也可以指非严格意义的本质之外的其他事物。④

由于定义是对"本质"和"是什么"的描述(例如参见《后分析篇》93b29),而定义依赖于定义的对象——无论该对象是不是严格意义上的本质,我们于是可以得出结论,一方面,定义不必然要说明严格的本质,这可以从上面的第一个理由得出。另一方面,只有严格的本质和定义才必须满足优先性条件和统一性条件;而"同一性命题"下的"是什么"既表示严格意义的本质和定义,也表示非严格意义的本质和定义。因此,"是什么"不需要满足优先性条件——尽管它必须是一个统一体,否则它甚至不能成为或表示确定的事物,也不能满足矛盾律,而矛盾律是亚里士多德所有哲学讨论的根本。⑤(值得一提的是,一个定义中的多个元素如何成为一个统一体是另一个问题,这不是亚里士多德在《后分析篇》中的主要关注点。)因此,我们可以看到,查尔斯"定义依赖于证明/原因"的论点是有问题的:只有一些定义(陈述严格意义的本质的严格定义)依赖于证明。此外,"证明依赖于定义/本质"的说法也是有问题的。对于原因的探究也可以依赖于一些非严格的定义,也可以从非严格的三段论式的定义中推导出来(参见本章第四节的例子)。因此,无论是三段论式定义,还是证明,都不需要

---

① δῆλον δ' ἐξ αὐτῶν ὅτι ὁ τὸ τί ἐστι σημαίνων ὁτὲ μὲν οὐσίαν σημαίνει, ὁτὲ δὲ ποσόν, ὁτὲ δὲ ποιόν, ὁτὲ δὲ τῶν ἄλλων τινὰ κατηγοριῶν.

② 许多学者都指出了这一观点(无论他们是否提及《论题篇》的这段话),例如 Ferejohn 1991, 89; McKirahan 1992, 105-106; Menn 2011, 167 n. 4; Politis 2015, 24。对这段话的详细解释可参见 Malink 2007, 271-283。马林克(M. Malink)认为,根据《论题篇》I.9,如果一个语词可以成为一些本质性谓述的主词,那么这个语词所意指的东西将被视为"是什么"的对象。因此,一个不满足优先性条件的事物仍然可以被看作是次级意义上的本质。

③ 当我们在下面提到证明的要求时,这是非常明显的。

④ 虽然 Bronstein(2016, 94)提到了这种可能性,但他似乎并没有在书中进一步考虑这种可能性。另参见 Tierney(2001, 156-158, 165)对《后分析篇》中"是什么"的对象的更广泛理解,根据他的说法,"是什么"的对象还包括属、种、种差和其他属性。

⑤ 关于矛盾律在证明中的使用,参见《后分析篇》I.11, 77a10-21。在这里我们不需要阐明定义需要何种特殊意义上的统一性。

意味着只能以严格意义的本质作为对象，以保证它们在同一性命题下的相互转换性。这一点在阐述了第二个批评之后会更清楚。

2. 三段论证明能保证定义的优先性吗？

第二个批评与"同一性命题"下的原因和定义的优先性有关，主要是针对"为了满足优先性条件，一个定义必须要依赖于一个证明"的说法。我们认为定义的优先性条件不能通过证明具有的因果优先性来保证。因此，查尔斯关于"定义中的原因使得定义优先"的说法是值得怀疑的。原因在于，在一个给定的三段论证明中，原因只能使 B（中项）优先于"A 谓述 C"的命题或 A。① 然而，在"A 谓述 C，因为 B"的三段论式定义中，为了使这一定义满足优先性条件并指称严格意义的本质，整个定义"A 谓述 C，因为 B"都应该是优先的。但我们可以发现，"B 优先于 A 谓述 C 的命题或 A"这个说法与整个"A 谓述 C，因为 B"都是优先的这个说法是不同的，前者不能等同于后者，也不蕴涵后者。② 因此，当一个三段论证明被转化为一个三段论式的定义时，它不一定使整个定义是优先的，并说明严格意义的本质。另一方面，定义的三段论式的结构本身已经预设了它可以变成一个证明，其中的中项将在因果关系上优先，但是，这个三段论式的结构不能保证定义本身意指了严格意义的本质，也不能保证让证明表达了本质。因为证明不能使整个三段论式的定义成为优先的。有人可能会认为，根据证明的要求，中项应该使整个定义成为优先的。然而，只有当证明满足了同延性（co-extensiveness）的要求时，中项才会使整个定义成为优先的，并意指严格意义的本质。但是，亚里士多德在《后分析篇》中对同延性要求的承诺是非常不确定的（参见本章第四节的论述）。因此，定义的优先性不依赖于因果关系的优先性，这不但批评了查尔斯的主张"定义依赖于证明／原因"，而且也削弱了主张"证明依赖于定义／本质"：既然证明和定义都

---

① 我们不会在这里详细讨论"A 谓述 C"和"A"作为被解释项之间的区别。我们可以在雷声的例子中看到，在一个三段论中，被解释项是作为 A 的"雷声"，在另一个三段论中，被解释项是作为"A 谓述 C"的"声音谓述云"（参见《后分析篇》II.8, 93b7-12）。另参见 Angioni 2018, 160-161, 161 n. 6。

② Peramatzis（2011, 168-200）认为，在三段论式的定义中，"A 谓述 C"（简写为"A-C"）或"A"与定义的对象是相同的，所以当 B 优先于"A-C（或 A）"的时候，B 也会使整个定义"A-C（或 A），因为 B"变得具有优先性。然而，我们不认为在《后分析篇》中，"A-C（或 A）"与定义的对象是相同的。根据查尔斯和佩拉马齐斯的观点，严格的定义应该"固定定义对象的同一性"。如果 A-C（或 A）与定义的对象相同，那么 A-C（或 A）就已经可以固定定义对象的同一性了；而如果它已经可以固定定义对象，那么就没有必要再提到中项 B 了。

不总是陈述严格意义的本质，证明就没有必要依赖于严格的本质和定义。

在这一点上，有人可能会反对说，在《后分析篇》II.8，93b18，亚里士多德主张："没有证明，就不可能了解某物是什么（οὔτ' ἄνευ ἀποδείξεως ἔστι γνῶναι τὸ τί ἐστιν）。"根据这句话，定义应该以证明为基础。① 因此，本章对"定义依赖于证明/原因"这一说法的批评肯定是有问题的。然而，在这段话中，亚里士多德并没有说，在每一种情况下，定义必须总是依赖于证明。亚里士多德有可能意在提出一个较弱的建议。我们认为巴恩斯的以下意见是正确的。"对其做强的解读的话，这个主张是完全没有根据的。B.8 没有做任何事情来表明我们**只有**通过首先构建一个恰当的证明才能把握一个定义。但也许亚里士多德心里想的是一个更弱的论题：只要你掌握了一个定义，你总是可以毫不费力地构建一个恰当的证明"②。因此，我们不能简单地引用这段文字作为反对上述批评的论据，并用来支持查尔斯的解读。

3. 三段论证明必须基于本质吗？

诚然，对亚里士多德来说，三段论的证明不能无限倒退。而且，证明必须有起点，也不可能证明一切事物（参见《后分析篇》I.3；I.8-9）。然而，我们不能认为，一个证明（以及一个对于原因的探究）必须依赖于一个说明了严格意义的本质的定义（以及一个对于本质的探究）。特别是，我们不能声称，关于一个事物的证明必须以这同一事物的本质为基础，并坚称这是避免证明无限倒退的唯一途径。诚然，如果不存在某一事物的严格意义的本质，不存在某一事物的原因，就不会有关于该事物的证明；但是，这并不意味着对于原因的探究必须借助于对于本质的探究才能完成。查尔斯主要的问题是，这会使证明的方法在探究中毫无用处。我们无法通过三段论证明获得任何新的知识，而只能"演示"这样那样的情况。例如，如果一个人已经知道了雷声的严格意义上的本质，并且已经获得了雷声的严格定义，那么为什么还需要寻求雷声的三段论证明呢？在这种情况下，三段论证明不能说明任何关于雷声的新知识，因此它对探究没有帮助。③ 更糟糕的是，即使是这种通过三段论证明来"演示"知识的方式也将是不必要的；因为在三段论式的定义中（在这种情况下，这个定义已经说明了本质），通

---

① 参见 Charles 2000, 204。

② Barnes 1993, 221. 强调为原文所有。

③ Charles（2010, 302-303）指出，证明应该以现实为基础，因此，证明的前提不会包含关于该对象的所有信息。然而，如果前提不包含所有的信息（这可以被看作是一种知识），那么证明又如何能像他所说的那样，从严格的定义和本质出发（这意味着应该包含有关该对象的所有信息）？

过"A 因 B 而谓述 C"的结构，我们已经明确了原因是三段论的中项。

然而，也有一些学者（如巴恩斯）认为三段论证明不能帮助我们获得新的知识，而只能在教学中"演示"我们已经拥有的知识。原因在于证明的基础是我们已经知道相关前提，其中包括关于被解释的对象的描述。然而，解释或原因是一个人在探究中想要知道的东西，它是前提的一部分，因此当一个人能够提出一个证明时，实际上就已经获得了知识。① 然而，我们认为一个成功的探究仍然可以通过恰当的证明来完成和表达。② 我们可以设想下面这个探究的例子。有人想知道为什么 A 谓述 C（简写为"A-C"）。然后，这个人发现了 A-C 这一事实的一个新原因，即 B。通过证明 A、B、C 可以通过一个有效的三段论来表述，并满足所有相关的三段论的要求，这个人就最终可以得出结论：B 的确是 A-C 的原因。这样，我们可以看到，探究者现在获得了一种新的知识，而且是通过证明获得的。B 是对 A 谓述 C 的真正的原因和解释。③ 这个例子还指出了另一种避免无限倒退的方法。证明确实需要从定义出发，但不一定需要从陈述严格意义的本质的定义出发，正如亚里士多德在《后分析篇》的开头所说的："所有的教学和所有的理智学习都是从先在的知识出发的。"（《后分析篇》71a1-2）④ 这里的先在的知识可能来自于感觉和归纳。⑤ 这些定义并没有说明严格意义的本质，但可以用来构建证明性的三段论。⑥ 这样一来，在不依赖本质的情况下，我们也可以避免出现无限后退的证明链条。

我们已经对查尔斯的相互依赖论提出了三条批评意见，这表明查尔斯的解读存在着诸多困难。在下一节，我们将提出另一种理解"同一性命题"的方式，也就是"相互蕴涵的解读"。

---

① 进一步的文献，尤其参见 Barnes 1969；Bronstein 2016, 31-33。

② 参见 Bronstein 2016, 34。

③ 参见 Bronstein（2016, 32 n.10）提到的可能性。尽管他否定了这种可能性，认为它不是一个恰当的学习探究一个事物的例子。关于亚里士多德探究方法的类似观点，也参见 Halper 2017, 70-71。对此的不同辩护，以及更多的文本证据，参见 Bronstein 2016, 33-42，尤其是 pp. 39-40。

④ Πᾶσα διδασκαλία καὶ πᾶσα μάθησις διανοητικὴ ἐκ προϋπαρχούσης γίνεται γνώσεως.

⑤ 关于这种解释的一个例子，参见 Bronstein 2016, 225-247。但我们不会在本书中处理这个问题。

⑥ 参见 Bayer 1995, 253-255。

第三节　理解"同一性命题"的另一方式："相互蕴涵的解读"

我们已经批判性地审视了查尔斯的"相互依赖论",指出了这一解读面临着种种困难。在此基础之上,我们需要寻找对于"A 与 B 相同"这一说法的其他解释。首先,有一种解释是对"同一性命题"最"自然"的解读,这就是说,"同一性命题"只是意味着 A 与 B 相同,本质与原因相同,或对于本质的探究与对于原因的探究相同。当一些学者把《后分析篇》中的"同一性命题"与亚里士多德的其他作品联系起来时,他们常常会采用这种严格同一性的解读。例如,如上所述,查尔斯后来修改了他先前的立场,声称本质与原因相同,这可能是将《形而上学》Z.17 中的讨论直接"读入"《后分析篇》的结果。① 而布隆斯坦(D. Bronstein)也采用了同一性解读,这与他对《论动物的部分》的讨论有关(我们将在第二章批评布隆斯坦的解释)。② 然而,如果我们仅仅把目光放在《后分析篇》,这种解释会面临一些困难。我们很难认为,从对于原因的探究中得到的三段论证明与从对于本质的探究中得到的定义是相同的。原因是,前者是一个由三个命题组成的三段论,而后者则是一个谓述命题。而且,很难说本质可以与原因相同,至少对于《后分析篇》中可以通过三段论来讨论的事物来说是这样。这一点在 T5 中非常明确:"**因为**说为什么有雷声和雷声是什么之间是不同的。在一种情况下你会说:**因为火在云中熄灭了**。但是,什么是雷声?**是在云中火被熄灭的声音**。"(《后分析篇》94a3-5,黑体为笔者的强调)让我们假设雷声的本质是"在云中火的熄灭产生的声音",但雷声的原因只是"火的熄灭"。有些人可能会反对说这只是一种语言上的差异(说 A 与说 B),③ 但是,亚里士多德在这两个答案中所指的事物也是不同的:它们是现实世界中两个不同的对象(一种声音与火的熄灭现象),尽管它们可能在因

---

① 参见 Charles 2010, 288 n. 4,他在那里明确提到了《形而上学》Z.17。
② 具体参见 Bronstein 2018。
③ 他们还可能补充说,这就是为什么亚里士多德声称"相同的说法"(ὁ αὐτὸς λόγος)是以不同方式给出的:一种是通过定义,一种是通过证明(《后分析篇》94a6-7)。然而,在这段话中,"相同的说法"这一短语只表明这两种说法都是指向同一个对象,即雷声;也就是说,解释和定义的对象是相同的。这并不一定意味着它们必须指称同一事物的同一方面,也不意味着这两种说法的"核心要素"(对于证明来说,它是中项,即火的熄灭;而对于定义来说,这是声音)是一样的。

果上相互关联。①

此外，还有文本证据支持亚里士多德在本质和原因之间做出区分的观点。在《后分析篇》II.8，93a4-9 和 II.9，93b21-28，亚里士多德认为，在诸如雷声的情况下，本质与原因是不同的。② 值得注意的是，在《后分析篇》II.9，93b25-26，亚里士多德指出，对于某些事物，"有一个中项、并且有一个不同于 ousia 的事物是原因（τῶν δ' ἐχόντων μέσον, καὶ ὧν ἔστι τι ἕτερον αἴτιον τῆς οὐσίας）"。③ 这句话意味着某个对象的解释或原因与它的本质是不同的，这两者很难是同一性的关系。作为一个旁证，在《论题篇》VI.6，145b11-20，亚里士多德指出，我们不能简单地把原因作为带有原因的因果性定义（causal definition）中的唯一组成部分，也不能认为因果性定义的唯一要素就是原因。例如，"痛苦"的定义不是"自然地连在一起的部分的破坏"，因为这是"痛苦的原因"（《论题篇》145b12-14）。因此，本质与原因的同一关系很难适用于《后分析篇》中可以用三段论来讨论的事物。

于是，我们认为，对于"A 与 B 相同"这一说法有另一种解读："相互蕴涵"（co-entailing）或"相互转化"的解释。④ 当 A 与 B 处于相互蕴涵的关系中时，A 必然能够转化为 B，而 B 也必然能够转化为 A；或者说 A 蕴涵了 B，B 也蕴涵着 A。根据这种解释，如果一个人发现了"本质"或"是什么"，就必然会同时发现"原因"，反之亦然。我们已经在第二节中对此进行了论证，这种相互转化的特征可以从亚里士多德的相关文本中得出，而且也被学者们所承认。⑤

---

① 如上所述，Charles（2010）声称，对于这些东西，本质与原因是相同的。但在《后分析篇》中找不到他对这种解释的辩护。因此，我们在本章中不处理这个论题。

② 例如，参见 Pellegrin 2010, 132-134; Peramatzis 2014; Bronstein 2016, 134-137，他们都认为，根据这些段落以及《后分析篇》中的"同一性命题"，本质与原因不完全相同。

③ Charles（1991, 237-239; 2000, 274-275，尤其是 p. 275 n. 3）提出，93b26 的 ousia 必须被理解为《形而上学》ZH 中的复合实体，而不是本质。这样一来，他的解释不能排除本质与原因的同一性。然而，他对 ousia 的解释依赖于对"同一性命题"的某种解读，而不是用来证明他对"同一性命题"的理解。我们在这里仍然倾向于采用布隆斯坦对这句话的结构以及"ousia"的理解，并将其译为"本质"，参见 Bronstein 2016, 136-137 n. 13 以及他提及的更多文献。也参见下文第四章的讨论。

④ 参见《形而上学》Γ.2, 1003b22-25，在那里，亚里士多德似乎同意，当一个事物蕴涵另一个事物时，这两个事物可以被视为是相同的；参见 Charles 2011, 153-154。我们将在下一章中讨论这段话。

⑤ 如上所述，查尔斯也把他的解释建立在这种相互转换关系的基础上。

在这一点上，有人可能会想知道查尔斯的"相互依赖的解释"和我们"相互蕴涵的解释"之间有什么区别。最大的区别在于，查尔斯认为，对于本质的探究和对于原因的探究之间，以及定义和证明的获得之间**总是互为充分必要条件**。但是在我们看来，对于本质的探究和对于原因的探究之间，以及定义和证明的获得之间在**不同情况下互为充分不必要条件，且二者在获得上各自独立，互不依赖**。① 这就是说，根据三段论式的定义和三段论证明之间的可转换关系，一者不需要依赖另一者。但是根据查尔斯的相互依赖解读，一个东西必须依赖另一个东西，如果没有另一个东西的帮助，我们不能单独拥有一个东西。对查尔斯来说，为了探究一个事物的原因，我们必然需要知道这个事物的本质，反过来也是如此。

然而，在"什么时候才可以在一个三段论和一个三段论式的定义之间存在一种相互转换的关系"的问题上，我们提出的"相互蕴涵"的解释仍然可以通过两种方式来理解。根据一种理解，为了在证明和定义之间获得可转换关系，我们必须首先独立地进行对于本质的探究和对于原因的探究。只有当我们同时独立地得到定义和证明时，它们之间才会有相互转换的关系。根据另一种理解，不需要先分别完成对于本质的探究和对于原因的探究，以获得它们之间的相互转换性。相反，一旦我们通过对于原因的探究获得了事物的原因，我们就可以通过相互转化的关系，把探究获得的证明转变成一个三段论式的定义。或者说，一旦我们确立了一个三段论式的定义，我们就可以将其中的原因看作是一个三段论的中项，并把这个定义转化为一个证明性的三段论。最后，应该强调的是，在《后分析篇》中，对于我们应该先获得本质与原因中的哪一个的问题，答案是视情况而定的。换句话说，在某些情况下，我们首先构建一个证明性的三段论，然后得到其相应的三段论式的定义；而在另一些情况下，我们首先找到一个因果性的定义，然后把它变成一个三段论。因为如果我们总是从对于原因的探究开始，从三段论证明中推导出定义，那么，这就意味着定义应该以证明为基础。然而这样就与我们的主张相冲突：就探究的顺序而言，定义不需要依赖证明，反之亦然。

让我们用探究"雷声是什么"和探究"为什么存在雷声"的例子来说明这些对"同一性命题"的不同理解。根据查尔斯的"相互依赖论"，我们必须依靠对于本质的探究，以获得证明；不然的话，证明不能揭示事物

---

① 换言之，它们不是在每一情境下都同时互为充分条件或同时相互蕴涵，而是有时候一者是另一者的充分不必要条件，有时候则是相反的情况。

的原因,并可能进入无限的倒退。在这种情况下,当我们探究雷声的定义时,我们必须通过使用证明来获得定义,以确保定义的优先性。然而,根据"相互蕴涵的解释"的第一种理解,我们必须首先对雷声的本质进行探究,并通过不同的探究方法,独立寻找雷声的原因。只有当我们分别完成这两项任务之后,我们才能将雷声的原因转换成雷声的定义。

然而,根据"相互蕴涵的解释"的第二种解读,我们有可能首先发现"火的熄灭"的现象总是在云中产生声音(也许是通过直接观察)。然后我们确认这种观察满足了一个有效可靠的证明的各种要求。这样一来,我们就可以最终确立一个关于"为什么存在雷声"的三段论,探究雷声的原因。一旦我们得到了那个证明,根据证明和定义之间的相互转换关系,我们可以把证明变成相应的三段论式的定义。因此,定义是由证明所蕴涵的。另一方面,我们可以首先通过某种方式——比如说归纳法或划分法——发现一个带有同样的原因的三段论式的定义。① 一旦我们得到了带有原因的定义,我们就可以把它变成一个三段论的证明,因此,证明是由定义所蕴涵的。在这种情况下,我们没有必要借助另一个来获得一个。这对于其他的探究对象也是如此。也就是说,对于某些探究对象,我们有可能首先建立一个证明,而不是直接从对于本质的探究开始;只有当我们完成了对于原因的探究的时候,我们才会把探究的结果(通过一个证明性的三段论来表达)转变成一个三段论式的定义。但对于其他一些探究对象,情况则是反过来的。

我们已经看到,"同一性命题"的"同一性解读"很难说是正确的。而我们已经拒绝了查尔斯的"相互依赖论"。并且,在《后分析篇》中没有正面证据表明,必须先独立地获得一个证明和一个定义,才能有相互转换的关系;相反,我们之前提到的《后分析篇》II.8,93b18恰恰反过来证明了对于原因的探究和对于本质的探究不一定必须要分别进行。因此,理解《后分析篇》中的"同一性命题"的正确方式就是第二种"相互蕴涵的解读"。根据这种解读,三段论的证明是可以转化为三段论式的定义的,一旦我们在不需要另一个的帮助的情况下得到了其中的一个,我们就会通过相互转换关系而必然得到另一个。此外,应该根据具体情况来决定我们是应该从对于本质的探究开始,还是从对于原因的探究开始。正是在这个意义上,

---

① 关于获得定义的划分法的研究,参见 Deslauriers 2007, 18-32, 179-210。也参见我们在下文中对《后分析篇》II.13 划分法的讨论,在那里我们说明了不会详细讨论这个问题的原因。

亚里士多德声称，知道一个就相当于知道另一个（参见 T3）。

除了考虑对"同一性命题"的不同理解外，我们还需要考虑"同一性命题"所涉及的不同种类的对象。正如我们在上面指出的，在《后分析篇》中，不是所有的东西都可以被证明，也就是说，有些东西可能无法通过三段论证明的方式进行探究；因此，证明和定义之间的相互转换性不能适用于这些对象。在此，布隆斯坦对"因果复合对象"（causally complex objects）和"因果简单对象"（causally simple objects）的区分很有启发。① 根据他的观点，因果复合的事物主要是属性（property）、进程（process）或事件（event），而因果简单的事物则由种属（kind）或所谓的物质实体（material substance）组成。② 此外，布隆斯坦认为，在《后分析篇》中，因果简单的事物不能通过三段论证明来分析，因为没有另一个与它们不同的中项使它们能够被放入一个特定的三段论中。因此，这些事物有可能要求我们对"同一性命题"进行不同的解释。然而，在本章中，我们只关注因果复合的事物，因为这些事物是《后分析篇》中的"同一性命题"所关注的。③ 而在其他作品中，尤其是在《形而上学》中，因果简单的事物才构成了讨论的焦点。

在这个时候，有人可能会对我们的"相互蕴涵的解读"提出以下反对意见：如果不借助于《后分析篇》中对于原因的探究，我们怎么能得到一个可以转换成三段论的因果定义呢？我们对这个反对意见的回应如下：首先，我们需要明白，为了有一个因果定义，需要找到的是定义中的原因性要素。其次，我们可以把《后分析篇》II.13 提到的划分法看作获得因果复合的事物的定义的方法。如果我们按照查尔斯的建议，④ 即《后分析篇》II.13 这一章讨论的也是因果复合的事物，那么我们就可以假定，我们从划分法中得到的不仅是对象的种差，而且是对象的一个或多个原因（参见下文）。⑤ 当

---

① 例如参见 Bronstein 2016, 72。
② 例如参见 Bronstein 2016, 45-46, 72, 97。也参考 Goldin（1996）的类似区分。
③ 查尔斯可能注意到《后分析篇》中因果复合的事物和因果简单的事物之间的区别，并认为这两种事物可能需要让我们对"同一性命题"进行不同的解释，参见 Charles 2000, 202 n. 12; 274-275。然而，他并没有进一步探讨这个问题。
④ Charles 2000, 222-239；另参见 Charles 2010, 322 n. 43，他在那里重述了他先前的观点，并对其作了一些修改。
⑤ 没有理由认为《后分析篇》II.13 中得到的种差不能成为原因，尽管亚里士多德所举的例子不是原因，但他并没有拒绝这种可能性。正如将在下面论证的那样，这些种差或原因也可以"扩展"到比被定义对象的范围更广，这一点在《后分析篇》II.13, 96a32-35 提出。这也会成为《后分析篇》中存在多重原因的一个证据。

一个人通过划分法，以"属+种差"的形式获得这种定义时，就可以相应地得到一个或多个关于这个事物的定义的不同三段论证明。在这些三段论证明中，一个原因是中项；而另外两个项可能是通过划分得到的其他种差。因此，一个定义可以蕴涵着一个或者更多的三段论证明。这样，我们仍然可以认为，对于《后分析篇》中因果复合的事物来说，对于本质的探究（这里是指《后分析篇》II.13 中的划分法）可以转化为对于原因的探究。[①]

然而，或许布隆斯坦对《后分析篇》II.13 的解释更为合理。他认为，《后分析篇》II.13 的讨论对象是一类因果简单的事物。[②] 这些事物对亚里士多德来说没有中项，因此就不能通过证明的方法来探究。如上所述，在本章中，关于"同一性命题"的问题，我们的讨论只限于因果复合的事物。因此，我们不会进一步讨论《后分析篇》II.13 的方法，也不会详细考虑这个方法是适用于因果简单的事物，还是适用于因果复合的事物。就目前而言，我们想强调的仅仅是，如果有一种针对因果复合事物的探究本质的方法，那就是《后分析篇》II.13 的划分法。而这一看法也支持我们提出的相互蕴涵的解读。另一方面，如果亚里士多德在《后分析篇》中没有讨论如何获得因果复合事物的定义的问题（类似的问题亚里士多德会在其他作品中，很可能就在《形而上学》Z.12 中进行探讨，参见本书第五章），那么我们就不需要担心如何在没有对于原因的探究的帮助下获得这些事物的本质；我们只需要关注已经获得这种本质之后的情况——无论这种本质是用哪种方式获得的，它们都不需要依赖对于原因的探究。

我们已经阐明了对"同一性命题"的不同解释，以及本书所赞成的"相互蕴涵的解读"的具体含义。在下文中，为了加强我们的解读，也是为了强化对于查尔斯的"相互依赖论"的批评，我们将考察查尔斯的"相互依赖论"的一个理论后果，即"首要原因论"。一旦我们拒绝了"首要原因论"，就不再有任何理由认为所有的证明都要满足统一性条件，从而进一步反对他的"相互依赖论"。

[①] 虽然我们在这里的论点没有被亚里士多德在《后分析篇》中明确提及，但他至少没有理由拒绝这一点。这个建议类似于亚里士多德在《形而上学》ZH 中对于本质的探究的一部分，我们将在本书第五章讨论这一点。

[②] 参见 Bronstein 2016, 189-222。亚里士多德在《后分析篇》II.13 中提出的划分法是否充分和成功，这是另一个问题，不在本研究的范围之内。

第四节 《后分析篇》中的"首要原因论"与"多重原因论"

一、查尔斯的"首要原因论"

查尔斯论证了他的"相互依赖论"的一个理论后果:"首要原因论"。根据这一理论,在《后分析篇》中,对于一个给定的因果复合的事物,有且仅有一个原因,这个原因通过证明和三段论式的定义而得到表述。或者换一种说法,即使存在一个事物的多个原因,其他原因会在一个首要原因之后,并且可以被归结为这一个首要原因。这一观点几乎被所有学者所接受。① 在查尔斯看来,"首要原因论"是"相互依赖论"的一个理论后果,它也是"相互依赖论"存在的必要条件。② 原因在于,首先,根据查尔斯所说的相互依赖论,证明必须满足统一性条件。而为了满足统一性条件,一个证明必须依赖于一个严格的定义。因此,查尔斯认为,为了满足这个统一性条件,证明中提到的原因也必须在数量上是一。这是查尔斯为"首要原因论"辩护的论据之一,他认为这是从他的"相互依赖论"中推导出来的。③ 其次,查尔斯还声称:"既然亚里士多德确定了'是什么?'和'为什么?'问题的答案(B.2,90a15),自然会认为只有这些因果描述中的一个能给予我们关于该种类'是什么'的适当类型的知识。"④ 在这句话中,查尔斯直接从"同一性命题"推导出"首要原因论",而没有考虑"同一性命题"的不同解释。除了这两个来自"同一性命题"的论据之外,查尔斯还提供了另外四个支持这一理论的论证,这些论证与"相互依赖论"没有直接关系,它们的目的是为了加强他对"同一性命题"的相互依赖解读。

第一个论证是关于证明中的原因或解释的要求。查尔斯认为,为了使

---

① 值得注意的是,尽管 Halper(2017)打算论证存在一个事物的多种原因和定义,但他只将一个原因视为恰当的原因,并认为所有其他原因都只是"间接的"(intermediate)中项。
② 具体来说,查尔斯的"相互依赖论"与"首要原因论"之间的关系是这样的:如果对于本质的探究与对于原因的探究之间存在着相互依赖的关系,那么就一定存在着"首要原因论"。虽然有人可能接受"首要原因论",却不赞同"相互依赖论",但是,"首要原因论"是相互依赖关系存在的必要条件。而当查尔斯为他的"相互依赖论"进行论证时,"首要原因论"被认为是确证他的解读的有力证据。
③ Charles 2000, 203-204.
④ Charles 2000, 214.

原因和解释是充分的，它必须"普遍"地和"就其自身而言（per se）"地解释现象。而只有当解释/原因与被解释者同延（co-extensive）时，它才能满足以上这两个要求。查尔斯进一步认为，在三段论证明中满足解释与被解释的对象同延的要求的唯一途径是"首要原因论"。① 这样，查尔斯认为，对于一个现象的解释来说，只会有一个原因，或者说只能有一个首要原因："在一个种类 K 的**所有**成员中，**就其自身而言**属于它们的特征 F 总是有且只有一个原因 C。"②

查尔斯对"首要原因论"的第二个论证是基于他对《后分析篇》II.17，99b4-7 的解释。

> T6：这样，同一事物有多个原因（πλείω αἴτια）是可能的，但不是对于同一类来说的。例如四足动物长寿的原因是没有胆汁，但鸟的长寿原因则是[体质的]干燥，或其他什么原因。（《后分析篇》II.17，99b4-7）③

查尔斯认为，在这段话中，以及在 T6 之前的文本中（引文见下），亚里士多德认为，如果对一个特征有几个原因，那么这些原因只能适用于具有这个特征的不同种类的事物。因此，当一个种类中只有一个特征需要被解释时，就只能有一个原因。④ 正如查尔斯所说："如果同一属性属于对象 k_i ……k_n，但其出现的原因不同，则对象 k_i …… k_n 必须在种（或属）上有所不同。"⑤

第三个论证是基于对《形而上学》Z.17 的解读。查尔斯认为，在 Z.17 中，亚里士多德将三段论证明的模式引入了他对复合实体的讨论。⑥ 在《形而上学》Z.17 和 H.2，亚里士多德进一步声称，虽然房子有几个原因，但只有一个首要原因，这也是房子的本质（参见《形而上学》Z.17，1041a26-30；H.2，1043a14-19）。另外，在《形而上学》Z.17，1041a31-32，亚里士多德同意，在处于生灭过程的事物中，如雷声，动力因是本质；因此，

---

① 参见 Charles 2000，204-209。

② Charles 2000，206，强调为原文所有。

③ ἐνδέχεται δὴ τοῦ αὐτοῦ πλείω αἴτια εἶναι, ἀλλ' οὐ τοῖς αὐτοῖς τῷ εἴδει, οἷον τοῦ μακρόβια εἶναι τὰ μὲν τετράποδα τὸ μὴ ἔχειν χολήν, τὰ δὲ πτηνὰ τὸ ξηρὰ εἶναι ἢ ἕτερόν τι.

④ Charles 2000，210-213。

⑤ Charles 2000，212。

⑥ 例如，参见 Charles 2000，285-294；Charles 2010，310-315。

雷声有且只有一个首要原因。① 因此，查尔斯将《形而上学》中的相关论点"读入"了《后分析篇》，认为"首要原因论"也存在于《后分析篇》中。②

最后一个论证关于《后分析篇》II.11 中多重原因的讨论。亚里士多德在《后分析篇》II.11 开头谈到他著名的"四因说"之后，他进一步指出，一个事物有可能存在几个原因。

> T7：同一事物的存在既可能是为了某一目的（ἕνεκά τινος），也可能是出于必然（ἐξ ἀνάγκης）。例如光线通过灯笼而照射。因为微粒（τὸ μικρομερέστερον）出于必然而通过更大的孔道——如果光的确以这种方式通过，并且也是为了某种目的，即为了我们免于绊倒。那么，如果某种事物能这样[即通过两种原因]存在，它能否这样产生呢？例如，打雷既是因为火在熄灭时必然发出嘶嘶声和响声，而且也是为了恐吓地狱中的人，让他们恐惧——如果的确像毕达哥拉斯主义者所主张的那样（εἰ ὡς οἱ Πυθαγόρειοι φασιν）。这样的例子非常多，尤其是在自然的进程和产物中（φύσιν συνισταμένοις καὶ συνεστῶσιν）。（《后分析篇》II.11，94b27-36）③

在我们看来，亚里士多德在这段话中提出了一种"多重原因论"，而不是"首要原因论"。亚里士多德通过灯笼发光和打雷的例子说明，对于一个探究对象之所以如此的解释，具有多个不同的原因，而且它们可以通过不同的三段论进行探究（参见下文）。但是，查尔斯则以雷声为例，认为只有雷声的动力因才是首要原因，从而淡化了目的因的重要性。④ 查尔斯认为，只有

---

① 但参见 Goldin 1996, 30 n. 20。他认为，在这些情况下，目的因也应该"进入到"本质中。

② Charles 2000, 214-215; Charles 2010, 292-296.

③ Ἐνδέχεται δὲ τὸ αὐτὸ καὶ ἕνεκά τινος εἶναι καὶ ἐξ ἀνάγκης, οἷον διὰ τοῦ λαμπτῆρος τὸ φῶς· καὶ γὰρ ἐξ ἀνάγκης διέρχεται τὸ μικρομερέστερον διὰ τῶν μειζόνων πόρων, εἴπερ φῶς γίνεται τῷ διιέναι, καὶ ἕνεκά τινος, ὅπως μὴ πταίωμεν. ἆρ' οὖν εἰ εἶναι ἐνδέχεται, καὶ γίνεσθαι ἐνδέχεται· ὥσπερ εἰ βροντὰ <ὅτι> ἀποσβεννυμένου τε τοῦ πυρὸς ἀνάγκη σίζειν καὶ ψοφεῖν καί, εἰ ὡς οἱ Πυθαγόρειοι φασιν, ἀπειλῆς ἕνεκα τοῖς ἐν τῷ ταρτάρῳ, ὅπως φοβῶνται; πλεῖστα δὲ τοιαῦτ' ἐστί, καὶ μάλιστα ἐν τοῖς κατὰ φύσιν συνισταμένοις καὶ συνεστῶσιν.

④ Bronstein（2016, 98）和 Comay del Junco（2019, 913）等人认为，亚里士多德没有认真对待雷声的目的因，也参见 Wians 1996, 137。然而，尽管我们可以承认雷声的例子本身的正确性并没有被严肃看待，但这并不意味着亚里士多德通过这个例子旨在说明的论点（在我们看来是存在多重原因）没有被严肃看待，参见 Detel 1993, 689，我们会在下文中回到这一点。

动力因才能解释雷声存在的各种特征，如雷声发生在云中和特定条件下等事实。而目的因则不能解释雷声的这些特征。我们可以注意到，这个论证与前面第三个论证有关，因为查尔斯还引用了《形而上学》中的论点来加强这个结论；所以，第三个论证和最后一个论证都依赖于对其他作品的解释。①

在下文中，我们将批评这一观点，表明上述所有这些论证都是有问题的。相反，我们认为，在《后分析篇》中，亚里士多德允许一种"多重原因论"的存在。这就是说，在《后分析篇》中，对于一个探究对象而言，我们可以找到属于它的多个不同的原因，其中每一个原因都可以构成一个独立的有效合理的三段论证明。更重要的是，这些原因很可能在因果优先性上不相互关联，并不必然依赖于某个唯一的原因。诚然，我们主张的"多重原因论"并不排除"本质主义"的存在，对于某些事物来说，的确可能只存在唯一的首要原因。但是，坚持"本质主义"解读的学者认为《后分析篇》只允许这样一种唯一首要原因的情况存在，本章对于查尔斯等人的批评也集中在这里。《后分析篇》既容许某些探究对象符合"本质主义"的情况，但是也允许存在多个原因，而没有唯一的首要原因的情况。

二、对于"首要原因论"的批评

在这一节中，我们将论证，查尔斯对"首要原因论"的论证都不能成功证明这一理论。如果支持"首要原因论"的论据都不能令人信服，而在T7中，更重要的是在《后分析篇》I.29，87b5-14（参见后文），亚里士多德同意一个事物可以存在几个原因，②那么我们更有理由认为，亚里士多德在《后分析篇》中提出了一种"多重原因论"。③这个观点允许一个特定的对象可以有多个原因（当然，有时一个对象只有一个原因）。④此外，如果"首要原因论"是错误的，那么证明就不需要满足统一性条件，而根据这个条

---

① Charles 2000, 214-215; Charles 2010, 293-296.
② 类似的解读也参见 Lennox 2001a, 130-131。
③ 关于《后分析篇》中这一论题的另一辩护，参见 Comay del Junco 2019，她称其为"多重证明（MD）"，着重于分析《后分析篇》I.29, 87b5-16 的段落。我们同意她的分析，但在本章中，我们更关注《后分析篇》II.11, 94b27-36 中的多重解释的例子，因为她也倾向于淡化 II.11 这一文本的关键性。
④ 应该注意的是，我们在这里提出的是，一个对象会有多个不同的原因，而不是像 Leunissen（2010, 176-207）和 Peramatzis（2011, 180-188，尤其是 pp. 186-188）所说的，同一个原因可以被视为关于一个对象的不同类别的原因（例如，雷声的动力因也可以被视为雷声的形式因）。正如我们在下一章详细讨论的那样，这些"不同的原因"应该被理解为"相互之间不存在因果优先性的原因"。

件，对于一个给定的探究对象，只能有一个中项和原因。这样一来，一个证明就不需要依赖于一个说明本质的定义，从而我们就不能将"同一性命题"解释为查尔斯那样的"相互依赖论"。①

1. 证明必须满足同延性要求吗？

查尔斯认为，普遍性要求和"本然"（as such, ἧ αὐτό）的要求必然导致同延性要求的论点，是非常让人怀疑的。在《后分析篇》I.4, 73a24，亚里士多德说："证明是一种从必然的事物出发的三段论"。为了确保证明来自于必然的事物，亚里士多德确定了三个标准：证明必须来自于一个（a）"所有整全的"事物（τὸ κατὰ παντός），（b）"就其自身而言"的事物（τὸ καθ' αὐτό, *per se*），以及（c）"普遍的"事物（τὸ καθόλου）（《后分析篇》73a26-27）。在《后分析篇》73b26-30，亚里士多德进一步认为，"普遍性要求"包括（a）和（b）。根据亚里士多德在《后分析篇》I.4, 73a28-b5 对（a）和（b）的讨论，我们可以说，当两个事物 A 和 B 满足普遍性要求时，A 必须谓述所有 B，并且（采用巴恩斯的表述）或者是在 *per se* 1 的意义上谓述，或者是在 *per se* 2 的意义上谓述。② 巴恩斯这样描述两种意义的"就其自身而言"（*per se*）。③

> *per se* 1：A 在 *per se* 1 的意义上谓述 B = A 谓述 B，且 A 内在于 B 的定义。
>
> *per se* 2：A 在 *per se* 2 的意义上谓述 B = A 谓述 B，且 B 内在于 A 的定义。④

---

① 当然，证明的每个前提仍应满足统一性条件，并应只表示一个事物；因此，证明也依赖于非严格的定义和本质，这些定义是没有中项的（*ameson*，参见《后分析篇》71b20-24），没有三段论式的结构。

② Barnes（1993, 112）认为，在《后分析篇》提出的四种 *per se* 的意义中，只有前两种意义与三段论证明有关。在此我们遵循这一建议。一些学者（如 Ferejohn 1991, 123-130）认为，*per se* 的第四种意义（*per se* 4）也应该在证明学说中得到考虑，因为 *per se* 4 可以被理解为"当且仅当 A 因为 B 的本质而谓述 B 时，A 在 *per se* 4 的意义上谓述 B"。但我们认为，如果我们以这种方式解释 *per se* 4，那么 *per se* 4 可能最终可以从 *per se* 2 那里推演出来。原因是，A 在 *per se* 2 的意义上谓述 B，意味着 B 在 A 的定义中。而由于 B 的本质包含 B，所以"A 因为 B 的本质而谓述 B"的说法可以理解为 B 在 A 的定义中，参见 Bronstein 2016, 47, 50。

③ Barnes 1993, 112.

④ 对于 A 和 B 之间关系的解释，以及"内在性"的含义，我们倾向于采用 McKirahan（1992, 87）的解读：例如，A 没有必要一定在 B 的严格的表示本质的定义中被提及，而这样也不会排除 A 就其自身而言谓述了 B。

就此而言，普遍性要求并不意味着同延性要求。根据同延性要求，A 就其自身而言谓述 B，B 也就其自身而言谓述 A，A 和 B 这两个词项是可以转换的（convertible）。但是很明显，A 就其自身而言谓述所有 B，但不一定意味着 B 就其自身而言也谓述所有 A。

在这里，我们可以对查尔斯"三段论证明中的原因/中项可以使定义满足优先性条件"的说法提出进一步的批评。查尔斯可能会认为，证明必须满足的要求可以确保其相应的三段论式的定义是优先的。然而，每个恰当的证明都必须满足的普遍性要求，并不能将中项具有的原因上的优先性转移到定义具有的定义优先性之上。

让我们考虑以下这个例子。假设 C 是月食，A 是光的缺失，B 是地球的遮挡。A 就其自身而言谓述所有 B，而 B 就其自身而言也谓述所有 C。（在这个时候，需要注意的是，当亚里士多德阐述 per se 的两种意义时，他并没有说内在于 Y 的定义中的 X 必须在本性上优先于 Y，也没有要求内在于 Y 的定义中的 X 必须使定义满足优先性条件）。然而，在这种情况下，"月食是由于地球的遮挡而导致的光的缺失"（C 是指由于 B 而造成的 A）这个三段论式的定义不一定能说明月食的完整本质。而尽管中项 B 优先于"光的缺失"（A）或"月食是光的缺失"（C 是 A）这样的初步说明，但是"地球的遮挡"（B）并不一定使整个陈述"由于地球的遮挡而导致的光的缺失"（因为 B 的 A）优先于"月食"（C）。我们可以设想（或至少不能排除）这样一种可能性：有两种不同的现象是由于地球的遮挡（B）造成的，而这两种现象都可以被描述为"光的缺失"（A）。[①] 我们可以将一种现象视为"月食"（C），而将另一种现象视为 D。然而，"由于地球的遮挡而导致的光的缺失"（因为 B 的 A）的说法不能说明这两种现象（C 和 D）的区别。在这种情况下，我们需要在月食的定义中寻找一个或多个中项来区分月食（C）和另一个现象（D）。[②] 有人可能会反对说，如果是这样的话，那么 B 就不会出现在 C 的定义中，而另一个中项 E 会出现在 C 的定义中。然而，我们也可以假设存在一个 F。F 与 A 有关，而 E 是"A 谓述 F"的中项，但 B 不是"A 谓述 F"的中项。在这里，不提及 B 的话，我们就不能使 C 与

---

① 我们反对 Halper 2017, 67，因为没有理由排除所有其他可能的"未被承认"的月食的原因。而存在其他原因这一事实仍然可以让三段论式的定义"C 是 A（即 A 谓述 C），因为 B"成为一个严格的知识，因为这个定义仍然是就其自身而言的、非偶性的（参见下文）。

② 《后分析篇》93b12-14 可能指出了这一点："如果有对此的另一个中项，它就会来自其他的描述。"

F 区别开来（参见图 1-1）。因此，普遍性要求并不意味着定义必须是优先的，这一点也进一步补充了我们在上面对查尔斯的"相互依赖论"的第二个批评。

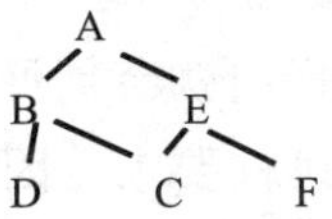

```
      A
    ╱ │╲
   B  │ E
   │  │╱│
   D  C F
```

图 1-1

现在让我们来看看"本然"的要求。亚里士多德有时也在普遍性的要求中包括"本然"的限定。在《后分析篇》73b26-29，亚里士多德指出："我称就其自身而言地（καθ' αὐτό）、本然地（ᾗ αὐτό）谓述每一种情况的东西为普遍者。那么，很明显，凡是普遍的东西都是出于必然性而谓述其对象。就其自身而言地谓述某事物和本然地（ᾗ αὐτό）谓述某事物是同一回事。"这样看来，"本然"的要求是普遍性要求的一部分，而"就其自身而言"的要求与"本然"的要求是一样的。在其他一些段落中，亚里士多德也有一些类似的建议。例如，亚里士多德在《后分析篇》73b30-32 也提到了三角形的内角和等于 180 度（以下简称 2R）的例子，认为这是事物满足"本然"的要求的一个例子。在《后分析篇》74a32-b4，通过采用一种"剥离论证"，亚里士多德认为，当我们通过抽离出三角形的某些方面的特征（例如青铜的三角形、等腰三角形，这些特征的三角形的外延小于具有 2R 特征的三角形的外延），从而最终发现 2R 普遍地属于三角形的时候，我们才普遍地和本然地知道 2R 属于三角形。在这个例子中，我们可以注意到，2R 是与三角形同延的。基于这两段话，亚里士多德可能认为，本然的要求加上普遍性要求，确实相当于同延性要求（也参见《后分析篇》I.24，85a21-b15，在那里，同样的"三角形内角和是 2R"的例子被视为一个普遍的三段论证明）。

另外，亚里士多德在《后分析篇》II.16，98b32-36 可能也将同延性视为恰当的证明的一个要求。

T8：或者，如果问题（τὸ πρόβλημα）总是普遍的，原因（τὸ αἴτιον）是某个整体，那么被解释项也必然是普遍的？例如，"落叶"被某个整体所限定（ἀφωρισμένον），即便它具有多种形式（εἴδη），那么也普遍地谓述它们（要么谓述植物，要么谓述如此这般的植物）。

因而，在这些情况下，中项必定等于被解释项，而且它们是可互换的（ἀντιστρέφειν）。(《后分析篇》，II.16，98b32-36)[①]

在上文中，亚里士多德宣称，当"问题"（πρόβλημα）和"原因"（αἴτιον）都是普遍的时候，中项和被解释项就会是可互换的，这看上去说明了探究原因的证明性三段论要满足同延性要求（因为它们涉及的问题和原因都是普遍的）。[②] 当一个证明满足同延性要求时（A、B、C彼此同延，且B在先），原因可以使相应的整个定义在先，并使定义陈述严格意义的本质。

然而，亚里士多德究竟在多大程度上承认"同延性"这个要求的普适性，还存在很大疑问。例如，亚里士多德在《后分析篇》73a17-18中承认，"在证明中存在很少这样[相互谓述]（按：即符合同延性，参见73a16）的词项"。而且也正如许多学者所指出的那样，[③]《后分析篇》中的大多数三段论证明的例子，更不用说《后分析篇》之外的例子，都不符合同延性的要求。此外，尽管亚里士多德在T8表明，恰当的三段论证明中的词项应该是同延的，但他是否会认为一定是这样的，这一点值得怀疑。我们可以发现，他的论证存在一个预设。在三段论"A谓述所有B"，"B谓述所有C"，所以"A谓述所有C"当中，按照上面的文本，要让同延性成立，还需要做到的是"C谓述所有A"。因为亚里士多德声称："落叶（A）被某整体（可能是C，即前文中的阔叶树[④]）所限定（ἀφωρισμένον），[⑤] 即使它（按：即

---

① ἢ εἰ ἀεὶ καθόλου τὸ πρόβλημά ἐστι, καὶ τὸ αἴτιον ὅλον τι, καὶ οὗ αἴτιον, καθόλου· οἷον τὸ φυλλορροεῖν ὅλῳ τινὶ ἀφωρισμένον, κἂν εἴδη αὐτοῦ ᾖ, καὶ τοιοδὶ καθόλου, ἢ φυτοῖς ἢ τοιοισδὶ φυτοῖς· ὥστε καὶ τὸ μέσον ἴσον δεῖ εἶναι ἐπὶ τούτων καὶ οὗ αἴτιον, καὶ ἀντιστρέφειν.

② Charles 2000, 205-206; Ross 1949, 667; Lennox 2021, 61. 罗斯认为，这就是对"是否可以有多重原因"这一问题的"真正回答"。查尔斯也把这段话作为证据来支持同延性要求。

③ 例如，参见 Barnes 1993, 258-259; Ross 1949, 61; Ferejohn 1991, 70-72; McKirahan 1992, 171-172, 176。

④ 关于这里"某整体"的指涉，Barnes（1993, 253），菲洛庞努斯，《〈后分析篇〉评注》，425.24-28，缪尔（G. R. G. Mure）的旧牛津版英文翻译都认为指的是C项，即阔叶树。但是Ross（1949, 667）认为"某整体"指的是中项B。我们赞同前一种观点。

⑤ Goldin（1996, 146）认为，ἀφωρισμένον 应该被译为"被定义为"，这是因为 ἀφωρισμένον 的词根是动词 ὁρίζειν（定义、划界）。然而，我们不清楚亚里士多德的 ὁρίζειν 是否总是具有这种强意义上的"定义"含义，特别是定义本质的意义。另外，戈尔丁（O. Goldin）似乎追随罗斯，认为"某整体"指的是中项（B），而不是小项（C），但这是有问题的。

落叶）具有多种形式"（98b33-34）。而如果做到了"C 谓述所有 A"，并且同时"A 谓述所有 C"，那么就意味着，在作为原因的 B 和被解释项同延之前，A 和 C 就已经是同延的。但是我们不清楚，为什么一切有效合理的三段论的 A 和 C 都要是同延的，而且亚里士多德提出的很多三段论的例子都不符合这个要求。① 因此，我们认为这段文本并不能得出，一切有效合理三段论中的原因都要和被解释项同延，而只是说，在某些特殊的情况下可能会如此。这一解读也能解释为什么亚里士多德在 98b35 补充说，"在这些情况下"（ἐπὶ τούτων），原因才会和被解释项同延。② 此外，上述文本一开始亚里士多德就用了"或者……"（ἤ）的表述，这也可以说明他很可能对这一观点还持有假设性的态度，这是他暂时性的想法，而不是他最终认可的观点。但是，安吉奥尼（L. Angioni）认为，《后分析篇》I.13 的论证意味着三段论的原因应当满足同延性要求。然而，他在一开始就指出，他的解读建立在"首要原因论"的基础之上。③ 而如果我们不首先预设一个探究对象只存在唯一的首要原因，我们就没有必要对于《后分析篇》I.13 做出这样强的解读。正如一些学者所指出的，《后分析篇》I.13 所蕴含的同延性要求只适用于第二格的三段论，而不包括所有三段论。④ 而如前所述，在哲学探究中我们应当使用第一格的 Barbara 三段论（如参见《后分析篇》I.14），因此不一定需要符合同延性要求。

值得一提的是，安吉奥尼进一步认为，为了获得严格的知识，我们必须遵循"同延性要求"和"首要原因论"。⑤ 但是我们不需要假设在"同延性要求"与"严格的知识"之间存在某种必然的关系。一方面，满足同延

---

① 参见 Barnes 1993, 258-259; Ross 1949, 61; McKirahan 1992, 171-172, 176。尽管我们之前说亚里士多德在《后分析篇》不关心三段论例子的正确与否，但注意这指的是三段论表述的具体内容，而不是三段论的形式。

② 参见 Goldin 1996, 142-143。Angioni（2018, 181-182）拒绝了这种可能性，认为在《后分析篇》II.16 的开头，亚里士多德提出，原因和它的对象应该"相互蕴涵"（98a35-b5），因此在这种情况下，有效合理的证明中必须有同延的词项。然而，"相互蕴涵"不能排除有几个原因可以产生相同的效果，而每一个原因都有相同的解释力，不能被进一步还原为一个原因：例如，当存在一个事实"A 谓述 C"时，B 和 D 都可以必然地解释"A 谓述 C"这个事实（我们只要有其中之一，就可以正确地解释"A 谓述 C"这个事实）；只要 B 或 D 出现，就必然有"A 谓述 C"出现。

③ 参见 Angioni 2018, 160-162。

④ 参见 Ross 1949, 551; McKirahan 1992, 214-215。

⑤ Angioni 2018, 160-161。

性要求并不是获得严格的知识的唯一途径。① 另一方面，获得严格的知识，也没有必要满足同延性要求。

在这个时候，有人可能会指出亚里士多德在《后分析篇》I.2, 71b9-12 对知识的定义，以此来反对上述主张："当我们认为我们知道原因的确是某个对象的原因——因为它，某个对象如此，而且这不可能是别样的时候，我们就认为我们在严格意义上——而不是以诡辩的、偶然的方式——知道了某物。"② 有人会认为，根据这个定义，原因和被原因解释的对象之间的关系必须是同延的。否则，我们就不能掌握关于这个对象的原因的知识，不然的话，这种知识不符合"不可能是别样的"（μὴ ἐνδέχεσθαι ἄλλως, 71b12）的条件。然而，这个论点是建立在对 71b12 的 τοῦτο 的某种特殊理解上的，它在这种情况下只能指原因和被解释者之间的关系，正是这种关系不可能是别样的。③ 然而，我们仍然认为，对于 τοῦτο 的传统解读在这里更有道理，也就是指的是"被解释的对象"。④ 这样的话，知识的定义并不表明，对 X 的知识必须由对 X 的唯一一个最优先的原因来保证，而且，这种传统的解释并不意味着我们必须满足同延性的要求，才能获得知识。很明显，对于亚里士多德的四因说而言，他不会认为，除了一个首要原因之外的所有其他原因都只是偶然的原因，⑤ 我们对这些其他原因的掌握根本不能被视为恰当的知识。另外，"等腰三角形内角和是 2R，因为等腰三角形是三角形"的说法并不只是一种偶然的知识，虽然原因（即，因为等腰三角形是三角形）与被原因解释的对象（即，等腰三角形的内角和是 2R）并不同延。⑥

此外，即使我们承认亚里士多德确实认为一个证明必须满足同延性的要求，这仍然不能排除存在多重原因的可能性。第一个原因是，在证明的前提中，A 和 B 并不处于严格的谓述结构中，根据这种结构，主词和谓词

---

① 在上面的月食的案例中，当我们知道 "A 因为 B 而谓述 C" 时，我们仍然拥有严格的知识，而不是一些偶然的认知，尽管它没有说出完整的本质。
② Ἐπίστασθαι δὲ οἰόμεθ' ἕκαστον ἁπλῶς, ἀλλὰ μὴ τὸν σοφιστικὸν τρόπον τὸν κατὰ συμβεβηκός, ὅταν τήν τ' αἰτίαν οἰώμεθα γινώσκειν δι' ἣν τὸ πρᾶγμά ἐστι, ὅτι ἐκείνου αἰτία ἐστί, καὶ μὴ ἐνδέχεσθαι τοῦτ' ἄλλως ἔχειν.
③ 尤其参见 Angioni 2016。
④ 例如参见 Barnes 1993, 90; Bronstein 2016, 36; Karbowski 2019, 63 n. 29。
⑤ 我们将在下一章进一步阐述这一点。
⑥ 如前所述，亚里士多德认为的偶然的知识是通过"等腰三角形"来解释"（所有）三角形的内角和是 2R"这一事实。

彼此相同或属于同一种类。证明的第一个前提（即大前提）中的主词和证明的第二个前提（即小前提）中的谓词，不是简单地可以被理解为中项，而是应该被理解为"由中项造成的"。例如，根据 T7 的例子，雷声不只是"火的熄灭"，而是"因为火的熄灭所产生的东西"。而且，我们可以认为，"火的熄灭所产生的东西"等同于"为了威胁人们的东西"。在这种情况下，尽管两种说法（"由火的熄灭而产生的云中的声音"和"为了威胁人们而产生云中的声音"）都会指同一个雷声的本质，但它们还是说明了两种不同的原因。即便当证明满足同延性的要求时，仍然有可能有几个原因来解释同一个对象的不同方面的原因，但这些原因仍然在同一个解释层面上，而且这几个原因不能再被进一步还原为某一个原因。

总而言之，我们在这一小节要确立的是以下两点。首先，证明中的原因或解释是否必须满足同延性的要求，这是非常不确定的。第二，即使一个证明必须满足这一要求，它仍然不能必然推出"首要原因论"的正确性。

2. 《后分析篇》99a30-b7 的解读难题

尽管我们之前已经论证，《后分析篇》的证明是否必须满足同延性要求，这是非常不确定的。但是，《后分析篇》99a30-b7 的文本经常被用作亚里士多德支持同延性要求的证据。就像查尔斯所主张的那样，根据亚里士多德在《后分析篇》99a30-b7 的讨论，对于一个特定的种类和一个特定的特征，只有一个原因可以解释为什么这个种类有这个特征。然而，在考虑这段话时，我们应该特别谨慎。这里有三个原因。第一个原因是，我们不知道这段话前面的论证是否能保证《后分析篇》99b4-7 的结论；如果不能，那么这就有可能不是亚里士多德对这个问题的最终说法。第二个原因是，即使我们直接接受这个结论，我们仍然不确定这个结论的范围：它是适用于所有事物（所有证明），还是只适用于某些事物（某些证明）？第三个原因是，即使这个结论适用于所有事物，我们也不清楚，亚里士多德是否只是认为，在四因中的同一类原因中，只存在唯一一个首要原因（比如说，在多个可能的质料因中，只存在唯一一个严格意义上的质料因）；而不排除，在不同种类的原因中，可能存在一个探究对象的多个首要原因。

首先，我们给出《后分析篇》II.17 末尾的相关段落。

T9a：如果人们要寻求原因与被解释项的相互关系，那么可以用下面这样形式化的（σχημάτων）表述：设定 A 谓述所有 B，B 谓述 D 中的每一个，但 B 具有更大的范围。那么 B 会普遍地谓述 D。（我把"普遍者"称作不可互换的一个词项，我把这样的一个词项称作"首要普遍者"[πρῶτον καθόλου]：每个例子分别来看不能与它互换，而全体却可与之互换并与之同范围。）因此，B 就是 A 关于 D[译按：即 A 谓述 D]的原因。因此 A 必然比 B 范围更大，如果不是这样的话，为什么 B 是原因，而不是 A[是原因]呢？如果 A 谓述所有 E，那么它们所有一起[指 E]就会有某个不同于 B 的事物[指同样作为原因的不同于 B 的 C]。不然的话，怎么能说 A 谓述所有 E 谓述的事物，但 E 不谓述所有 A 谓述的事物呢？为什么不会有一个对于它们[指 A 谓述 E]的原因，就像有一个 A 谓述所有 D 的原因一样呢？但是[关于]E[的原因]会是某一个事物吗？我们必须考虑它是什么，设定它是 C。(《后分析篇》，II.17，99a30-b3)①

T9b=T6：这样，同一事物有多个原因是可能的，但不是对于同一类来说的。例如四足动物长寿的原因是没有胆汁，但鸟的长寿原因则是[体质的]干燥，或其他什么原因。(《后分析篇》，II.17，99b4-7)②

T9a 是对于在 T9b 得出的结论的"形式化的论证"。T9a 的论证至少有两个地方是存在问题的。首先，99a35-37 这段文本是非常令人困惑的："因此，B 就是 A 关于 D 的原因。因此 A 必然比 B 范围更大，如果不是这样的话，为什么 B 是原因，而不是 A[是原因]呢？（εἰ δὲ μή, τί μᾶλλον αἴτιον ἔσται τοῦτο ἐκείνου;）"亚里士多德这里的论证很可能是错误的。因为之前仅仅说了 A 要谓述所有 B，B 要谓述所有 D，然后亚里士多德就得出 A 必然比 B 范围更大的结论。但是这样一来，当 A 和 B 是同延的时候，B 同样可以成为"A 谓述 D"的原因。我们刚刚在前一段文本中就遇到了"A 与 B

---

① Ἐπὶ δὲ τῶν σχημάτων ὧδε ἀποδώσει ζητοῦσι τὴν παρακολούθησιν τοῦ αἰτίου καὶ οὗ αἴτιον. ἔστω τὸ Α τῷ Β ὑπάρχειν παντί, τὸ δὲ Β ἑκάστῳ τῶν Δ, ἐπὶ πλέον δέ. τὸ μὲν δὴ Β καθόλου ἂν εἴη τοῖς Δ· τοῦτο γὰρ λέγω καθόλου ᾧ μὴ ἀντιστρέφει, πρῶτον δὲ καθόλου ᾧ ἕκαστον μὲν μὴ ἀντιστρέφει, ἅπαντα δὲ ἀντιστρέφει καὶ παρεκτείνει. τοῖς δὴ Δ αἴτιον τοῦ Α τὸ Β. δεῖ ἄρα τὸ Α ἐπὶ πλέον τοῦ Β ἐπεκτείνειν· εἰ δὲ μή, τί μᾶλλον αἴτιον ἔσται τοῦτο ἐκείνου; εἰ δὴ πᾶσιν ὑπάρχει τοῖς Ε τὸ Α, ἔσται τι ἐκεῖνα ἐν ἅπαντα ἄλλο τοῦ Β. εἰ γὰρ μή, πῶς ἔσται εἰπεῖν ὅτι ᾧ τὸ Ε, τὸ Α παντί, ᾧ δὲ τὸ Α, οὐ παντὶ τὸ Ε; διὰ τί γὰρ οὐκ ἔσται τι αἴτιον οἷον τὸ Α ὑπάρχει πᾶσι τοῖς Δ; ἀλλ' ἆρα καὶ τὰ Ε ἔσται τι ἕν; ἐπισκέψασθαι δεῖ τοῦτο, καὶ ἔστω τὸ Γ. 罗斯的希腊文本认为 99b2 的 τὸ Α 应该被删去，我们在这里按照德特尔的意见依然保留了这个表达，参见 Ross 1949, 673; Detel 1993, 822.

② ἐνδέχεται δὴ τοῦ αὐτοῦ πλείω αἴτια εἶναι, ἀλλ' οὐ τοῖς αὐτοῖς τῷ εἴδει, οἷον τοῦ μακρόβια εἶναι τὰ μὲν τετράποδα τὸ μὴ ἔχειν χολήν, τὰ δὲ πτηνὰ τὸ ξηρὰ εἶναι ἢ ἕτερόν τι.

同延，但 B 依然是原因"的情形（即《后分析篇》98b32-36=T8）。所以，没有理由认为，为了让 B 成为原因，A 必然要比 B 的范围更大。① 为了回应这一困难，查尔斯认为，99a35-37 这句话应该被理解为"如果不是这样，那么 B 就不是 D 之所以是 A 的原因，而是某个更广泛的类（例如 D 和 E）之所以是 A 的原因。"② 但如果是这样的话，我们仍然不清楚为什么这是保证 A 比 B 广延更大的唯一方法。很明显，当 A、B、D 是同延的时候，A 的广延不会比 B 更大，而 B 仍然是 A 相对于 D 的原因，而不是像查尔斯认为的那样，是"某个更广泛的类关于 A 改成 某个更广泛的类之所以是 A"的原因。

其次，99a37-b1 的论证也是不充分的："如果 A 谓述所有 E，那么它们所有一起 [指 E] 就会有某个不同于 B 的事物 [指作为原因的不同于 B 的 C]。不然的话，怎么能说 A 谓述所有 E 谓述的事物，但 E 不谓述所有 A 谓述的事物呢？"在这里，亚里士多德坚称，当 A 谓述所有 E 的时候，使得"A 谓述所有 E"成立的原因就是一个不同于原因 B 的原因 C；不然的话，我们就不能得出"A 谓述所有 E，但 E 却不谓述所有 A"。诚然，这一论证可以得出存在另外一个 C 是"A 谓述所有 E"的原因。但是，这不能排除 B 也是"A 谓述所有 E"的原因。这就是说，当"A 谓述所有 E"的原因既可以是 C，也可以是 B 的时候，我们依旧可以得出"A 谓述所有 E，但 E 却不谓述所有 A"的结论。亚里士多德的论证似乎只设想了如下情况（图 1-2）：③

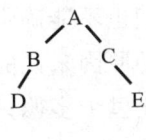

图 1-2

但亚里士多德似乎没有考虑下面这种情况（图 1-3）。在这一情形下，B 和 C 都是"A 谓述所有 E"的中项和原因，然而，这些词项都满足亚里士

---

① 罗斯和巴恩斯都对亚里士多德这里的论证的有效性表示怀疑。罗斯抱怨说："这是一个很不仔细的推论"（"This is a very careless inference", Ross 1949, 673）。巴恩斯也批评道："亚里士多德可以在没有解释或辩护的情况下写下这个吗？"（"Could Aristotle have written this, without gloss or apology", Barnes 1993, 256）

② Charles 2000, 211.

③ 以下图示参考了缪尔的旧版牛津英译本在此处的注释。

多德提到的其他条件（例如，A 比 B 范围更大，B 比 D 范围更大，B 是 A 谓述 D 的原因，A 谓述所有 E，但 E 却不谓述所有 A）。

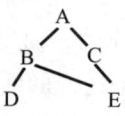

图 1-3

因此，鉴于以上两个问题，亚里士多德在这段文本中呈现的论证就存在疏忽——如果它们被不加区分地采用的话。那么，我们就不能直接把《后分析篇》II.17 结尾的这段文本当作亚里士多德只承认探究对象的单一原因的证据。或许亚里士多德已经预先撇开了多重原因的例子，而只考虑单一原因的例子，就如上面第一张图中的情况那样。或许亚里士多德已经直接预设了同延性的情况。或许这只是亚里士多德暂时性的思考，而他论证中出现的问题让他放弃了这一想法：这段文本最后的结论不能构成他对"是否存在一个探究对象的多个原因"这个问题的最终回答。①

即使我们直接接受 T9b 的结论，而不考虑 T9a 的论证，T9b 这个结论的适用范围仍然不清楚。这个结论有可能并不适用于所有的情况，而只适用于某些情况。亚里士多德可能只是提出，具有某种特征的种类只存在一个原因，但这种情况并没有穷尽所有的可能性，也没有明确拒绝"多重原因论"的存在。此外，即使我们承认这一结论适用于《后分析篇》中所有情况下的三段论证明，我们也不能确定，亚里士多德这里所说的"首要原因论"是针对四因中的一种原因来说的，还是针对所有四种原因来说的。因为我们完全可以设想，亚里士多德只是认为，对于一种探究对象而言，我们只能说它具有一个质料因，而不是两个质料因（上面提到的长寿例子中的原因都可以看作是质料因）。但这并不排除，这个探究对象具有两个不同种类的恰当的原因，比如一个质料因和一个形式因，而且这两个原因之间没有从属关系。事实上，同延性要求也不能排除多重原因的存在，因为一个探究对象的形式因和它的质料因完全可以是同延的，它们也都可以和被解释项同延；这些不同的原因只是从不同角度解释了探究对象为什么如此存在。我们也不能确定这些原因是属于一个类别，还是属于多个类

---

① 参见 Barnes 1993, 257。

别。① 因此,《后分析篇》99a30-b7 这段文本仍然不能作为"首要原因论"的确切证据。②

3. 我们可以依赖其他作品证明《后分析篇》的"首要原因论"吗?

这一批评主要是针对查尔斯"首要原因论"的第三个论证。事实上,本书的其余各章将围绕着这一观点而展开。查尔斯的主要观点是,在《形而上学》Z 卷和其他一些作品(如《论灵魂》)当中,① 亚里士多德认为,对于一个特定的对象,只会有唯一一个首要原因,而且这个原因也是该对象的本质。因此,我们可以合理地假设,《后分析篇》中的"同一性命题"也意味着同样的"首要原因论"。

然而,正如我们将在下一章进一步阐述的那样,亚里士多德在他的动物学作品,特别是在他的《论动物的部分》中提出了一种"多重原因论"。而且值得注意的是,亚里士多德的动物学探究也是基于他在《后分析篇》中的讨论,这一点查尔斯本人也承认。因此,如果《论动物的部分》中存在"多重原因论",那么查尔斯对《后分析篇》中的"同一性命题"的解释就是站不住脚的:我们不能像他一样认为,《后分析篇》只允许一种"首要原因论",而不支持"多重原因论"的存在。

更重要的是,正如我们将在第三章和第四章论证的那样,我们不能将《形而上学》中的相关学说直接读入《后分析篇》,或者反过来直接将《后分析篇》应用到《形而上学》中。特别应该指出的是,《形而上学》Z.17 中"本质是首要原因"的说法不应该回溯到《后分析篇》的"同一性命题"。相反,这个说法首先与 Z 卷中的之前讨论是连续的,其次可以追溯到《形而上学》A.1-2,在那里,亚里士多德讨论了形而上学研究主题的一般特征。因此,《形而上学》中的"首要原因论"可以在《形而上学》本身的背景下得到正确理解,并独立于《后分析篇》有关本质与原因的"同一性命题"。

---

① 尽管伦诺克斯多次宣称在动物学探究中,构成三段论的"动物的特征""这个特征所属的动物种类"以及"特征之所以如此的原因"三者之间都要同延(例如参见 Lennox 2001b, 7-38; Lennox 2021, 45-64),但这也不影响多重原因的存在。我们将在第二章提到,在他的动物学著作中,亚里士多德似乎认为一个对象可以存在两个不同的恰当的质料因。

② Bronstein and Zuppolini(2024)对于《后分析篇》II.17-18 的论证进行了详细考察,也分析了 99a30-b7 的文本,尽管他们不像罗斯和巴恩斯那样认为亚里士多德在这一段的论证是存在疏忽的,但是他们也承认亚里士多德在这里预设了满足同延性要求的三段论的特殊情况,而且没有完全排除"多重原因论"的存在。

① 通过引用《论灵魂》为"首要原因论"辩护的做法,参见 Charles 2000, 215。

如果我们不借助其他作品，而只关注《后分析篇》的文本，那么当亚里士多德在《后分析篇》II.11 提到多重原因的例子时，我们就不能拒绝承认或淡化其他原因的重要性而坚持论证"首要原因论"的正确性。在《后分析篇》的语境下，我们没有证据可以得出结论认为，亚里士多德在 T7 拒绝了雷声的目的因，并认为雷声只有一个原因，即动力因。① 首先，亚里士多德在《后分析篇》中所举例子的主要目的在于阐明他所论证的关于探究方法论的一般看法，而不意味着他一定会同意所举例中的具体观点。② 就雷声的例子而言，我们也可以看到，亚里士多德在《天象学》II.9 对于雷声形成的原因进行了更细致的探究，他不会同意打雷的原因仅仅在于"云中发生的火的熄灭而产生的响声"。他在《后分析篇》提到的两个打雷的原因都是不合理的。③ 其次，有人可能会说，根据亚里士多德补充的"如果的确像毕达哥拉斯主义者所主张的那样"（《后分析篇》94b33）这句话，亚里士多德显然对毕达哥拉斯主义的这个观点有很大保留，因此必然不能被当作是正确的原因。他们或许还会进一步推论：即使承认"云中的火的熄灭"这一打雷的动力因也是不合理的，但至少亚里士多德没有对此持有这么强的怀疑态度，所以我们还是要承认只有这个动力因才是打雷唯一的原因。然而，对此我们也可以换个角度思考，认为亚里士多德之所以加了一句"如果毕达哥拉斯主义者是正确的"，那恰恰是因为，他在这里不关心这一观点究竟对不对，而只是姑且假设他们的观点是对的，④ 并借此来表达亚里士多德所要阐明的多重原因论：对于同一个探究对象，存在多个原因，并且可以通过多重证明来探究。再次，有人可能会说，打雷的目的因和动力因之

---

① Sorabji（1980, 153）也认为，T7 可能意味着一种"多重原因论"。

② 伯恩耶特认为亚里士多德在《后分析篇》的例子"尽可能在相互对立的理论立场之间保持中立"，因此它们是否为真不是亚里士多德关心的内容，亚里士多德关注的不是例子本身是对还是错，而是这些例子所说明的三段论证明学说，参见 Burnyeat 2001, 98, 101-102。

③ 另一个灯笼发光的例子也是如此，亚里士多德提出的两个原因都不是他会认同的，参见 Wians 1996, 137。一方面，如果我们求助于亚里士多德自然哲学的作品，在那里他对这些问题进行了恰当的探究，那么我们可以发现，灯笼发光的两个原因也是不令人满意的。参见 Barnes 1993, 232; Wians 1996, 137; Karbowski 2019, 70 n. 57。另一方面，如果不求助于其他作品，我们就没有理由拒绝这些例子中的任何一个原因；而一旦我们在这里基于其他作品中的论证拒绝了任何一个原因，我们就会以同样的理由而拒绝所有的原因。

④ 虽然 Wians（1996, 137）认为雷声的目的因的例子"更多是一种玄想而不是认真的"，但他还是承认它可以被用作"一个方便的例子"。

间存在某种关系，其中一个是首要原因，另一个原因从属于首要原因，因此这依然是一种"首要原因论"的情况。然而，在亚里士多德的表述中看不到这一点。相反，根据之前的论述，亚里士多德本人赞同的打雷的原因不同于 T7 提到的两个原因中的任何一个。所以，没有理由认为亚里士多德在 T7 暗示了唯一一个首要原因的存在。最后，即便我们承认"这个"打雷的目的因是不合理的，也不能排除存在"其他"合理的目的因，它们和"火的熄灭"这个动力因一样都能充分解释打雷的原因。

总而言之，如果我们不求助于其他作品，就没有理由认为《后分析篇》只允许"首要原因论"。而我们将在下文中论证"多重原因论"存在的一个证据和它的理论优势。

三、《后分析篇》存在"多重原因论"的正面文本证据

如前所述，与查尔斯的说法相反，T7 中的例子很可能意味着《后分析篇》中的某一特定对象存在多种原因。在这里，我们将论证，这一点可以通过《后分析篇》I.29，87b5-14 中另一处正面的文本证据得到进一步证实，在那里，亚里士多德明确指出，对一个特定的被解释对象可能有多种原因。

T10：有可能存在对于同一事物的多个证明（πλείους ἀποδείξεις），这不仅可以从同一系列（ἐκ τῆς αὐτῆς συστοιχίας）采用不连续的中项而得到（例如，选择 C、D、F 作为 AB 的中项），也可以从不同的系列（ἐξ ἑτέρας）采用中项而得到。例如，A 表示"变化"（μεταβάλλειν），D 表示"运动"（κινεῖσθαι），B 表示"快乐"（ἥδεσθαι），G 表示"要静止"（ἠρεμίζεσθαι）。这样，D 谓述 B，A 谓述 D 都是真的。因为如果一个人快乐，那他就是在运动，而运动是在变化。再者，A 谓述 G，G 谓述 B 也是真的。因为快乐的人都要静止，而要静止就意味着在变化。这样，三段论（συλλογισμός）就可以通过不属于同一系列的不同的中项推出。（《后分析篇》I.27，87b5-14）①

---

① Πλείους δ' ἀποδείξεις εἶναι τοῦ αὐτοῦ ἐγχωρεῖ οὐ μόνον ἐκ τῆς αὐτῆς συστοιχίας λαμβάνοντι μὴ τὸ συνεχὲς μέσον, οἷον τῶν Α Β τὸ Γ καὶ Δ καὶ Ζ, ἀλλὰ καὶ ἐξ ἑτέρας. οἷον ἔστω τὸ Α μεταβάλλειν, τὸ δ' ἐφ' ᾧ Δ κινεῖσθαι, τὸ δὲ Β ἥδεσθαι, καὶ πάλιν τὸ Η ἠρεμίζεσθαι. ἀληθὲς οὖν καὶ τὸ Δ τοῦ Β καὶ τὸ Α τοῦ Δ κατηγορεῖν· ὁ γὰρ ἡδόμενος κινεῖται καὶ τὸ κινούμενον μεταβάλλει. πάλιν τὸ Α τοῦ Η καὶ τὸ Η τοῦ Β ἀληθὲς κατηγορεῖν· πᾶς γὰρ ὁ ἡδόμενος ἠρεμίζεται καὶ ὁ ἠρεμιζόμενος μεταβάλλει. ὥστε δι' ἑτέρων μέσων καὶ οὐκ ἐκ τῆς αὐτῆς συστοιχίας ὁ συλλογισμός.

这段话清楚地表明，一个事实可以有多种解释或证明。在这里，亚里士多德区分了两种"多重证明"的情况。在第一种情况下，要证明"A 谓述（所有）B"这个命题，我们需要通过多个中项来构成多个处于"同一系列"（ἐκ τῆς αὐτῆς συστοιχίας）的"间接三段论"来完成任务。比如说要证明"A 谓述（所有）B"，我们要通过证明"A 谓述（所有）C"，"C 谓述（所有）D"等诸如此类的命题来最终得出"A 谓述（所有）B"的结论。①更重要的是，在第二种情况下，亚里士多德认为，对于某一探究对象，存在多个作为原因的中项，并且它们可以处于"不同的系列"（ἐξ ἑτέρας），也就是说，它们可以构成多个不同的独立三段论。我们可以把两种情况表示如下（图 1-4、图 1-5）：②

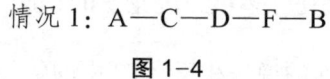

图 1-4

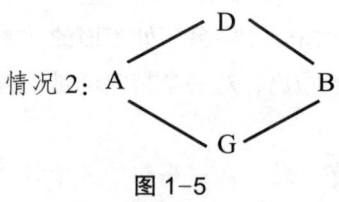

图 1-5

本章关注的是处于不同证明系列中的第二种多重证明。亚里士多德通过一个例子具体阐明了第二种多重证明的情形，我们可以将其表示如下：③

问题：为什么所有快乐的人（B）都在变化（A）？
回答：因为他们在运动（D）；因为他们要静止（G）。

证明性三段论 1：
在变化（A）谓述所有在运动的事物（D）。[即所有在运动的事物都在变化。]

---

① 参见 Ross 1949, 598; Detel 1993, 471, 473 对第一种情况的说明，也参见 Comay del Junco 2019, 904 对一种略微不同的表述。
② 参见 Detel 1993, 471, 473。
③ 参见 Detel 1993, 471, 474-475; Comay del Junco 2019, 905。

在运动（D）谓述所有快乐的人（B）。[即所有快乐的人都在运动。]

　　在变化（A）谓述所有快乐的人（B）。[即所有快乐的人都在变化。]

证明性三段论 2：

　　在变化（A）谓述所有要静止的事物（G）。[即所有要静止的事物都在变化。]

　　要静止（G）谓述所有快乐的人（B）。[即所有快乐的人都要静止。]

　　在变化（A）谓述所有快乐的人（B）。[即所有快乐的人都在变化。]

这样，亚里士多德就认为"在运动"和"要静止"都可以作为恰当的原因来解释为什么"变化"能够谓述"快乐的人"。但是，既然"是什么"和"为什么"是相同的，如果"是什么"就直接等于本质，那么"快乐的人在变化"这一"事实"的本质是什么呢？是什么使得"快乐的人在变化"得以存在？是"在运动"还是"要静止"？有人可能会说这两个原因共同构成了本质，但亚里士多德没有在《后分析篇》中这样论证。① 再者，我们也不能从这两个独立的三段论中得出两个原因之间的关系，认为其中一个原因是更为首要的原因，而另一个原因依赖于这个首要的原因而存在。亚里士多德在这里也没有否定其中一个原因，由此将两个原因还原为一个原因（这样的话，就和亚里士多德在《后分析篇》I.29 所要阐明的结论冲突了）。②

---

① 所以，这里三段论例子表达的观点的正确性不是我们所要考虑的。亚里士多德的快乐理论自然不会如此简单，"变化"和"运动"之间的区别也未必是这样，参见 Barnes 1993, 191; Detel 1993, 474-475。亚里士多德在《后分析篇》中的例子只是为了说明他所要解释的问题，而不关心这些例子究竟是否符合他的观点。

② 尽管把快乐理解为一种运动是柏拉图的观点，并且亚里士多德在《尼各马可伦理学》批评了这种快乐观，而快乐的人要静止则接近亚里士多德本人的观点。但是，我们没有理由认为在《后分析篇》的语境下，亚里士多德只认同第二种解释，参见 Detel 1993, 474。亚里士多德很可能在写作这段话的时候，对于这个问题的答案保持开放的态度。《后分析篇》I.29 的核心论点依然是一个探究对象可能会有多个原因，而且每个原因构成的中项都能够组成有效合理的三段论，亚里士多德没有说，这些原因之间存在从属关系，必然有一个首要的原因。

根据上面这个例子，很明显，亚里士多德认为，对于一个给定的对象，可以有几个不同的解释或原因。而 T7 可以被看作是用来进一步说明这一观点的，而不是一些亚里士多德没有认真对待的东西。因此，T10 是可以证明《后分析篇》中提出了多重原因论的一个直接证据。

总之，查尔斯为他的"首要原因论"所做的论证都缺乏说服力。没有证据可以表明，对于所有的事物，在《后分析篇》中只能有一个原因或一个首要原因。相反，我们可以找到一些正面的证据，如 T10 和 T7，来为《后分析篇》中"多重原因论"的存在进行辩护。因此，说明原因的三段论证明并不依赖于严格意义的本质和定义。而如果这是正确的，那么查尔斯的"相互依赖论"和"首要原因论"就没有说服力了。最后，我们将提出"多重原因论"在《后分析篇》的一个优势。如果亚里士多德在《后分析篇》中允许一个对象存在多个原因，那么查尔斯自己提出的一个困难就会消失。

四、"多重原因论"的一个理论优势：动物学作品中"《后分析篇》模型"疑难的消失

按照查尔斯的说法，在《后分析篇》中，对于所有的事物而言，只能有一个首要原因，他认为在《形而上学》中也是如此。这种"首要原因论"和他的"相互依赖论"构成了他的"《后分析篇》模型"。查尔斯认为，这个《后分析篇》模型与《形而上学》中的讨论一致（因此他提出了一个"《后分析篇》—《形而上学》模型"）。① 然而，查尔斯指出，亚里士多德在动物学作品中的讨论会损害他的《后分析篇》模型，因为查尔斯也发现，在动物学作品中，《后分析篇》模型要求的唯一一个首要原因不能解释一个动物的所有基本特征。② 因此，查尔斯承认，他很难将他的只允许存在"首要原因论"的《后分析篇》模型应用于动物学作品。③

然而，我们没有理由认为《后分析篇》中存在"首要原因论"，相反，亚里士多德承认一个被解释的对象可以有多个在因果优先性上不相互关联的原因（当然，我们不需要走得太远，认为在《后分析篇》中一个被解释的对象不可能只有一个原因）。因此，我们的结论是，亚里士多德在《后分析篇》中既允许一个首要原因的存在，也允许某一对象有多个原因。这意味着，一方面，不存在只允许"首要原因论"的"《后分析篇》—《形而

---

① 参见 Charles 2000, 274-309，尤其 pp. 304-308。

② 参见 Charles 2000, 333-337, 343-345。

③ Charles 2000, 310-347.

上学》模型";另一方面,也不存在与"《后分析篇》—《形而上学》模型"相矛盾的"动物学模型"。而且,没有必要像查尔斯所说的那样,主张亚里士多德的"动物学模型"是对于"《后分析篇》—《形而上学》模型"的发展和"背离"(departure)。[①] 相反,在多重原因存在的问题上,我们所提出的"《后分析篇》模型"与我们理解的"《形而上学》模型"和"动物学模型"相一致。这样一来,我们提出的《后分析篇》中的"多重原因论"就可以避免查尔斯的问题,成为我们的一个理论优势。

本章小结

在这一章中,我们讨论了《后分析篇》中本质与原因之间的关系。这主要基于亚里士多德在《后分析篇》提出的"同一性命题":"是什么"和"为什么"是相同的。查尔斯认为,这意味着本质与原因,以及对于本质的探究和对于原因的探究之间是相互依赖的。这种"相互依赖论"导致了《后分析篇》中的"首要原因论"。本章对他的这两个论题提出了很多质疑,从而表明查尔斯所理解的本质和原因之间的相互依赖关系是不能成立的。与之相反,我们认为对于"同一性命题",应该采用"相互蕴涵的解读"。根据这种解读,对于因果复合对象,三段论证明(从对于原因的探究中获得)和定义(从对于本质的探究中获得)是可以相互转换的:我们可以在没有其中一个的帮助下获得另一个。我们和查尔斯的最大区别在于,查尔斯认为本质和原因之间互为充分必要条件,但我们认为二者之间在不同情况下互为充分不必要条件,且在获得上各自独立,互不依赖。

然而,正如我们在上面指出的,"相互蕴涵的解读"可以进一步理解为两种方式。一种理解是,我们必须分别独立地把握证明和定义。只有当我们独立成功地完成了这两个探究之后,我们才能获得它们之间的相互转换的关系。然而,并没有证据支持这种解读。相反,根据《后分析篇》II.8-10 中的论证主旨,亚里士多德并不会认为,只有在我们已经分别掌握了原因和定义之后才能使二者之间实现相互转换的关系。特别值得注意的是,亚里士多德在《后分析篇》II.9, 93b26-28 提出,我们"可以通过证明来揭

[①] 参见 Charles 2000, 346-347。

示（δηλῶσαι）某物是什么"。① 如果在证明和定义之间有这样的要求，那就不清楚为什么亚里士多德说我们可以通过证明"揭示"一个定义。换句话说，如果在任何情况下，我们必须首先独立地获得定义和证明，然后才能将一个转化为另一个，那么就完全没有必要通过证明来"揭示"定义了。② 因此，我们应该接受对于"同一性命题"的相互蕴涵的解读的第二种理解方式。根据这个理解方式，第一，在探究中，证明的获得不需要依赖对于这个对象的定义，定义也不需要依赖证明。第二，一旦我们得到了其中一个，另一个就会同时通过证明和定义之间的相互转换关系而被推导出来。第三，在《后分析篇》中，应该根据探究对象的具体情况来决定我们是应该从对于本质的探究开始，还是从对于原因的探究开始；也就是说，亚里士多德在这部作品中没有解决这个问题。否则的话，假设亚里士多德要求我们首先通过对于原因的探究建立证明，然后从证明中获得定义，这将意味着在《后分析篇》中定义应该依赖于证明和原因，这就会与我们的相互蕴涵解释相冲突。

此外，本章还提出了《后分析篇》中的"多重原因论"，批评了"首要原因论"的合理性。亚里士多德认为，对于一个被解释的对象，可以存在多个因果优先性上不相互关联的原因或解释，这些原因或解释之间没有从属关系。因此，在原因的数量问题上，《后分析篇》和动物学作品（尤其是《论动物的部分》）之间并无不一致之处（我们将在第二章进一步探讨这一问题）。

更重要的是，《后分析篇》中的这一"多重原因论"，以及我们提出的对"同一性命题"的相互蕴涵的解读，可以说明《后分析篇》这部著作的一般特征：《后分析篇》为探究不同的主题提供了一个总体框架（general framework），其细节将通过亚里士多德在不同作品中的具体探究予以丰富。③

这一想法将在随后的章节中得到进一步体现。在下一章中，我们将论证在《论动物的部分》中，对动物的某些部分存在着两种"多重原因论"的模型。而这一现象表明，至少对于《论动物的部分》中的某些探究对象，对于本质的探究依赖于对于原因的探究，而对于原因的探究则不必依赖于

---

① 另参见《后分析篇》II.8, 93b15-20。如前所述，93b18 的 "οὔτ' ἄνευ ἀποδείξεως ἔστι γνῶναι τὸ τί ἐστιν"（"没有证明，就不可能了解某物是什么"）这句话，给"对于本质的探究和对于原因的探究必须独立完成"的说法构成了更严重的困难。

② 当然，这段话并不意味着我们必须总是在证明的帮助下获得一个定义。

③ 参见 Lennox 2011; Lennox 2021，特别是第 2 章；Karbowski 2019, 100-102。

对于本质的探究。这种关系（我们称之为"动物学模型"）要求在探究动物的部分时，我们应该从对于原因的探究开始。只有在我们通过对于原因的探究找到了所有恰当的原因之后，我们才能通过相互转换的关系获得最终的定义。正如我们在上面看到的，亚里士多德在《后分析篇》中对下面这个问题保持开放：我们是应该从对于原因的探究开始，还是必须从对于本质的探究开始。因此，在《论动物的部分》中，对于原因的探究和对于本质的探究之间的关系从《后分析篇》中发展出了相互转换关系的一个方面。这主要是由于亚里士多德在他的动物学探究中采用了"探究原因优先"的进路。我们将在第二章讨论所有这些问题。

而后在第五章中，我们将论证在《形而上学》ZH 中，对于本质的最终探究依赖于对于原因的探究，这种原因的探究通过《形而上学》Z.17 讨论的证明性三段论所表述。而对于原因的探究则进一步依赖于《形而上学》Z.12 对于本质的初步探究。《形而上学》ZH 中的这种关系（我们称之为"《形而上学》模型"）也以另一种方式发展了来自《后分析篇》的相互蕴涵关系。"《形而上学》模型"比"《后分析篇》模型"所描述的一般总体性框架呈现出更复杂的画面。《形而上学》模型规定，我们应该首先从对于本质的探究开始，然后转向对于原因的探究，这是通过一个三段论式的定义和一个证明性三段论之间的相互转换关系而达到的。最后在我们完成对于原因的探究之后，再次把证明性三段论转变成一个说明了严格的实体本质的定义。这样，我们的动物学模型和《形而上学》模型都以不同的方式发展了《后分析篇》模型所提供的总体框架，以适应亚里士多德的两个哲学探究领域的不同议题和进路。

第二章　亚里士多德动物学中的"多重原因论"及其对《后分析篇》"同一性命题"的影响

在上一章中，我们考察了大卫·查尔斯对亚里士多德《后分析篇》中的"同一性命题"的相互依赖解释。在《后分析篇》中，亚里士多德将"是什么"（*ti esti*）与"为什么"（*dia ti*）联系起来，声称"是什么"与"为什么"是相同的（《后分析篇》90a14-15，90a31-32，93a3-4，93a16-20）。我们把这个主张称为"同一性命题"。查尔斯认为，"同一性命题"应该通过"相互依赖论"的角度来理解；即本质（和对于本质的探究）依赖于原因（和对于原因的探究），而原因（和对于原因的探究）又依赖于本质（和对于本质的探究）。① 查尔斯的解释依赖于两个条件：统一性条件和优先性条件。② 他认为本质/定义和原因/解释必须始终满足这两个条件。为了让一个定义满足优先性条件，它必须依赖于一个证明。为了让一个证明满足统一性条件，原因和三段论证明必须依赖于本质和定义。③ 因此，一个证明和相应的定义是相互依赖的。与查尔斯相反，我们认为，在《后分析篇》中，定义不需要满足优先性条件，原因和解释也不需要满足统一性条件。从而，我们认为查尔斯对《后分析篇》中"同一性命题"的解释是有问题的，我们应该采用相互蕴涵的解释。根据相互蕴涵的解释，原因（和对于原因的探究）与本质（和对于本质的探究）之间在不同情况下互为充分不必要条件，且在获得上二者互不依赖。这就是说，从探究的顺序考虑，一个证明的获得不需要依赖于一个定义/本质，而一个定义/本质的获得也不需要依赖于一个证明。一旦我们建立了一个合理的三段论，我们就可以把这个三段论转化为其相应的三段论式的定义，反之亦然。此外，先通过对

---

① 关于这一论点的最明确的陈述，参见 Charles 2000, 260-261。

② 参见 Charles 2000, 179-196; Charles 2010, 291-292, 294-297。

③ 参见 Charles 2000, 197-220; Charles 2010, 289-303。

于原因的探究建立三段论证明,还是先从对于本质的探究开始,这需要具体情况具体分析。

在本章中,我们将论证,在亚里士多德的《论动物的部分》中,某些探究对象的原因不止一个,而这将给查尔斯的相互依赖论带来更加严重的问题。理由在于,如果对某一事物有若干不同的原因或解释,而且这些原因或解释可以由不同的证明性三段论来表述,那么很显然,原因(即证明性三段论中的中项)不需要满足统一性条件。而在这样的情况下,证明不需要依赖于对于该事物的定义和本质。① 此外,正如我们将在下面论证的,对于动物的某些部分,定义也不一定满足优先性条件,这会削弱查尔斯关于定义依赖于证明的论点。因此,查尔斯对"同一性命题"的相互依赖的解释在动物学探究中就不成立了。

我们将论证,在《论动物的部分》中,亚里士多德认为,对于动物的某些部分和特征,本质(从对于本质的探究中得出)依赖于证明(从对于原因的探究中得出),但从探究的顺序来看,证明不一定依赖于定义。我们把动物学作品对于本质的探究和对于原因的探究之间的这种关系称为"动物学模型"。根据动物学模型,当我们对动物的各个部分进行探究时,首先,我们应该从对于动物部分的原因的探究开始。第二,当我们找到了某一部位的所有恰当的原因后,我们必须构建几个证明性的三段论,把原因作为这些三段论的中项。第三,通过《后分析篇》中证明和定义之间的相互转换关系,我们可以把这些证明性的三段论转换成一个或多个三段论式的定义。② 因此,动物学模型涉及证明和定义之间的相互蕴涵关系的应用,这种关系来自我们的"《后分析篇》模型"。此外,动物学模型还发展了《后分析篇》模型的一个方面。如前所述,根据《后分析篇》模型,亚里士多德没有回答以下问题:"我们是应该从对于原因的探究开始,还是从对于本质的探究开始。"然而,在《论动物的部分》中,亚里士多德指出,我们应该首先开始对于原因的探究。而且,在我们通过对于原因的探究确立了多个原因之后,我们就可以通过证明和定义之间的相互转换关系,把相关的三段论证明变成关于这些探究对象的三段论式的定义。

---

① 值得注意的是,Gill(1991,尤其是 pp. 266-267)已经认为,动物学中的多重原因现象可能给查尔斯的统一性条件带来困难,但她仍然只关注我们称之为"合取模型"的情况。类似的批评也参见 Kullmann 2014, 146, 164-165。

② 正如将在下面论证的那样,这是由于存在着两种多重原因论的模型。在"合取模型"的情况下,几个证明性的三段论可以最终转化为一个三段论式的定义;而在"析取模型"的情况下,可能存在多个三段论式的定义。

在这一点上，有人可能会问，既然所谓的亚里士多德的本质主义预设了"首要原因论"，那么，我们的动物学模型对亚里士多德本质主义的研究有什么影响。在我们看来，正如亚里士多德在《后分析篇》中所做的那样，他在动物学探究中也采用了"可变的本质主义"。在亚里士多德的动物学研究中，他主要是为每一种动物学现象寻求恰当的原因。从本章所考虑的文本来看，这些动物学探究是否必须符合亚里士多德的本质主义，并不是亚里士多德的主要关切。亚里士多德同意，对整个动物和动物的某些部分的讨论符合本质主义的要求和框架。我们可以认为，一个动物只有一个本质，它也是该动物的唯一首要原因，即它的灵魂。然而，我们并不清楚，动物的其他一些身体部分——这是本章重点讨论的对象——是否完全符合亚里士多德的本质主义规定的所有要求。而且我们必须明白，这些部分也是动物学研究的适当对象，而不是偏离常规的"特例"现象。这样一来，我们并不认为存在着某种从严格的本质主义（亦即《后分析篇》中的"首要原因论"所要求的那种本质主义）到《论动物的部分》中的较弱版本的本质主义（它可能为多重原因的存在留下一些空间）的发展。① 相反，亚里士多德在这两个探究领域中都采用了他的"可变的本质主义"：在某些情况下，探究对象可能符合严格的本质主义的框架；而在其他一些情况下，就像在本章中的情况那样，相关的动物学现象不符合本质主义的要求，特别是在我们将要提及的"析取模型"的情况下。

在本章中，我们首先论证将《后分析篇》与动物学探究联系起来的合理性。也就是说，亚里士多德在动物学探究中使用了《后分析篇》讨论的三段论证明法（第一节）。接下来在第二节，我们将首先说明什么是亚里士多德动物学中的"多重原因论"，并且对其做出两方面重要的澄清。在第三节，我们将分析《论动物的部分》的一些文段，指出亚里士多德的"多重原因论"可以通过两种模型来理解："合取模型"（conjunction model）和"析取模型"（disjunction model）。其中，亚里士多德对于象鼻的讨论则同时体现了两种解释模型。之后，我们将回应对于"多重原因论"的两个可能反驳，指出它们不足以推翻我们的解释（第四节）。② 在第五节中，我们会考察如何将这些多重原因放入 Barbara 形式的三段论中，因为 Barbara 三段论是亚里士多德提出三段论证明的首先形式（参见《后分析篇》I.14；II.8，93a7-9）。最后，在第六节中，我们会讨论多重原因论在理解对于本质

---

① 参见 Charles 2000, 343-347。

② 本章第二节到第四节的一个早先版本，参见葛天勤 2021。

的探究和对于原因的探究之间的关系上的影响。这里的影响有以下三个方面。第一，多重原因论的两个理解模型（它们在《论动物的部分》中被应用于不同的解释对象）给查尔斯对"同一性命题"的相互依赖解释带来了严重困难。第二，多重原因论也可以反驳布隆斯坦的解读。查尔斯和布隆斯坦的这两种解释都依赖于"首要原因论"（正如在第一章中所说的）。第三，我们将提出对动物学中对于本质的探究和对于原因的探究之间关系的解释（即动物学模型）：本质和对于本质的探究依赖于相应对象的原因和对于原因的探究，但对于原因的探究不一定要依赖于对相应本质的探究。

第一节 动物学探究采用《后分析篇》的证明法

一、动物学著作中讨论方法论的段落

在我们正式进入讨论动物学的多重原因论之前，我们应该注意到，我们可以把《后分析篇》中关于证明和定义的讨论应用到亚里士多德的动物学作品中，特别是动物学作品中对于原因的探究也可以通过三段论进行表述。这一观点已被大多数学者接受，包括查尔斯本人。[1] 有人可能会声称，在《后分析篇》中被强调的证明的方法实际上在动物学著作中并没有被采用，并据此认为亚里士多德在他的动物学探究中更喜欢使用其他方法。[2] 但是，正如我们的论证所要展现的那样，他们的理由是不充分的。

尽管学界对于三段论在亚里士多德具体哲学探究中把握知识的作用还存在很多争议。[3] 而且我们都知道，亚里士多德在他的动物学探究中从没有

---

[1] 参见 Leunissen 2010, 77（以及她提及的更多参考文献）。Charles（2000, 310-347）讨论了动物学的例子。

[2] 参见 Lloyd 1996, 7-37; Morsink 1982。对于劳埃德等人观点的批评，例如参见 Lennox 2001b, 5-6; Johansen 2012, 43-46。

[3] 对于三段论的认识论作用的质疑，尤其参见 Barnes 1969，也参见 Bronstein 2016, 31-33。我们赞同 Bronstein（2016, 39-40）和 Halper（2017, 70-71）对于三段论在亚里士多德哲学探究中起到的作用的解读。他们认为，当我们发现了已知的"事实"确实能够和另一个探究得到的结果建立起因果联系，并能够组合成一个有效可靠的三段论的时候，我们确实发现了之前不知道的新的因果关系，并且把握了这个作为原因的探究结果对于探究对象为什么如此存在的解释作用。在这种意义上，我们通过证明法获得了新的知识，也就是三段论的中项和原因。也参见本书第一章第二节的讨论。

提出过一个具体的三段论实例。但是对于我们来说，重要的不是亚里士多德究竟如何在探究中使用三段论证明，而是要指出，亚里士多德至少意在让他的探究结果最终符合三段论证明的要求，而且他的动物学探究过程也的确能够通过三段论来表达，①尽管在他的著作里没有直接出现这样的三段论证明。②我们有理由认为他的动物学探究还在进行中，③或许当亚里士多德最终完成了对于动物的探究的时候，他会通过三段论的形式来展示探究的过程与成果。无论如何，正如很多学者所具体指出的那样，亚里士多德至少已经在动物学著作中有意识地使用这样的模式，并且在整个探究的开始阶段就如此声明了。④

  T1：关于所有的学问和研究，无论是更加卑微的还是更加崇高的，看上去存在两种状态（ἕξεως）。一种能被恰当地称作关于某事物的知识（ἐπιστήμην），另一种则像是某种教养（παιδείαν）。因为有教养者能够按照惯例成功地判断所证明（ἀποδίδωσιν）的观点说得好还是不好。实际上，正是这样的人我们视之为具有一般性教养的人（ὅλως πεπαιδευμένον），并且我们认为有教养就是能够做这样的事情。只不过我们把一者看作能够判断几乎所有事物的个体，另一者[看作能够判断]关于某种特殊的自然（περί τινος φύσεως）的个体。因为或许有另外一个人和我们刚才谈到的人具有同样好的禀赋，但是[这种禀赋]是关于某个部分的（περὶ μόριον）。因此，显然在有关自然的探究方面（τῆς περὶ φύσιν ἱστορίας），必须首先具备某些如此这般的标准（ὅρους），通过指涉它可以判断证明的方式（τὸν τρόπον τῶν δεικνυμένων）的可接受性，而不涉及真理是什么、是这样还是那样的问题。我是说，例如，我们是否应当首先把每一实体拿来，就其自身地分别加以界定（如一个一个地对人、狮子、牛和其他动物的本性进行讨论），还是应当首先确定根据某些共同的事物而确立的所有共同属性（τὰ κοινῇ συμβεβηκότα）。因为许多相同的

---

① 参见 Detel（1997）给出的一个关于"为什么所有动物都有一个胃"的实例。
② 例如参见 Lennox 2001b, 5-6; Gotthelf 2012, 180-182; Henry 2021a, 88。
③ Balme 1987a, 17; Gotthelf 2012, 163-164 n. 34, 395-397.
④ 认为动物学探究采用三段论证明法的学者（名单参见 Lennox 2001b, 3）也会通过具体例子来证明亚里士多德有意识地在动物学探究中采用《后分析篇》的模式，例如参见 Lennox 2001b, 39-71; Lennox 2021, 264-291; Gotthelf 2012, 186-196。因此，我们不再重复他们的研究，而是找出新的证据来确证他们的观点。

事物存在于许多不同类的动物中,如睡眠、呼吸、生长、衰微、死亡,还有其他这样的情状(παθῶν)和状态(διαθέσεων)。……很明显,尤其当我们一个个述说的时候,我们会重复地说同一个相关于许多类的事物;例如刚刚提到的每一个属性都属于马、狗、人。所以如果某人一个一个地述说[这些动物的]属性,就必然会重复地述说相同的事物。……但是可能碰巧也有谓述相同范畴的其他属性在形式上(κατ' εἶδος)有所不同。比如动物的位移,很明显位移方式在形式上不是一,因为飞行、游泳、行走和爬行都不同。因此,一个人不能忽略了应该如何探究,不过我的意思是说,我们是否应该先按照类来探究共同的事物(κοινῇ),然后再研究个别的事物(τῶν ἰδίων),还是应该直接研究每一个体[即动物]。(《论动物的部分》I.1,639a1-b5)①

亚里士多德在《论动物的部分》开篇的上述文段中讨论了动物研究的

---

① Περὶ πᾶσαν θεωρίαν τε καὶ μέθοδον, ὁμοίως ταπεινοτέραν τε καὶ τιμιωτέραν, δύο φαίνονται τρόποι τῆς ἕξεως εἶναι, ὧν τὴν μὲν ἐπιστήμην τοῦ πράγματος καλῶς ἔχει προσαγορεύειν, τὴν δ' οἷον παιδείαν τινά. Πεπαιδευμένου γάρ ἐστι κατὰ τρόπον τὸ δύνασθαι κρῖναι εὐστόχως τί καλῶς ἢ μὴ καλῶς ἀποδίδωσιν ὁ λέγων. Τοιοῦτον γὰρ δή τινα καὶ τὸν ὅλως πεπαιδευμένον οἰόμεθ' εἶναι, καὶ τὸ πεπαιδεῦσθαι τὸ δύνασθαι ποιεῖν τὸ εἰρημένον. Πλὴν τοῦτον μὲν περὶ πάντων ὡς εἰπεῖν κριτικόν τινα νομίζομεν εἶναι ἕνα τὸν ἀριθμὸν ὄντα, τὸν δὲ περί τινος φύσεως ἀφωρισμένης· εἴη γὰρ ἄν τις ἕτερος τὸν αὐτὸν τρόπον τῷ εἰρημένῳ διακείμενος περὶ μόριον. Ὥστε δῆλον ὅτι καὶ τῆς περὶ φύσιν ἱστορίας δεῖ τινας ὑπάρχειν ὅρους τοιούτους πρὸς οὓς ἀναφέρων ἀποδέξεται τὸν τρόπον τῶν δεικνυμένων, χωρὶς τοῦ πῶς ἔχει τἀληθές, εἴτε οὕτως εἴτε ἄλλως. Λέγω δ' οἷον πότερον δεῖ λαμβάνοντας μίαν ἑκάστην οὐσίαν περὶ ταύτης διορίζειν καθ' αὑτήν, οἷον περὶ ἀνθρώπου φύσεως ἢ λέοντος ἢ βοὸς ἢ καί τινος ἄλλου καθ' ἕκαστον προχειριζομένους, ἢ τὰ κοινῇ συμβεβηκότα πᾶσι κατά τι κοινὸν ὑποθεμένους. Πολλὰ γὰρ ὑπάρχει ταὐτὰ πολλοῖς γένεσιν ἑτέροις οὖσιν ἀλλήλων, οἷον ὕπνος, ἀναπνοή, αὔξησις, φθίσις, θάνατος, καὶ πρὸς τούτοις ὅσα τοιαῦτα τῶν λειπομένων παθῶν τε καὶ διαθέσεων· ...Φανερὸν δ' ὅτι καὶ κατὰ μέρος μὲν λέγοντες περὶ πολλῶν ἐροῦμεν πολλάκις ταὐτά· καὶ γὰρ ἵπποις καὶ κυσὶ καὶ ἀνθρώποις ὑπάρχει τῶν εἰρημένων ἕκαστον, ὥστε ἐὰν καθ' ἕκαστον τῶν συμβεβηκότων λέγῃ τις, πολλάκις ἀναγκασθήσεται περὶ τῶν αὐτῶν λέγειν, ...Ἕτερα δὲ ἴσως ἐστὶν οἷς συμβαίνει τὴν μὲν κατηγορίαν ἔχειν τὴν αὐτήν, διαφέρειν δὲ τῇ κατ' εἶδος διαφορᾷ, οἷον ἡ τῶν ζῴων πορεία· οὐ γὰρ φαίνεται μία τῷ εἴδει· διαφέρει γὰρ πτῆσις καὶ νεῦσις καὶ βάδισις καὶ ἕρψις. Διὸ δεῖ μὴ διαλεληθέναι πῶς ἐπισκεπτέον, λέγω δὲ πότερον κοινῇ κατὰ γένος πρῶτον, εἶτα ὕστερον περὶ τῶν ἰδίων θεωρητέον, ἢ καθ' ἕκαστον εὐθύς.

方法论问题。① 首先，他提出两种不同的认识状态（ἕξις），一种状态是把握关于某一门具体学科的知识（τὴν ἐπιστήμην），借此来判断探究结果的真与假。另一种认识状态是一种一般性的教养（παιδεία），尽管这样的人没有具体的学科知识，但是他们能够根据一些标准（ὅρος），比如某个研究领域的普遍前提和公设，判断具有知识的人给出的"证明的方式"（τὸν τρόπον τῶν δεικνυμένων）是否有效（尽管具有一般性的教养的人可能不知道具体结论的真假）。而且，亚里士多德在这里使用"δεικνύμενον"这个词来表示"证明"（demonstration）。其次，亚里士多德还提出一个探究顺序的问题：我们要先探究动物的不同物种（比如直接探究人类、牛、狮子的本性），还是先探究不同种类的动物的共同属性（比如探究不同种类的动物之间相似的身体部分）？值得注意的是，亚里士多德认为，对于"有关自然的探究"（639a12），具有一般性的教养的人也可以有所贡献。这是因为，尽管他们可能并不具有关于某一具体事物的知识，但是他们仍然可以通过某些学科探究的标准来考察探究方法的有效性。他们首先知道了一些标准，然后借此检验"证明的方式"是否有效。而亚里士多德的动物学探究属于"关于自然的探究"。因此，亚里士多德将判断"证明的方式"是否有效的能力看作是"一般性的教养"的内容的一部分，认为具有"一般性的教养"的人可以借助动物学的探究标准来判断从事具体动物学探究的人所给出的"证明的方式"是否有效，从而将动物探究的方法和《后分析篇》的证明法联系起来。② 而且，亚里士多德提出的这个问题，以及他通过后面的探究而给出的回答——即主要探究不同动物的共同属性，也显示出《后分析篇》中证明法的探究对象的特征。③

诚然，这里的文本证据是不充分的。正如有学者所质疑的那样，我们不能排除亚里士多德是在一种宽泛的意义上使用 δεικνύμενον 和动词 δείκνυμι。④

---

① 《论动物的部分》第一卷讨论了一般的方法论问题，常常被认为是相对独立的一卷，是动物学研究的导论，参见 Balme 1992, 69; Lennox 2001a, 119。但是 Henry（2021b, 780-782）认为，《论动物的部分》第一卷中展示的研究计划和《论动物的部分》的其他卷次实际上具有更为密切的联系。

② 整个短语是 "τὸν τρόπον τῶν δεικνυμένων"。对这一段文本的分析，例如参见 Lennox 2001b, 5, 42, 67; Lennox 2021, 146; Leunissen 2010, 78; Karbowski 2019, 100。

③ 参见 Balme 1992, 72-73; Lennox 2001a, 121-122; Lennox 2001b, 100-102。尽管大多数学者都认为亚里士多德否认我们可以直接探究人、牛等不同物种，但是 Henry（2021a）强调，这种模式没有完全被亚里士多德放弃。

④ 例如参见 Lloyd 1996, 18, 23。但是戈特黑尔夫论证了 δείκνυμι 这个词和证明法的关联，参见 Gotthelf 2012, 201 n. 14。

第二章　亚里士多德动物学中的"多重原因论"及其对《后分析篇》"同一性命题"的影响　69

这个词不仅可以指专门的三段论证明，更可以指一般意义上的提出、展示。①亚里士多德很可能只是说，通过这样一种教导，我们可以判断别人提出或展示的论证是否合理，至于对方具体是用什么方法展示论证的，我们不能确定。

然而，我们根据下面一段同样说明动物学探究方法的文本，可以认为亚里士多德的确在专门的"三段论证明"的意义上使用了上面文本中的 δεικνύμενον 这个词。

> T2：现在这些事物已经提纲挈领地被论述了，给我们应当考察的那些事物的数量和程度做出了一种尝试（详细的阐述见后）；这是为了我们首先能够把握所有呈现其中的差异（τὰς ὑπαρχούσας διαφοράς）和属性（τὰ συρβεβηκότα）。在此之后，我们必须要进而揭示这些事物的原因（τὰς αἰτίας）。因为当存在一种关于每个事物的探究的时候，这样才是符合自然的考察方式。因为证明（ἀπόδειξιν）关于什么、[证明]来自于什么，必须通过上述这些才能变得明确。(《动物志》I.6，491a7-14）②

这段文本同样提及动物学探究的方法论问题，补充了《论动物的部分》开篇的论述。这段文本中，不仅"ἀπόδειξις"这个词是一个表示"三段论证明"的专门术语，③而且亚里士多德展示了从"事实"到"原因"的《后分析篇》两步探究模式，以及他的动物学著作的划分。④我们要首先找出动物之间各种身体部分和特征的差异（这一任务属于《动物志》），⑤然后我

---

① 参见巴恩斯主编的牛津修订英译本的翻译"exposition"。苗力田先生主持翻译的《亚里士多德全集》中的翻译"所提出的（方法）"。
② Ταῦτα μὲν οὖν τοῦτον τὸν τρόπον εἴρηται νῦν ὡς ἐν τύπῳ, γεύματος χάριν περὶ ὅσων καὶ ὅσα θεωρητέον· δι' ἀκριβείας δ' ὕστερον ἐροῦμεν, ἵνα πρῶτον τὰς ὑπαρχούσας διαφορὰς καὶ τὰ συρβεβηκότα πᾶσι λαμβάνωμεν. Μετὰ δὲ τοῦτο τὰς αἰτίας τούτων πειρατέον εὑρεῖν. Οὕτω γὰρ κατὰ φύσιν ἐστὶ ποιεῖσθαι τὴν μέθοδον, ὑπαρχούσης τῆς ἱστορίας τῆς περὶ ἕκαστον· περὶ ὧν τε γὰρ καὶ ἐξ ὧν εἶναι δεῖ τὴν ἀπόδειξιν, ἐκ τούτων γίνεται φανερόν.
③ 劳埃德认为 ἀπόδειξις 这个词也是多义的，不一定指涉"证明性三段论"，参见 Lloyd 1996，10-20。但是我们认为在《动物志》这里，由于亚里士多德提到了从事实到原因的两阶段探究模式，他指的只可能是"证明性三段论"，否则，我们就不能获得动物学的知识，整个动物学探究就失去了意义。
④ 例如参见 Leunissen 2010, 79; Gotthelf 2012, 157-158。
⑤ 例如参见 Lennox 2001b, 39-71; Gotthelf 2012, 261-292。但是巴姆（D. Balme）认为，《动物志》这部著作不但体现了一个探究原因之前的"收集事实"的阶段，还体现了完成原因探究之后"整理动物定义"的阶段。而后一个阶段是亚里士多德未完成的，他会根据新的探究成果修订《动物志》的文本，具体参见 Balme 1987a, 13-19; Lennox 1996。

们要通过三段论找出这些特征之所以如此的原因（这一任务属于《论动物的部分》《论动物的生成》《论动物的运动》等著作）。由此，我们最终也能找到动物整体之所以如此存在的原因，从而完成对于动物的探究。① 这样的先探究动物的共同属性和差异、再探究它们的原因的顺序也符合《论动物的部分》开头提出的探究顺序，因此这也成为将上述两段文本联系在一起考虑的进一步理由。

有人可能会对这部分的论证提出反驳，认为我们在以上两段文本中只是通过语词的分析说明亚里士多德动物学的探究方法是《后分析篇》的证明法，而没有从正面论证为什么动物学著作的研究中使用的是证明法。但是在我们看来，首先，学界已有非常多的学者通过分析亚里士多德具体的动物学探究来论证动物学的探究方法是《后分析篇》的证明法；而我们的目的不在于重复他们的论证。我们在这部分分析以上两段文本的原因在于突显这两段文本和下面提到的新的文本证据的联系。其次，尽管语词上的分析相对于动物学探究实例的分析可能是次要的，但是它可以进一步强化之前的结论，并且是以一种更加直接的方式。我们很难否认《动物志》I.6 这段文本对于《后分析篇》证明法的提及，这样的话，即便《论动物的部分》开头的 "τὸν τρόπον τῶν δεικνυμένων" 这个表述没有直接指涉证明法，亚里士多德在《动物志》I.6 的说法也进一步澄清了《论动物的部分》开篇略显含糊的表达。

在下文中，我们要指出和这些文本密切相关的另一处新的文本证据，通过这一文本，我们有更充分的理由认为，亚里士多德的确让动物学探究符合《后分析篇》的证明法。这是因为在他看来，动物学探究和数学一样，都是一门证明性的科学。

二、新的理由：来自亚里士多德《劝勉篇》的证据

亚里士多德的《劝勉篇》被认为是写作于他在柏拉图学园时期的早期作品。在这篇作品中，他论证了学习哲学和数学天文学等理论科学的重要性，旨在强调柏拉图式的思辨哲学的优越性，批评伊索克拉底强调实际功用的修辞学。② 尽管原作已经失传，但我们可以从后世的记述中重构它

---

① 如同伦诺克斯所言，亚里士多德在《论动物的部分》的探究也符合这一模式：他经常在探究结束的时候总结道：我们已经探究了某部分之所以出现在所有的这类动物中的原因，参见 Lennox 2001b, 5。

② 关于《劝勉篇》的一般介绍，参见葛天勤 2022；汪子嵩等 2014, 81-85；耶格尔 2013, 43-47; Hutchinson and Johnson 2005, 196-203。

的内容。我们讨论的文本来自于新柏拉图主义者扬布利柯（Iamblichus，生活在公元3世纪后期到4世纪初）的《论一般数学科学》（De Communi Mathematica Scientia）第27章。值得指出的是，通过哈钦森（D. S. Hutchinson）和约翰逊（Monte Ransome Johnson）的详尽考证，我们有理由认为，在这里扬布利柯较为忠实地保留了亚里士多德的原文，而没有做什么新柏拉图主义的发挥。①

> T3：因为有教养者的工作（τοῦ πεπαιδευμένου ἔργον）是能够成功地判断所证明（ἀποδίδωσιν）的观点说得好还是不好。实际上，正是这样的人我们视之为具有一般性教养的人（ὅλως πεπαιδευμένον），并且我们认为有教养就是能够做这样的事情。因此，显然在关于数学的事物方面，具备正确的教养（τὸν ὀρθῶς πεπαιδευμένον）的人必须向数学家要求正确的和恰当的功能（τὴν ὀρθότητα καὶ τὸ οἰκεῖον ἔργον），他是否正确还是错误地产生了关于这些[即数学]的学问。因为，正如我们把具备宽泛意义上的教养的人（τὸν ἁπλῶς πεπαιδευμένον）看作能够判断几乎所有事物的个体，相似地，关于某个特殊的科学（περί τινος ἐπιστήμης），也存在和之前提到的人那样在关于某个部分上（περὶ μόριον）具备相同禀赋的人。因此，显然在有关数学的学问方面（περὶ τὰ μαθήματα θεωρίας），必须首先具备某些如此这般的标准（ὅρους），通过指涉它，有教养的人可以判断证明的方式（τὸν τρόπον τῶν δεικνυμένων）的可接受性，而不涉及真理是什么、是这样还是那样的问题。我是说，例如，我们是否应当首先把每一数学家的定理（θεώρημα τῶν μαθηματικῶν）拿来，就其自身地分别加以界定（如关于三角形的这些[定理]），还是应当首先考察共同的定理（τὰ κοινὰ θεωρήματα），以及根据某些共同的事物而确立的所有属性（τὰ πᾶσιν ὑπάρχοντα）。因为许多相同的事物存在于许多不同的类中，例如，一个人可以就其作为三角形而建立证明，或者就其作为共同的由直线围成的图形（rectilinear figure，εὐθύγραμμος）而建立证明。因为如果以某种方式相同的事物在形式上（εἴδει）不同，关于它们的证明就没有不同。但是可能碰巧也有属于相同范畴的事物在形式上（κατ' εἶδος）有所不同，例如三角形的相似是一者，数字的相似则是另一者。……因此，一个人应该考虑什么时候按照类来探究共同的事物，

---

① 参见 Hutchinson and Johnson 2005。尽管迪林（I. Düring）的《劝勉篇》编辑本没有将这段文字列为残篇。

什么时候分别地研究每一个体；弄清楚这些对于数学教育大有裨益。（扬布利柯：《论一般数学科学》，27.1-35）①

这段文本和上面引用的《论动物的部分》开头段落（T1）的相似性是非常明显的。除了《论动物的部分》全书的第一句（639a1-4）没有包括在内，两段文本的语言和论证思路是非常接近的。一方面，两段文本都区分了两种认知状态：一种是对于一个学科的各个部分都有知识的人，一种是没有每一对象的具体知识的人，他们有一般性教养，可以判断有知识的人的具体证明的方式是否合理有效。另一方面，文本最后都提出了我们应该首先探究个体事物还是探究共同属性的问题；并且根据后文的讨论，作者的回答都是要首先探究共同的事物。② 这两段文本之间的唯一显著区别就在于，扬布利柯这段文本的讨论对象是数学，而《论动物的部分》开篇的那段文本考察的是对于动物的探究。考虑到亚里士多德和扬布利柯的生活年代，那么只可能是扬布利柯《论一般数学科学》的文字来自于亚里士多德的文字。在这里，我们同意哈钦森和约翰逊的观点，认为扬布利柯的上述文本忠实地保留了亚里士多德《劝勉篇》的内

---

① Ἐπεὶ δὲ τοῦ πεπαιδευμένου ἔργον ἐστὶ τὸ δύνασθαι κρῖναι εὐστόχως τί καλῶς ἢ μὴ καλῶς ἀποδίδωσιν ὁ λέγων, τοιοῦτον δή τινα τὸν ὅλως πεπαιδευμένον οἰόμεθα εἶναι, καὶ τὸ πεπαιδεῦσθαι τὸ δύνασθαι ποιεῖν τὸ εἰρημένον. δῆλον δὴ τοῦθ᾽ ὅτι καὶ περὶ τὰ μαθήματα τὸν ὀρθῶς πεπαιδευμένον ἀπαιτεῖν δεῖ παρὰ τοῦ μαθηματικοῦ τὴν ὀρθότητα καὶ τὸ οἰκεῖον ἔργον, εἰ καλῶς ἢ μὴ καλῶς ποιεῖται τὴν περὶ αὐτῶν θεωρίαν. ὥσπερ γὰρ τὸν ἁπλῶς πεπαιδευμένον περὶ πάντων ὡς εἰπεῖν κριτικὸν νομίζομεν εἶναι ἕνα τὸν ἀριθμὸν ὄντα, οὕτως καὶ περί τινος ἐπιστήμης ἀφωρισμένης εἴη ἄν τις ἕτερος τὸν αὐτὸν τρόπον τῷ εἰρημένῳ διακείμενος περὶ μόριον. ὥστε δῆλον ὅτι καὶ τῆς περὶ τὰ μαθήματα θεωρίας δεῖ τινας ὑπάρχειν ὅρους τοιούτους, πρὸς οὓς ἀναφέρων ἀποδέξεται ὁ πεπαιδευμένος τὸν τρόπον τῶν δεικνυμένων, χωρὶς τοῦ πῶς ἔχειν τἀληθές, εἴτε οὕτως εἴτε ἄλλως. Λέγω δὲ οἷον πότερον δεῖ λαμβάνοντας ἓν ἕκαστον θεώρημα τῶν μαθηματικῶν περὶ τούτου διορίζειν καθ᾽ αὑτό, οἷον περὶ τῶνδε τῶν τριγώνων, ἢ τὰ κοινὰ θεωρήματα καὶ τὰ πᾶσιν ὑπάρχοντα δεῖ σκοπεῖν κατά τι κοινὸν ὑποθεμένους. πολλὰ γὰρ ὑπάρχει τὰ αὐτὰ πολλοῖς γένεσιν ἑτέροις οὖσιν ἀλλήλων, οἷον εἴ τις καθόσον ἐστὶ τρίγωνα ποιοῖτο τὴν ἀπόδειξιν, ἢ καθόσον ἐστὶν εὐθύγραμμα κοινῶς. εἰ γάρ τινα τὰ αὐτὰ ὑπάρχοι τοῖς εἴδει διαφέρουσιν, οὐδ᾽ ἡ ἀπόδειξις αὐτῶν οὐδεμίαν ὀφείλει ἔχειν διαφοράν. ἕτερα δὲ ἴσως ἐστίν, οἷς συμβαίνει τὴν μὲν κατηγορίαν ἔχειν τὴν αὐτήν, διαφέρειν δὲ τῇ κατ᾽ εἶδος διαφορᾷ· οἷον τὸ ὅμοιον ἐπὶ μὲν τριγώνων ἐστὶν ἄλλο, ἐπ᾽ ἀριθμῶν δὲ ἕτερον. …ἐπισκεπτέον οὖν, πότε κοινῶς κατὰ γένος καὶ πότε ἰδίως καθ᾽ ἕκαστον θεωρητέον· τὸ γὰρ διορίσασθαι περὶ τούτων μέγα μέρος εἰς παιδείαν μαθηματικὴν συμβάλλεται.

② 有人或许会认为，《论一般数学科学》说的是如何教授数学知识，《论动物的部分》说的是如何探究，因此两段文本的动机和语境存在很大不同。但是，《论一般数学科学》这段文本所教授的内容是如何进行数学探究，作者告诉我们的也是方法论问题。

容。① 一个强有力的旁证是，普罗克洛（Proclus）在《欧几里得〈几何原本·第一卷〉评注》中也提到了扬布利柯的这段文本，但他直接称这是"亚里士多德说的"（I.11，32.24）。② 这样一来，我们就有更充分的理由看到亚里士多德的动物学探究确实采用了《后分析篇》的证明法。

首先，无论亚里士多德先写了哪一段文字（尽管更可能的情况是先写作了《劝勉篇》，后写作了《论动物的部分》），他至少看到了数学探究（文中提到的主要是几何学）的方法论和动物学探究的方法论的相似性，以至于可以直接将一者套用到另一者之上。而我们知道，古希腊数学（尤其是欧几里得几何学）在是一门演绎性科学，它从几个普遍公理出发，采用三段论证明的方式进行推论。③ 亚里士多德无疑也是这么看的，《后分析篇》中存在大量的数学例子（尤其是几何学的例子）来呈现三段论证明。④《劝勉篇》的上述文本中提到，有教养的人可以根据数学学科的一些公设，判断数学研究中"证明的方式"的有效性，而数学探究中"证明的方式"指的自然是三段论证明法。那么，亚里士多德在《论动物的部分》开篇提到的有教养的人可以借助动物学的探究标准考察动物学"证明的方式"的有效性，此处的"证明的方式"指的也是三段论证明法——就像数学探究一样。⑤

---

① 哈钦森和约翰逊详细分析了两段文本之间的异同，并令人信服地论证了扬布利柯的这段文本摘录自亚里士多德的《劝勉篇》。但是，他们没有提到扬布利柯的这段文本对于确认亚里士多德动物学探究方法的关键性。参见哈钦森和约翰逊以在线文档形式发布的对于《一般数学科学》第 27 章的评注（http://www.protrepticus.info/27comm.pdf. 访问日期 2025 年 5 月 20 日），以及 Iamblichus 2020, 124-126。

② 也参见 Iamblichus 2020, 126。

③ Mueller 1981；劳埃德 2021, 204-224。

④ Wians 1996, 131-136.

⑤ 有人可能会指出，亚里士多德在写作《劝勉篇》的时候还没有形成《后分析篇》中的证明法理论，那时候他的方法论思想体现在《论题篇》中。因此，我们不能将《劝勉篇》的讨论和运用了《后分析篇》理论的《论动物的部分》联系在一起。但是，且不论亚里士多德是否早年在写作《劝勉篇》这一部分的时候是否已经产生了《后分析篇》的证明法思想，也不论《论题篇》的方法论讨论和《后分析篇》的方法论是什么关系，至少我们不能否认，古希腊的几何学是一种演绎科学，大量采用了三段论证明法，而这一点无论在亚里士多德写作《劝勉篇》的学园时期，还是更晚的"成熟时期"，都会被亚里士多德所认同。所以数学学科的演绎法可以被亚里士多德在《后分析篇》中扩展到其他学科领域，而不必要求《劝勉篇》中已经完全包含了《后分析篇》中的证明法理论。而且，即使亚里士多德在写作《劝勉篇》的时候还没有《后分析篇》的三段论证明理论，我们也可以设想，当亚里士多德在《后分析篇》产生了这一思想之后，由于他看到了《劝勉篇》中的数学探究用的是证明法（当时几何学的常规探究模式），于是可以在写作《论动物的部分》开篇的时候将《劝勉篇》的这一部分挪用到《论动物的部分》当中，表明数学探究法和动物学探究法的相似性。

通过平行文本的对照，"τὸν τρόπον τῶν δεικνυμένων" 这个短语指的确实是专门意义的"证明法"，而不是宽泛意义上的"展示"。① 那么，这足以证明，亚里士多德的动物学探究方法和数学一样，都是三段论证明法。尽管亚里士多德认为数学是一种"精确科学"，获得的数学知识"总是如此"，而包括动物学在内的自然哲学的探究成果则基本是"在大多数情况下如此"（for the most part），并不总是如此（参见《形而上学》1025b26-28，1026a14-15，995a15-16），但是这不影响自然哲学照样可以通过证明法来探究，我们同样能获得关于自然的知识（参见《后分析篇》I.30）。② 即便我们认为是扬布利柯自己将亚里士多德《论动物的部分》关于动物学探究的文字改写成《论一般数学科学》里关于数学探究的文字，这至少也反过来证明了，哪怕是扬布利柯这样的新柏拉图主义者，对于亚里士多德的动物学这样一门经验性的科学，也认为它与数学相似，以至于可以让扬布利柯把对于前者的研究方法直接套用到对于后者的研究中。③ 但是即便如此，扬布利柯自己改写《论动物的部分》这一猜测也很难站得住脚。为什么扬布利柯需要从亚里士多德的动物学中寻找数学探究所使用的证明法的来源，而不是直接从其他毕达哥拉斯主义或柏拉图主义的数学家那里寻找资源呢？无论如何，这段保留在扬布利柯那里的文本更加有力地证明了，亚里士多德动物学的探究方法是《后分析篇》中的证明法。

综上，我们已经说明了在动物学著作中引入《后分析篇》的证明法的合理性，并有理由将证明法作为探究原因的方法。接下来，我们就进入对于动物学的"多重原因论"的讨论。

---

① 有人可能会怀疑，亚里士多德虽然用了同样的语词，但是他在《劝勉篇》里用这个短语表示三段论，在《论动物的部分》则用它表示宽泛意义上的"展示"。这种说法没有什么说服力，如果这样的话，亚里士多德完全可以在其中一个文本当中换一个表达，就像他在这两段文本的其他地方用词的差异那样。

② 参见 Karbowski（2019, 64-66）对于不同类型的知识的讨论。而且，我们认为数学和动物学方法论上的相似性在于二者可以通过证明法来探究，当然，在其他方面这两门学科有很多不同之处。

③ 当然，我们可以假设扬布利柯对亚里士多德的动物学也有兴趣，但这不意味着他需要从动物学寻找数学探究的方法论资源。

第二节　动物学的"多重原因论"和
两个重要澄清

一、什么是动物学的"多重原因论"

在本节中，我们将首先阐明本章旨在捍卫的论题，然后，我们将对这一论题做出两方面的关键的澄清：我们的讨论对象的范围和这些多重原因的特征。

《论动物的部分》中的"多重原因论"可以表述如下：

> 多重原因论：对于动物的某些身体部分和特征而言，存在着两个及以上的在因果优先性上不相互关联的原因，这些原因导致了其对应的部分和特征的存在。存在两种"多重原因论"的模型："合取模型"和"析取模型"。对于"合取模型"而言，为了完全把握探究对象"为什么如此"，我们必须要同时提及所有原因。在"析取模型"之下，为了说明某些身体部分和特征"为什么如此"和"是什么"，我们只需要提及其中任何一个原因。

事实上，尽管有不少学者意识到了亚里士多德的"多重原因论"，尤其是在"合取模型"下的目的因和质料因结合的情况。[①] 然而，他们或是没有严肃对待这些例子，或是认为它们会对亚里士多德的本质主义造成威胁，从而想办法排除"多重原因论"存在的可能性。[②] 然而，我们不但在他们的基础之上区分出两种模型，从而进一步发展了"多重原因论"，而且也指出，我们应该严肃对待这一现象，并借此反思本质与原因的关系。许多学者都注意到了"合取模型"，但几乎没有学者注意到"析取模型"，而这给查尔斯的"相互依赖论"带来更严重的困难。

此外，有人可能会怀疑这两种模型之间的关系，并疑惑亚里士多德

---

① 例如参见 Sorabji 1980, 150-154; Balme 1987c; Cooper 1987; Lennox 2001a; Lennox 2001b; Leunissen 2010.

② 例如，Lennox 2010a; Lennox 2010b; Leunissen 2010。伦诺克斯试图用 *bios* 的概念拒绝多重原因论的存在；勒尼森可能暗示质料因最终高于目的因，尽管她提到了大量表明多重原因的段落。

是否有可能更喜欢一种模型而贬低另一种模型。然而，这两种模型是兼容的，而不是竞争性的。原因在于这两个模型可以被应用于不同的探究对象。正如我们在下面将看到的，对于一些部分和特征，多个原因之间的关系是合取的，因此合取模型适合于它们；而对于其他一些部分和特征，原因之间的这种关系是析取的，所以它们属于析取模型。①

二、"多重原因论"的两方面澄清

在进入具体文本之前，我们就应用对象和原因的特征两个方面，对"多重原因论"的主张做出两个重要的澄清。首先，多重原因论的应用对象是某些动物的身体部分和动物的特征。我们讨论的多重原因论的应用对象大致可以分为两类：（1）某些动物的身体部分，比如鹿角、象鼻；（2）某些动物的特征，比如人直立。需要强调的是，我们并不认为，所有的动物整体及其部分都存在多个在因果优先性上处于同一层级的原因。亚里士多德当然会认为，有些动物的部分（比如说心脏）只存在一个首要的原因，即它的本质。而我们所关注的动物身体部分，则相当于勒尼森（M. Leunissen）所区分的"次级的部分"（subsidiary parts）和"豪华的部分"（luxury parts），② 它们对于动物整体的生存而言可能不是必需的（但象鼻是个例外）。

值得一提的是，虽然我们的讨论对象可能是"次级"的，但这并不意味着，这些身体部分和特征就没有自身的本质，或是说我们就不能探究这些身体部分和特征"是什么"或"为什么存在"的问题。有人可能会根据《形而上学》Z.16，1040b5-16 的说法，认为生物体的部分不是实体，也没有本质。然而，我们认为，尽管相对于动物整体而言，这些身体部分在存在论上的地位要差一些；但是这些身体部分就其自身而言，依然有（相对于动物整体的）次级意义上的"是什么"或本质（参见《形而上学》Z.4，

---

① 我们只能根据亚里士多德的具体讨论来决定哪种模型是合适的，而不能在实际探究前通过其他条件来预先确定。换句话说，应该根据具体情况决定哪种模型适用于某一探究对象。

② 参见 Leunissen 2010, 84-95。但是，这不意味着我们认同勒尼森提出的"首要目的论"（primary teleology）和"次要目的论"（secondary teleology）。我们的"多重原因论"中的"合取模型"的例子被勒尼森归为"次要目的论"，但是，正如下文将要论述的，勒尼森的"次要目的论"还是一种"首要原因论"，她主张首要的原因是质料因，这一点是我们所反对的。对于勒尼森两种目的论的批评，参见 Frey 2012; Henry 2019, 187-195。

1030a17-b3）。一方面，处在动物整体之内的部分具有实体性，但相比于动物整体而言，它的实体性更弱；而另一方面，就一个部分自身而言，它的存在的原因和"是什么"依然要优先于这个部分的其他偶性特征。① 此外，这些存在多重原因的动物身体部分和特征不是自然目的论之外的"例外"，也不是一种偶性的存在，而是严格意义上亚里士多德动物学探究的对象。第一，我们下面也会提到，这些身体部分和特征存在的多个原因不是偶然的，而是就其自身而言的（per se）的。只要出现了这些本然的原因，就必然会产生这样的部分，而不是可以产生别样的。第二，我们可以发现，亚里士多德在《论动物的部分》中花了大量篇幅来处理这些对象，讨论这些身体部分和特征存在的原因，从而来探究它们的"是什么"和本质。如果他认为动物学探究值得关注的仅仅是动物整体和一些所谓的"首要部分"，那么他完全可以忽略这些具有多重原因的身体部分和特征。更重要的是，亚里士多德认为我们无法拥有关于偶性的确切知识（参见《形而上学》E.2）。② 如果这些动物的身体部分和特征只是偶性，那么亚里士多德就根本不会去探究它们如此存在的原因。

其次，我们需要澄清"多重原因论"中原因的要求。作为动物学探究的对象，这些原因需要是普遍的，也就是说，这些原因必须要适用于某一类对象中的所有个体；同时，这些原因也必须是就其自身而言的（per se），它们构成了事物的"是什么"和本质（参见《后分析篇》I.4，73a34-b1）。除此之外，我们还要强调两个关键的要求。第一，这些原因必须在因果优先性上不相互关联，一个原因并不优先于另一个，也不会直接导致另一个的存在。某事物的一个原因之所以存在，不需要让我们追溯到另一个在因果性上更优先的这个事物的原因。通常，在《形而上学》和《物理学》等作品中，亚里士多德会强调四因中的某一个原因优先于其他所有原因，而这个优先的原因就是某事物的首要原因，它被等同于本质，构成了对于这个事物"是什么"的回答。但是，在我们所讨论的"多重原因论"的语境下，一个事物的各个原因之间不存在这样的关系，不存在唯一一个首要的原因，或者说多个原因就其自身所关注的方面而言都是首要的。③

---

① 亚里士多德在《论动物的部分》也会提及动物身体部分的 ti esti 和 ousia，比如 647b25，651b17-19，参见 Gotthelf 2012, 217-240。而这等同于动物身体部分之所以存在的原因。

② 参见聂敏里（2015）对这一点的强调。

③ 参见 Henry 2019, 191 n. 42，他在解释角和肉、骨的情况下目的因的作用不同时，可能暗示了这一特点。

第二，这些原因是最切近的（proximate）。这就是说，一个身体部分或特征的原因既要能解释所有的应用对象，又不能距离这个被解释的对象"太远"或太笼统。正如亚里士多德在《后分析篇》78b28-30 所强调的那样："中项（也就是原因，参见《后分析篇》90a1-2）不能放得太远（πλέον ἀποστήσαντα）"（另参见《论动物的生成》765b4-6），不然的话，这些原因或解释就会像是"过于夸张的陈述（ὑπερβολὴν εἰρημένοις）"，变得不再是恰当的原因。[①] 同样，在《形而上学》H.4，1044b1-2，亚里士多德也认为我们应当寻求"最近的"（ἐγγύτατα）原因。[②] 原因的切近性要求排除了对于我们所主张的多重原因论的一个反驳。有人可能会认为，这些动物的部分的原因都可以归之于"为了动物的生存"，"这样对动物更好"，甚或是"自然不做无用功"（Nature does nothing in vain）[③] 这样的表述。然而，根据亚里士多德的切近性要求，这些说法都不能成为恰当的原因或解释，因为它们过于含糊而不够准确，似乎可以用于一切生物学的探究对象。同时，它们对于具体的动物部分而言都显得过于"遥远"，不能解释每一个动物部分或特征如此存在的原因，也不能构成对于"是什么"问题的恰当回答。[④]

在阐述了我们的"多重原因论"论题，并对它做出两方面的重要澄清之后，现在我们将通过对《论动物的部分》的相关段落的考察，提出两种兼容的多重原因论的模型。

[①] 对于这一点的强调，参见 Sorabji 1980, 233; Leunissen 2010, 123。

[②] 虽然亚里士多德在《物理学》提到的我们要把握的是"πρώτην αἰτίαν"（194b20）和"τὸ ἀκρότατον"（195b22），但是"πρώτην"也可以表示"最接近的"（参见《形而上学》1015a7-10）；而"τὸ ἀκρότατον"指的更可能是"最准确的原因"，而不是"最遥远的原因"。参见 Ross 1936, 512, 514。

[③] 对这个亚里士多德经常提到的表述的理解，例如参见 Leunissen 2010, 119-135; Gottlieb and Sober 2017。我们倾向把这个表达理解成一种生物学的一般探究原则，而不能作为某个对象存在的具体原因。

[④] 参见《物理学》198b8-9："这样更好"应该相关于每一探究对象自身的 *ousia*（τὴν ἑκάστου οὐσίαν）。如前所述，我们没有理由认为不能探究动物各部分自身的 *ousia*（可以将其理解成本质）。

第三节 动物学"多重原因论"的两种模型

一、合取模型

根据"合取模型",对于一些动物的身体部分和特征而言,存在着多个在因果优先性上不相互关联的原因;而且为了充分把握探究对象的原因和本质,我们必须同时提及所有原因。如前所述,这些原因之间不存在优先性,从不同角度而言都是首要原因,故而如果仅仅涉及一个原因,不能够完全解释这个部分或特征为什么存在,也不能恰当地回答"这个部分是什么"的问题。几乎所有学者在提及多重原因论的时候,指的都是这一模型,而鹿角又是其中最有代表性的例子。[①]

T4: 既然存在着必然的自然,我们必须述说依照描述的自然如何为了目的而使用(κατακέχρηται)出于必然的事物。首先,动物的体积更大,它所包含的肉质的或土性的质料就更多。……在较大的动物中有肉质的或土性质料的过剩,自然把这些过剩物质用作(καταχρῆται)防卫手段。至于出自必然性流向身体上半部的过剩质料,自然在一些动物那里用之构成了牙齿和獠牙,在另一些动物那里形成了角。……在某些动物中,这样的一种身体的部分没有形成角,而是在一些动物中用于增加所有的牙齿的大小,在另一些中只增加獠牙,就像从颚中长出角来一样。(《论动物的部分》III.2,663b22-35,664a8-11)[②]

当亚里士多德讨论为什么会存在鹿角时,他提及了两个原因:(1)拥有过剩的肉质或土性的质料;(2)作为防卫手段。前者是质料因,而后者

[①] 关于这种模型的更多例子,例如参见 Leunissen 2010, 139-148; Cooper 1987, 258 n. 18。

[②] πῶς δὲ τῆς ἀναγκαίας φύσεως ἐχούσης τοῖς ὑπάρχουσιν ἐξ ἀνάγκης ἡ κατὰ τὸν λόγον φύσις ἕνεκά του καταχρῆται, λέγωμεν. Πρῶτον μὲν οὖν τὸ σωματῶδες καὶ γεῶδες πλεῖον ὑπάρχει τοῖς μείζοσι τῶν ζῴων. …Τὴν γοῦν τοιούτου σώματος περισσωματικὴν ὑπερβολὴν ἐν τοῖς μείζοσι τῶν ζῴων ὑπάρχουσαν ἐπὶ βοήθειαν καὶ τὸ συμφέρον καταχρῆται ἡ φύσις, καὶ τὴν ῥέουσαν ἐξ ἀνάγκης εἰς τὸν ἄνω τόπον τοῖς μὲν εἰς ὀδόντας καὶ χαυλιόδοντας ἀπένειμε, τοῖς δ' εἰς κέρατα. …Τῶν δ' ἄλλων ζῴων ὅσοις μὴ εἰς κέρατα ἀποκρίνεται τὸ τοιοῦτον μόριον τοῦ σώματος, ἐνίοις μὲν τῶν ὀδόντων αὐτῶν ἐπηύξησε τὸ μέγεθος κοινῇ πάντων, ἐνίοις δὲ χαυλιόδοντας ὥσπερ κέρατα ἐκ τῶν γνάθων ἐποίησεν.

是目的因，①二者在鹿角的形成过程中都不可或缺。如果我们假设，雄鹿仅仅具有过剩的肉质或土性的质料，而不需要防卫，那么就不会产生鹿角，这些质料可能作为无用的"附属产物"（residue，περίσσωμα）被排出体外，或是形成其他不具有防卫功能的动物的部分。另一方面，假设雄鹿需要防卫手段，但是却没有足够的过剩的质料，那么，它们也不会在头上长出鹿角，而是可能会生成其他身体部分来实现防卫的功能。正如亚里士多德在文段中所指出的那样，它们可能会像其他动物一样，长出更大的牙齿，或是伸出更长的獠牙（我们可以设想，产生这些防卫部分不需要那么多的剩余的土性质料），也可能长出另一种角（比如犀牛那样的独角，参见《论动物的部分》663a27-33）。②

更重要的是，鹿角的目的因和质料因在因果优先性上并不关联，质料因具有更加独立的位置。鹿角的质料因之所以存在的原因并不是鹿角的目的因。③我们不能把"假设必然性"（hypothetical necessity）用在这个例子中：具有过多土性的质料这一因素并不是为了实现防卫手段而存在的，鹿角的目的因也不是必然导致鹿角的质料因的存在。在上文中，亚里士多德明确指出，"动物的体积越大，它所包含的肉质的或土性的质料就越多"。鹿角存在的质料因的来源是动物的体积，进一步说是雄鹿消化活动的附属产物，④而不是与防卫的目的相关。但是我们不能直接把雄鹿的消化活动，或者把营养灵魂的活动（有人会认为这也是雄鹿需要防卫的原因）直接作为鹿角存在的原因。⑤因为如前所述，在探究鹿角存在的原因的时候，我们需要寻找切近的原因，而不是把一切都归结于"为了雄鹿的生存"。否则，我们将无法区分鹿角和其他具有类似目的因的身体部分各自存在的不同原因。

然而，有人可能会反驳，由于上文中出现了自然⑥"使用"（κατακέχρηται

---

① 我们不认为这里的目的是作为受益者（beneficiary）的目的因。
② Preus 1975, 229.
③ 参见亨利的建议："自然[笔者按：即目的因]将一些质料性必然的材料重新用于一个未预期的目标"（Henry 2019, 191 n. 42）。
④ 参见 Lennox 2001a, 250。即使我们进一步将消化活动追溯到"动物营养灵魂的活动"（Lennox 2001b, 191），这并不意味着同一灵魂活动会成为角的目的因，因为这一灵魂活动不一定确保多余的土性质料会出现在头上，而不是在嘴中形成獠牙。
⑤ 参见 Lennox 2001b, 191, 196。
⑥ 这里的"自然"指的是动物的内在本性，参见 Lennox 2001b, 187-194; Preus 1969, 28-30; Preus 1975, 227; Kullmann 2014, 166-178。

或 καταχρῆται）雄鹿过剩的质料用于防卫的功能的说法（《论动物的部分》663b22-24），这意味着目的因仍然优先于质料因。然而，如同一些学者所言，我们需要对 κατακέχρηται 和 καταχρῆται 这类词采取一种弱的解读，或者要在比喻的意义上理解"自然"的这种作用。这类语词并不意味着雄鹿的内在本性使得鹿角的目的因"掌控"了质料因（当然，我们更不能认为这个过程中"自然"具有某种"思虑"活动，例如参见《物理学》199b26-33），而是表现出在鹿角产生的过程中，鹿角的目的因和质料因必须共同协作。① 雄鹿的头部有过剩的质料，并且雄鹿具有防卫的需要；过剩的质料不是为了防卫的目的而产生的，而是雄鹿自身体积庞大和消化的结果。此外，我们也不能像勒尼森一样，反过来认为，在这样的例子中，实际上是质料因占据了主导地位。勒尼森认为，在这一类"次级部分"的情况中，"首先"在动物消化过程中出现了剩余的质料，"然后"雄鹿的自然本性让这些多余的质料去符合防卫的目的，从而生成了鹿角。所以在她看来，我们提出的"合取模型"实际上依然符合"首要原因论"，只不过这个首要的原因是质料因。② 但是，如同亨利（D. Henry）所指出的那样，在动物实际生长的过程中，在某个身体部分的质料因和目的因之间不存在时间上的先后顺序。二者都在动物成长之前就已经被决定，都属于动物的本性。③ 再者，即使我们承认存在这样一种时间上的先后，勒尼森也混淆了时间上的优先和因果性上的优先。依照勒尼森的解释，我们只能认为质料因在时间上优先于目的因，但不能推断出质料因在因果性上也优先于目的因。④ 总而言之，在我们看来，要解释"为什么存在鹿角"，或是回答"鹿角是什么"，必须同时提及它的质料因和目的因，其中任何一个原因都不优先于另一个。

亚里士多德在《论动物的部分》中还提出了很多类似的"合取模型"的例子，其中大部分例子都像鹿角一样，属于目的因和质料因的结合的情况。⑤ 值得一提的是，有些身体的部分具有多个在因果优先性上不相互关联

---

① Preus 1969, 22-28; Preus 1975, 227-233, 尤其是 p. 228; Kullmann 2014, 166-167; 也参见 Lennox 2001a, 235-236, 249。
② 尤其参见 Leunissen 2010, 147，她明确指出："次级的部分和豪华的部分生成和出现的首要原因是质料。"
③ Henry 2018, 99-100。
④ 参见 Peramatzis 2013, 312。当然，这也不意味着目的因必然是首要原因。
⑤ 对于更多例子的提及，例如参见 Leunissen 2010, 139-148; Cooper 1987, 258 n. 18。

的功能或目的因（参见《论动物的部分》683a25-26）。① 由于目的因在亚里士多德生物学中往往被等同于形式因或本质，故而，这些例子比鹿角更明显地威胁到亚里士多德的本质主义。比如，亚里士多德这样考察人的嘴唇之所以如此的原因：

> T5：人的嘴唇是柔软的、肉质的，能上下分离的，像其他动物一样，这是为了保护牙齿，也更是为了某种好（καὶ μᾶλλον ἔτι διὰ τὸ εὖ）。因为它们也被用来产生语言。就像我们对其他事物说过的那样，正如自然使人的舌头不同于其他动物，让它有两种功能（πρὸς ἐργασίας δύο），即感知味道和发出言语；同样，自然也使人的嘴唇具备发出言语和保护牙齿两种功能。因为语言由音节构成，如果舌头不是如此，嘴唇不是湿润的，那么大部分音节就发不出来，因为有些音节由舌发音，有些则由唇的关闭发音。（《论动物的部分》II.16，659b30-660a7）②

亚里士多德在这里同时提及了人的舌头和嘴唇的两个目的因。人的嘴唇之所以是柔软的、肉质的、上下分离的，是因为人嘴唇如此存在的一个目的在于保护人的牙齿。此外，人的嘴唇还为了人能够说话而存在（根据《论动物的部分》660a2-7，嘴唇对于人说话而言是必要的，因此这不是一个偶然附带的功能）。为了充分解释人嘴唇如此存在的原因，我们必须同时提及两个目的因。如果人的嘴唇不需要为了让人能够说话，那它可以像其他动物的嘴唇一样。如果人的嘴唇不具有保护牙齿的功能，那么亚里士多德会认为人就不像其他动物那样需要嘴唇，而是可以有另一种仅具有说话功能的器官，因为保护牙齿这个目的对于嘴唇的存在本身而言是必需的。而且，尽管这两种目的因之间可能存在重要性的差别，但它们之间并不存在

---

① 具体例子可参见 Preus 1969, 25-26; Gottlieb and Sober 2017, 258-259。
② οἱ δ' ἄνθρωποι μαλακὰ καὶ σαρκώδη καὶ δυνάμενα χωρίζεσθαι, φυλακῆς τε ἕνεκα τῶν ὀδόντων ὥσπερ καὶ τὰ ἄλλα, καὶ μᾶλλον ἔτι διὰ τὸ εὖ· πρὸς γὰρ τὸ χρῆσθαι τῷ λόγῳ καὶ ταῦτα. Ὥσπερ γὰρ τὴν γλῶτταν οὐχ ὁμοίαν τοῖς ἄλλοις ἐποίησεν ἡ φύσις, πρὸς ἐργασίας δύο καταχρησαμένη, καθάπερ εἴπομεν ποιεῖν αὐτὴν ἐπὶ πολλῶν, τὴν μὲν γλῶτταν τῶν τε χυμῶν ἕνεκεν καὶ τοῦ λόγου, τὰ δὲ χείλη τούτου τε ἕνεκεν καὶ τῆς τῶν ὀδόντων φυλακῆς. Ὁ μὲν γὰρ λόγος ὁ διὰ τῆς φωνῆς ἐκ τῶν γραμμάτων σύγκειται, τῆς δὲ γλώττης μὴ τοιαύτης οὔσης μηδὲ τῶν χειλῶν ὑγρῶν οὐκ ἂν φθέγγεσθαι τὰ πλεῖστα τῶν γραμμάτων· τὰ μὲν γὰρ τῆς γλώττης εἰσὶ προσβολαί, τὰ δὲ συμβολαὶ τῶν χειλῶν.

因果联系：① 嘴唇保护了牙齿并不必然会让人更好地说话，嘴唇能够让人说话也不导致嘴唇具有保护牙齿的功能。

总之，在"合取模型"之下，对于这些动物部分的"为什么"和"是什么"的把握，我们必须涉及所有恰当的原因，而不能仅仅涉及一个首要的原因，并认为其他次要的原因都从属于它。因此，合取模型和亚里士多德的"首要原因论"不相容：这些原因就其所涉及的方面而言都是首要的。在下文中，我们将讨论更有争议的"析取模型"，它对亚里士多德的本质主义造成了更大挑战。

二、析取模型

根据"析取模型"，一些动物的身体部分和特征存在多个原因；更重要的是，这些原因中的任一原因都能独立地充分解释探究对象如此存在的原因。这样一来，探究者只需要提及该探究对象任何一个恰当的原因，就能作为对于"这个对象为什么存在"以及"它是什么"的问题的回答。几乎没有学者提到这种模型的可能性，② 对于我们下面要提到的两个例子，他们或者认为这是一个多种首要原因共同作用的"合取模型"，或者认为这些独立的多个原因还是可以归结到一个首要原因之下，从而符合"首要原因论"。

1. "人为什么直立"

我们的第一个例子是亚里士多德对于"人为什么直立"这个特征的探究。在我们看来，亚里士多德提及的以下两个原因中的任何一个，都能充分回答这个问题。③

> T6：在动物中，人类具有在大小上最大的大脑，而在人类中，男性的大脑比女性更大。因为男性的心脏与肺部周围区域最热最多血（θερμότατον καὶ ἐναιμότατον）。因此在动物中只有人是直立的；由于主导性的热的自然依照其自身的趋向（φοράν），从中心开始造成生长。

---

① Lennox 2001a, 239.
② 值得注意的是，有一个例外是查尔斯本人。他提到象鼻的例子，暗示这可能是一种接近于我们提出的析取模型的情况，参见 Charles 2000, 336。
③ 亚里士多德还提及了人直立的其他原因，参见 Preus 1990, 473-478。但我们认为这两个原因是最重要的，也是最能够体现"析取模型"的，而其他原因和"人直立"这个特征不够切近。

(《论动物的部分》II.7，653a27-32）①

T7：因为热促进生长，而血液的丰富是热的迹象；而且，更热的身体就更直立，这就是为什么人类是在动物中最直立的，而胎生动物是在四足动物中最直立的。（《论动物的部分》III.6，669b4-6）②

T8：既然在动物中只有人类是直立的，这是因为其自身的本性（φύσιν）和 ousia 是神圣的。最神圣的活动就是思想和思考（ἔργον δὲ τοῦ θειοτάτου τὸ νοεῖν καὶ φρονεῖν）。（《论动物的部分》IV.10，686a27-29）③

在 T6 和 T7 中，亚里士多德认为人类直立的原因在于人是动物中最热的。而在 T8，亚里士多德把人直立和人的神圣本性联系起来，进一步说，就是人能够理性思考以及在动物中是最智慧的特征。④ 这样，前者是一种"热机械方面的解释"（thermomechanical explanation），⑤ 而后者是一种目的因。人直立是为了更好地沉思，而"人是最智慧的动物"也属于人的本质。鉴于亚里士多德在不同的章节和语境下单独地提及了这两个原因，我们认为在每一处文本中，亚里士多德的解释都是充分的。⑥ 而学者们往往会把其中一个原因当成是首要原因的做法，也可以从侧面印证这一点：要回答"人为什么直立"的问题，无论提及哪一个原因，都可以充分回答这个问题。然而，有人可能会认为，人之所以是在动物之中最热的，那是因为人是最智慧的神圣本性（在这里，ousia 的意思应当是"本质"，和用 φύσις 表达的"本性"一词意思相同）。在第一段文本中，亚里士多德通过男性和女性

---

① Ἔχει δὲ τῶν ζῴων ἐγκέφαλον πλεῖστον ἄνθρωπος ὡς κατὰ μέγεθος, καὶ τῶν ἀνθρώπων οἱ ἄρρενες τῶν θηλειῶν· καὶ γὰρ τὸν περὶ τὴν καρδίαν καὶ τὸν πλεύμονα τόπον θερμότατον καὶ ἐναιμότατον. Διὸ καὶ μόνον ἐστὶ τῶν ζῴων ὀρθόν· ἡ γὰρ τοῦ θερμοῦ φύσις ἐνισχύουσα ποιεῖ τὴν αὔξησιν ἀπὸ τοῦ μέσου κατὰ τὴν αὑτῆς φοράν.

② ἡ δὲ πολυαιμία θερμότητος σημεῖον. Ἔτι δ' ὀρθοῖ τὰ σώματα μᾶλλον, διόπερ ἄνθρωπος μὲν τῶν ἄλλων ὀρθότατον, τὰ δὲ ζῳοτόκα τῶν ἄλλων τετραπόδων.

③ Ὀρθὸν μὲν γάρ ἐστι μόνον τῶν ζῴων διὰ τὸ τὴν φύσιν αὐτοῦ καὶ τὴν οὐσίαν εἶναι θείαν· ἔργον δὲ τοῦ θειοτάτου τὸ νοεῖν καὶ φρονεῖν.

④ 这里对于人的本质的探讨也有其伦理政治学意蕴。关于这方面的讨论，参见 Kietzmann 2019；以及 Keil and Kreft（2019）论文集当中卡尔博夫斯基（J. Karbowski）、迪皮尤（D. Depew）和 D. 弗雷德（D. Frede）等人的文章。

⑤ 这是伦诺克斯的说法，参见 Lennox 2001a, 211。

⑥ Preus（1990）也暗示了这一点。

之间温度的对比，似乎暗示着男性比女性具有更多的热，① 从而可能意味着男性和女性之间在智慧上的差异。然而，亚里士多德没有明确说过男性就一定比女性更加智慧。② 相反，亚里士多德会把动物的智慧和血液的冷相联系："更浓稠和更热的血液更能够产生力量，而更稀薄和更冷的血液更适于感觉和理智（νοερώτερον）……这就是为什么蜜蜂和其他这样的动物在本性上比很多有血动物（blooded animals）更加聪明（φρονιμώτερα），并且在有血动物中，拥有更冷更稀薄血液的动物要比拥有对立特征的动物更加聪明（《论动物的部分》648a2-8）。"③ 因此，在"人最热"和"人最智慧"之间没有直接的因果联系。④

然而，有些学者提出以下两个反驳，认为"人类直立"还是符合首要原因论。有人认为，这个首要原因是人在动物之中最热，有的则认为首要原因是人在动物之中最能"自我保存"（self-preservation）。比如，伦诺克斯指出，在以下段落中，亚里士多德认为动物的更少的热首先使得动物的身体变得土性，而土性的身体最终会导致它们的不智慧。从而，动物更智慧的原因在于动物具有更多的热。因此，伦诺克斯认为，人直立的首要原因是人在动物中是最热的（这同时导致了人是最智慧的）。⑤

T9：如前所述，[更不智慧的]原因是在大多数动物中，灵魂的始点（ἡ τῆς ψυχῆς ἀρχή）是迟钝的（δυσκίνητός）和肉体性的（σωματώδης）。

---

① 关于两性之间的温度的差异，参见《论动物的生成》726b30-727a2, 728a17-21, 775a14-17。

② 参见 Connell 2016, 29-42。这里提及的男女之间大脑大小的差异也和智慧与否没有关系，参见 Connell 2016, 32。众所周知，亚里士多德认为大脑不是理性思考发生的位置（《论动物的部分》II.7; II.10, 656a13-27）。

③ Ἔστι δ' ἰσχύος μὲν ποιητικώτερον τὸ παχύτερον αἷμα καὶ θερμότερον, αἰσθητικώτερον δὲ καὶ νοερώτερον τὸ λεπτότερον καὶ ψυχρότερον. ...διὸ καὶ μέλιτται καὶ ἄλλα τοιαῦτα ζῷα φρονιμώτερα τὴν φύσιν ἐστὶν ἐναίμων πολλῶν, καὶ τῶν ἐναίμων τὰ ψυχρὸν ἔχοντα καὶ λεπτὸν αἷμα φρονιμώτερα τῶν ἐναντίων ἐστίν.

④ 尽管亚里士多德在下一句紧接着提到拥有热的、稀薄的、纯净的血液是最好的（《论动物的部分》648a9-11：Ἄριστα δὲ τὰ θερμὸν ἔχοντα καὶ λεπτὸν καὶ καθαρόν· ἅμα γὰρ πρός τε ἀνδρείαν τὰ τοιαῦτα καὶ πρὸς φρόνησιν ἔχει καλῶς.），但是我们认为，这句话中的"最好"包括了智慧和勇敢两个层面，与智慧相关联的是稀薄和纯净的特征，而血液的热则和勇敢相关。关于亚里士多德的（人之外的）动物在什么意义上具有智慧的问题，参见 Lennox 2019, 112; Glock 2019。

⑤ Lennox 2001a, 211, 317-320。

而当上升的热变得更少、土性的质料变得更多，动物的身体就会更小，会拥有更多足，并且最后变成无足，紧贴在地面上。(《论动物的部分》IV.10，686b27-32）①

然而，我们认为伦诺克斯的观点不能成立。首先，这不符合我们之前提到的亚里士多德把智慧和血液的冷相联系的段落（《论动物的部分》648a2-3）。更重要的是，T9这段文本说的应当是，不智慧和"灵魂的始点"（指的应是心脏）②的迟钝和肉体性等特征相关联，而这些特征不涉及动物的冷热。亚里士多德认为，如果动物的心脏具有更多肉体性的特征或变得迟钝的话，那么会导致动物的不智慧。另一方面，在这段文本中和动物的热相关的是动物身体的大小和足的数量。③当动物具有更少的热，土性质料变多的时候，动物的身体会变得更小，动物的足的数量会更多，直至最后变得无足。因此，这里提到了两组解释对象：一组是智慧和心脏的特征，另一组是动物的热和身体的大小、足的数量。我们不能像伦诺克斯一样，把两组讨论对象结合在一起，从而得出"人最热导致人最智慧"的结论。

此外，切拉米（C. Cerami）认为动物之间的热的差异最终来自于动物自我保存（self-preservation）能力的差异，在她看来，这主要体现在动物现实地持存和生殖后代的能力的差异。④同样，智慧的差异也是由于自我保存能力的差异而造成的。所以切拉米会认为，人直立的原因在于人具有最高的自我保存能力。然而，这样的解释和把所有动物的身体部分的存在原因都归之于"这样对动物更好"没有什么区别，显得不够准确和切近。再者，我们也很容易设想，动物生殖能力的强弱和智慧与否没有什么联系。很多动物的繁殖能力都要强于人类，而在亚里士多德看来人类是最有智慧的。故而，切拉米的解释也是不成功的。

综上，我们认为没有充分理由可以否认"人直立"符合析取模型这

---

① Αἴτιον δ' ὥσπερ εἴρηται πρότερον, ὅτι ἡ τῆς ψυχῆς ἀρχὴ πολλῷ δὴ δυσκίνητός ἐστι καὶ σωματώδης. Ἔτι δ' ἐλάττονος γινομένης τῆς αἰρούσης θερμότητος καὶ τοῦ γεώδους πλείονος, τά τε σώματα ἐλάττονα τῶν ζῴων ἐστὶ καὶ πολύποδα, τέλος δ' ἄποδα γίγνεται καὶ τεταμένα πρὸς τὴν γῆν.

② Düring 1943, 190; Lennox 2001a, 319.

③ 有人可能会认为，身体的热减少会导致土性的质料的增多，从而让心脏具有肉体性的特征或变得迟钝。但是，这样的因果关系在文中是不明确的，而且会和之前提到的血液的冷和动物的智慧之间的关系相矛盾。

④ Cerami 2018, 尤其参见 p. 146。

一点。对于"人为什么直立"或"人直立是什么"的回答,我们既可以诉诸人最热的特征,也可以诉诸人最智慧的本性。而在下面这个象鼻的例子中,我们可以看到更为复杂的图景。

2. 象鼻

　　T10:大象具有和其他动物相比最独特的鼻子,因为它的大小和力量都超乎寻常。(i)大象用鼻子将干或湿的食物运至口中,就像使用手一样;用鼻缠绕树干,拔起树木,就仿佛在使用手。这是因为,这种动物在本性上既是(ii.1)陆生动物,(ii.2)又生活于沼泽中。(ii)一方面它有时从水中获取食物,另一方面又必须要呼吸,因为它是陆生(ii.3)有血动物。由于(ii.4)它的体积硕大笨重,不能像一些能呼吸的有血胎生动物那样从水中迅捷地爬到陆地,它必然同时适合于在水中和陆地生活。因此,就像潜水者常备有一种呼吸工具,当他们在海水中停留很长一段时间的时候,能够借此呼吸水面上的空气;自然也给大象提供了这样一种鼻子的长度。(《论动物的部分》II.16,658b33-659a12)①

　　T11:自然通常给同一个部分多个功能,象鼻可以代替前脚。因为在(i.1)多趾的四足动物中,前脚用作手,而不仅仅为了支撑身体的重量。大象既无分趾足又无坚硬的蹄,属于该类动物,但它的身体(i.2=ii.4)高大笨重,因此前脚只能用来支撑。由于这些脚运动缓慢,不易弯曲,故而没有其他用处。这样,正像所有有肺的动物那样,(ii)大象用鼻子来呼吸。但由于大象要在水中度过大量的时间,只能缓慢地离开那里,它的鼻子因而很长,并可以被盘绕起来。因为它的前脚被剥夺了完整的功能,所以正如我们所说,自然将鼻子用来帮助完成本应由前

---

① Ὁ δ' ἐλέφας ἰδιαίτατον ἔχει τοῦτο τὸ μόριον τῶν ἄλλων ζῴων· τό τε γὰρ μέγεθος καὶ τὴν δύναμιν ἔχει περιττή. Μυκτὴρ γάρ ἐστιν ᾧ τὴν τροφὴν προσάγεται, καθάπερ χειρὶ χρώμενος, πρὸς τὸ στόμα, τήν τε ξηρὰν καὶ τὴν ὑγράν, καὶ τὰ δένδρα περιελίττων ἀνασπᾷ, καὶ χρῆται καθάπερ ἂν εἰ χειρί. Τὴν γὰρ φύσιν ἑλῶδες ἅμα τὸ ζῷόν ἐστι καὶ πεζόν, ὥστ' ἐπεὶ τὴν τροφὴν ἐξ ὑγροῦ συνέβαινεν ἔχειν, ἀναπνεῖν δ' ἀναγκαῖον πεζὸν ὂν καὶ ἔναιμον, καὶ μὴ ταχεῖαν ποιεῖσθαι τὴν μεταβολὴν ἐκ τοῦ ὑγροῦ πρὸς τὸ ξηρόν, καθάπερ ἔνια τῶν ζῳοτόκων καὶ ἐναίμων καὶ ἀναπνεόντων, τὸ γὰρ μέγεθος ὂν ὑπερβάλλον, ἀναγκαῖον ὁμοίως ἦν χρῆσθαι τῷ ὑγρῷ ὥσπερ καὶ τῇ γῇ. Οἷον οὖν τοῖς κολυμβηταῖς ἔνιοι πρὸς τὴν ἀναπνοὴν ὄργανα πορίζονται, ἵνα πολὺν χρόνον ἐν τῇ θαλάττῃ μένοντες ἕλκωσιν ἔξωθεν τοῦ ὑγροῦ διὰ τοῦ ὀργάνου τὸν ἀέρα, τοιοῦτον ἡ φύσις τὸ τοῦ μυκτῆρος μέγεθος ἐποίησε τοῖς ἐλέφασιν.

脚所承担的功能。(《论动物的部分》II.16，659a21-36)①

亚里士多德对于"大象为什么有象鼻"的探究可以说是《论动物的部分》中最复杂的一个例子（为了行文的便利，我们在引文中用序号标出了不同的原因）。我们认为，亚里士多德对于象鼻为什么存在提出了两方面的目的因：一个是（i）为了让大象实现手的功能目的，另一个是（ii）为了让大象能在水中（或沼泽中）觅食的时候呼吸。这体现了象鼻的两个相互独立的功能，而不是说其中一个是首要的，另一个是从属于它的次要的目的因。② 象鼻能够让大象在水中呼吸不是象鼻具有手的功能的原因，而象鼻具有手的功能也不是让大象能够在水中呼吸的原因。而且，任何一个原因都足以充分解释象鼻的存在。我们可以设想，如果大象仅仅需要一个具有手的功能的鼻子，那么它必然会像象鼻那样又长又灵活柔软，从而能够抓握东西。同样，如果大象仅仅需要一个能够让它在水中呼吸的鼻子，那么这个鼻子也必然是又长又能够盘绕——这样也会产生象鼻。因此象鼻的两个目的因符合"析取模型"的要求。当我们探寻"象鼻是什么"的时候，我们既可以回答说"它是一种具有手的功能的鼻子"，也可以说"它是能够让大象在水中觅食的时候呼吸的鼻子"。

更重要的是，象鼻这个例子同时也体现了"合取模型"的存在。而这就涉及象鼻的这两个目的因的进一步的原因（相对于之前两个第一层次的原因，我们称这些原因为第二层次的原因）。为什么象鼻需要（i）有手的功能？这既是因为（i.1）大象是多趾的四足动物，又是因为（i.2）大象体积庞大。很明显，两个原因之间不在因果优先性上相关联。而为了充分说明

---

① ἡ φύσις παρακαταχρῆται, καθάπερ εἴωθεν, ἐπὶ πλείονα τοῖς αὐτοῖς μορίοις, ἀντὶ τῆς τῶν προσθίων ποδῶν χρείας. Τούτους γὰρ τὰ πολυδάκτυλα τῶν τετραπόδων ἀντὶ χειρῶν ἔχουσιν, ἀλλ' οὐ μόνον ἕνεχ' ὑποστάσεως τοῦ βάρους· οἱ δ' ἐλέφαντες τῶν πολυδακτύλων εἰσί, καὶ οὔτε διχαλοὺς ἔχουσιν οὔτε μώνυχας τοὺς πόδας· ἐπεὶ δὲ τὸ μέγεθος πολὺ καὶ τὸ βάρος τὸ τοῦ σώματος, διὰ τοῦτο μόνον ἐρείσματός εἰσι χάριν, καὶ διὰ τὴν βραδυτῆτα καὶ τὴν ἀφυΐαν τῆς κάμψεως οὐ χρήσιμον πρὸς ἄλλο οὐδέν. Διὰ μὲν οὖν τὴν ἀναπνοὴν ἔχει μυκτῆρα, καθάπερ καὶ τῶν ἄλλων ἕκαστον τῶν ἐχόντων πλεύμονα ζῴων, διὰ δὲ τὴν ἐν τῷ ὑγρῷ διατριβὴν καὶ τὴν βραδυτῆτα τῆς ἐκεῖθεν μεταβολῆς δυνάμενον ἑλίττεσθαι καὶ μακρόν· ἀφῃρημένης δὲ τῆς τῶν ποδῶν χρήσεως, καὶ ἡ φύσις, ὥσπερ εἴπομεν, καταχρῆται καὶ πρὸς τὴν ἀπὸ τῶν ποδῶν γινομένην ἂν βοήθειαν τούτῳ τῷ μορίῳ.

② 有人可能会认为象鼻之所以作为鼻子，首要的功能或目的因是它能够让大象呼吸。然而，亚里士多德强调的不仅仅是作为鼻子的象鼻，而是具有如此这般特征的象鼻。在我们看来，这些特征不是象鼻的偶性，而也是象鼻本质的一部分。

为什么大象需要象鼻拥有手的功能，我们必须同时提及以上两个原因：假设大象只是多趾的四足动物，但体积不庞大，那么它可以把前脚作为手。假设大象只是体积庞大，但不是多趾的四足动物，那么它可能就不需要类似手的器官来抓取食物（比如鲸鱼）。正是因为大象同时具有以上两个特征，使得大象需要有别的器官或部分来实现手的功能。另一方面，为什么象鼻需要有（ii）能够让大象在水中觅食的时候呼吸的功能？我们认为亚里士多德提出了四个第二层次的原因：（ii.1）大象是陆生动物，（ii.2）它生活在水（或沼泽）中，（ii.3）它是有血动物，（ii.4=i.2）它的体积硕大。这些原因都符合我们之前强调的两个要求：一个原因的存在并不通过另一个原因来解释，而且这些原因都是象鼻的这一功能的切近的原因。四个原因必须同时作用，才能导致象鼻必须要有能够让大象在水中觅食的时候呼吸的功能。我们可以设想，如果缺少了其中某些原因，那么大象的鼻子就不一定要实现这样特殊的目的，从而也就不会产生象鼻。比如说，如果大象不是陆生动物，那么它可以和大型鱼类一样一直在水中觅食生活。如果大象不是有血动物，那么它甚至都不用呼吸。[①] 如果大象体积不笨重，那么它可以很快从水中到达陆地，从而不需要长时间在水中呼吸。

经由以上的分析，我们认为亚里士多德对于象鼻的探究同时体现了"多重原因论"的两种模型：象鼻的存在的第一层次的原因是两个目的因，符合"析取模型"；而两个目的因的存在的原因则是第二层次的原因，这些原因符合"合取模型"。[②] 我们可以用下面的图示来表达象鼻的多重原因（图2-1）。[③]

我们已经论证了在《论动物的部分》中存在两种"多重原因论"的模型：合取模型和析取模型。在下一节中，我们将重点讨论对"多重原因论"解读的两个可能的反对意见，我们会逐一回应这两个反驳，认为它们都没有对多重原因论构成威胁。

[①] 亚里士多德认为无血动物（bloodless animal）不呼吸，例如参见《论灵魂》II.9，421b20。

[②] 尽管"体积庞大"这个原因同时是两个目的因的多个原因之一，而大象是（i.1）多趾的四足动物也意味着它是（ii.3）有血动物，但这不影响整个解释结构符合"多重原因论"。

[③] 对于象鼻解释结构的不同描述，参见 Lennox 2001a, 234-235; Gotthelf 2012, 186-196。我们对于原因的划分更接近于伦诺克斯的诠释，但是伦诺克斯倾向于认为象鼻的第一层次的两个目的因属于"合取模型"，他说第二个目的因是"加在"第一个目的因上的，参见 Lennox 2001a, 235。

90　亚里士多德"本质"和"原因"概念关系研究

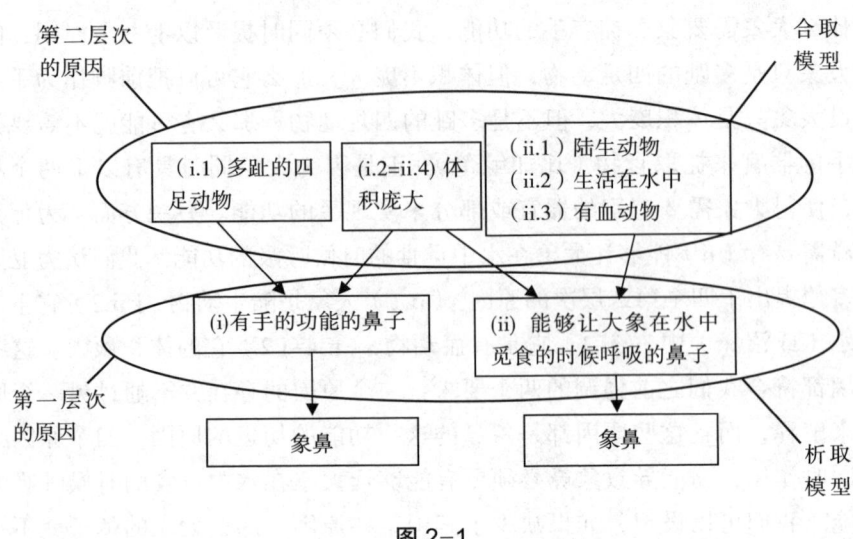

图 2-1

第四节　回应两个可能的反驳

通过对亚里士多德《论动物的部分》相关文本的解读，我们认为动物学中存在着一种"多重原因论"，并且这种多重原因论可以通过两种模型来理解。接下来，我们将回应对于多重原因论的两个可能的反驳，指出它们不足以影响我们的论证。

一、《论动物的部分》I.1 对目的因的强调

有人可能会认为，我们的"多重原因论"一方面和《论动物的部分》I.1 对于目的因的强调相冲突，另一方面也不符合"假设必然性"，因此，我们的解释是有问题的。诚然，《论动物的部分》开篇强调了目的因和"假设必然性"在整个生物学或动物学探究中的重要地位。例如，在以下两段文本中，我们很容易看到形式因和目的因（二者往往是合一的，参见《物理学》II.7，198a24-27，《论动物的生成》I.1，715a8-9）对于质料因的优先性。这样，对于某一生物学探究的对象，我们应当只提及这个对象唯一一个首要的目的因和形式因，也就是它的本质："显然，我们要说的首要的[原因]就是'为了什么'（ἕνεκά τινος），因为这是一种描述（λόγος），这一描述在依照技艺和依照自然构成的事物中都一样是本原（《论动物的部

分》I.1，639b14-16，也参见 645b15-20）。"① "因为躺椅是在这样的质料中的这样的形式，或者说是这样的形式和如此这般的质料；所以在我们的说明中，必须涉及它的形状和结构，这是因为形式的本性比质料的本性更为重要（《论动物的部分》I.1，640b26-29）。"② 同样，"假设必然性"也突出了目的因的首要性。一个事物的目的因优先于质料因，并且导致了质料因的存在：为了实现某事物的目的因，它的质料必须要如此这般（参见《物理学》200a12-15；《论动物的部分》639b24-30）。并且，质料因的存在是为了目的因，目的因是质料因的原因："自然哲学家要说出这两个原因（按：质料因和目的因），但特别是目的因；因为这是质料的原因，而质料不是目的的原因。并且目的就是'所为的东西'（τὸ οὗ ἕνεκα），也就是源自定义和描述的本原（《物理学》200a32-35）。"③

显然，上文中提到的一个动物的身体部分存在多个目的因的情况可以绕过这个反驳。不过，我们回应这一反驳的关键点在于，我们必须弄清，目的因的首要性和"假设必然性"在动物学探究中的适用范围。亚里士多德是否认为，所有的动物学探究对象都必须要符合这一前提？经过前一部分的分析，我们认为亚里士多德并没有在动物学探究中预设这一点。正如前文所言，我们当然不会否认，对于相当一部分动物的身体部分或特征而言，只存在唯一一个首要的目的因；但是我们不能排除，还是存在很多不符合"首要原因论"的动物学探究对象。而且我们没有理由认为，这些符合"多重原因论"的事物不是动物学的探究对象，而只是一些偶然的"例外"情况。更重要的是，在《论动物的部分》I.1，也有一段文本指出了"假设必然性"并不是时时都适用：

> T12：一个人必须要通过以下方式来解释，例如，呼吸是为了这个，而这个是因为这些而出于必然地生成。但是，"必然"有时候（ὁτὲ μέν）意味着如果这个——也就是"所为的东西"——要存在，那么这些东西必然要如此；而有时候（ὁτὲ δ᾽）则意味着事物就其特征（ἔχοντα）和本

---

① Φαίνεται δὲ πρώτη, ἣν λέγομεν ἕνεκά τινος· λόγος γὰρ οὗτος, ἀρχὴ δ᾽ ὁ λόγος ὁμοίως ἔν τε τοῖς κατὰ τέχνην καὶ ἐν τοῖς φύσει συνεστηκόσιν.

② κλίνη γὰρ τόδε ἐν τῷδε ἢ τόδε τοιόνδε, ὥστε κἂν περὶ τοῦ σχήματος εἴη λεκτέον, καὶ ποῖον τὴν ἰδέαν. Ἡ γὰρ κατὰ τὴν μορφὴν φύσις κυριωτέρα τῆς ὑλικῆς φύσεως.

③ καὶ ἄμφω μὲν τῷ φυσικῷ λεκτέαι αἱ αἰτίαι, μᾶλλον δὲ ἡ τίνος ἕνεκα· αἴτιον γὰρ τοῦτο τῆς ὕλης, ἀλλ᾽ οὐχ αὕτη τοῦ τέλους· καὶ τὸ τέλος τὸ οὗ ἕνεκα, καὶ ἡ ἀρχὴ ἀπὸ τοῦ ὁρισμοῦ καὶ τοῦ λόγου.

性（πεφυκότα）而如此。因为热必然出去，遇到阻碍后又进入，而气也必然流入。（《论动物的部分》I.1，642a31-36）①

在这段文本中，亚里士多德以呼吸为例，说明"有时候"（ὁτέ），对于探究对象的原因的考察可以通过"假设必然性"来理解，也就是说应当追寻它的首要目的因。但是在"另一些时候"（ὁτέ），我们要探究的是对象的非目的因素，也就是学者们常常提及的"物质必然性"（material necessity），比如这里的呼吸的物理机制（mechanics）。② 虽然亚里士多德在《论自然诸短篇》等著作中解释呼吸的时候，也会提及它的目的因；但是在这里，亚里士多德只是借这个例子强调，不是所有动物学探究对象都符合"首要原因论"。③ 此外，在讨论胆汁（bile）的时候，亚里士多德明确提出，胆汁没有目的因，而我们也不应该在所有情况下都去寻找目的因。

T13：自然有时候甚至也为了某些益处而利用附属产物，但是，我们必然不能在所有的情况下都因此而去探究"为了什么"（οὐ μὴν διὰ τοῦτο δεῖ ζητεῖν πάντα ἕνεκα τίνος）。相反，有些事物因为这个而如此，但许多其他事物只是出于必然而如此。（《论动物的部分》IV.2，677a15-18）④

另一个相关的例子是某类章鱼腕足上的一列吸盘。亚里士多德认为，

---

① Δεικτέον δ' οὕτως, οἷον ὅτι ἔστι μὲν ἡ ἀναπνοὴ τουδὶ χάριν, τοῦτο δὲ γίγνεται διὰ τάδε ἐξ ἀνάγκης. Ἡ δ' ἀνάγκη ὁτὲ μὲν σημαίνει ὅτι εἰ ἐκεῖνο ἔσται τὸ οὗ ἕνεκα, ταῦτα ἀνάγκη ἐστὶν ἔχειν, ὁτὲ δ' ὅτι ἔστιν οὕτως ἔχοντα καὶ πεφυκότα. Τὸ θερμὸν γὰρ ἀναγκαῖον ἐξιέναι καὶ πάλιν εἰσιέναι ἀντικροῦον, τὸν δ' ἀέρα εἰσρεῖν.

② 巴姆和伦诺克斯都认为这一段暗示了"多重原因论"的存在，参见 Balme 1992, 101；Lennox 2001b, 187。这里的"μέν...δέ..."结构意味着，这两个分句分别指示了形成对照的两种情况，并不是说在后一种情况下，"物质必然性"依然服从于目的因。

③ 亚里士多德对于呼吸的真正解释不同于这里的描述，参见 Lennox 2001a, 151；但是，这段文本的关键在于说明，不是所有时候都应当把目的因当作唯一的首要原因。至于对呼吸的具体解释是否正确，不是亚里士多德在此关注的问题。而这里呼吸的例子即便不是一个析取模型的例子，也很难否认它至少是一个合取模型的例子（参见 Lennox 2001a, 151-152; Balme 1992, 101）。无论如何，它都体现了"多重原因论"。

④ Καταχρῆται μὲν οὖν ἐνίοτε ἡ φύσις εἰς τὸ ὠφέλιμον καὶ τοῖς περιττώμασιν, οὐ μὴν διὰ τοῦτο δεῖ ζητεῖν πάντα ἕνεκα τίνος, ἀλλά τινων ὄντων τοιούτων ἕτερα ἐξ ἀνάγκης συμβαίνει διὰ ταῦτα πολλά.

一般而言，章鱼有两列吸盘，但是因为这类章鱼"本性的瘦长"（τὸ μῆκος καὶ ἡ λεπτότης τῆς φύσεως），它们只有一列吸盘。① 这就是说，这类章鱼腕足的大小不足以让它们具有两列吸盘。值得注意的是，亚里士多德指出，这不是因为拥有一列吸盘是最好的，而是因为这类章鱼形体的瘦长特征，并且这一特征属于章鱼"ousia 的特殊的描述"（τὸν ἴδιον λόγον τῆς οὐσίας）。②

> T14：这样其他章鱼拥有两列吸盘，而某种章鱼只有一列吸盘。原因在于它们本性的瘦长（τὸ μῆκος καὶ ἡ λεπτότης τῆς φύσεως）；因为窄的[腕足]必然只能容纳一列吸盘。因此，这不是因为它们拥有[一列吸盘]是最好的（βέλτιστον），而是因为这是出于必然，由于其 ousia 的特殊的描述（τὸν ἴδιον λόγον τῆς οὐσίας）。（《论动物的部分》IV.9，685b11-15）③

有人认为这两段文本体现了亚里士多德自然目的论的应用限度。④ 对于我们来说，这两段文本至少说明了"假设必然性"和目的因首要性的适用范围：不是所有动物学探究对象都有目的因，更重要的是，也不是所有的动物部分都有一个首要的目的因，都符合"假设必然性"。⑤ 由此，"多重原因论"和《论动物的部分》第一卷强调的目的因的首要性并不矛盾：亚里

---

① 亚里士多德在《动物志》525a16-17 提到了这类章鱼，他称其为 heledōnē，可能是今天我们所说的麝香章鱼。参见 Lennox 2001a, 314。
② 很难认为这里的 οὐσία 就是亚里士多德《形而上学》中的"实体"，因为他在这里把"维度特征"（dimensional features，参见 Gotthelf 2012, 233）也包括进了"实体"。但是我们也不认为这里的 οὐσία 泛指一个东西的"存在"，因为如果这样的话，关于某类动物的一切都将属于其存在，亚里士多德就没有必要特意指出这类章鱼的特征属于它们的 οὐσία。总之，我们认为动物学作品中的 οὐσία 一词相比于《形而上学》等作品中的实体概念有了更为宽泛的含义。关于这一段文本中的 οὐσία 的更多探讨，参见 Gotthelf 2012, 232-233。
③ Τὰ μὲν οὖν ἄλλα δικότυλά ἐστι, γένος δέ τι πολυπόδων μονοκότυλον. Αἴτιον δὲ τὸ μῆκος καὶ ἡ λεπτότης τῆς φύσεως αὐτῶν· μονοκότυλον γὰρ ἀναγκαῖον εἶναι τὸ στενόν. Οὐκ οὖν ὡς βέλτιστον ἔχουσιν, ἀλλ' ὡς ἀναγκαῖον διὰ τὸν ἴδιον λόγον τῆς οὐσίας.
④ 参见 Lennox 2001a, 289, 314; Gotthelf 2012, 233。
⑤ 很多学者都注意到，"假设必然性"在动物学探究中并不总是适用，例如参见 Sorabji 1980, 150-154; Balme 1987c, 285 n. 33; Cooper 1987; Lennox 2001b, 187; Leunissen 2010, 24, 99-109; 也参见 Kullmann（2014, 172）更激进的立场。

士多德尽管强调了目的因的首要性和"假设必然性"的重要性,但是他没有在动物学探究中预设这一点,从而使他的探究对象都符合这一原则。

二、Bios 作为首要原因

伦诺克斯也看到《论动物的部分》中可能暗示着一种"多重原因论"。然而,他认为"多重原因论"会威胁到亚里士多德的本质主义。这是因为在伦诺克斯看来,亚里士多德在动物学探究中也像他在《形而上学》等著作中一样,坚持严格的本质主义:对于一个存在物而言,只存在唯一一个本质和首要的原因。① 为了摆脱这一困境,伦诺克斯创造性地发展了 bios 这个概念②,认为它是所有动物的身体部分和生命活动之所以存在的唯一原因。亚里士多德本人也有 bios 这一说法,这往往指涉了动物的生活环境。比如,大象的 bios 就是生活在水边的陆地的动物(参见《动物志》630b26)。但是伦诺克斯的 bios 概念的内涵不止如此。简而言之,在伦诺克斯看来,亚里士多德的 bios 是一个"单一的本质特性"(single essential feature),它统合了一个动物的各部分和所有生命活动,以及动物和它的生活环境之间的交互活动。通过探寻 bios 这个概念,我们可以找到动物的所有部分之所以如此的一个统一的原因。③ 由此,伦诺克斯可以反驳"多重原因论",重新确立亚里士多德动物学中的本质主义。

伦诺克斯的 bios 不是像"为了动物的生存"一样的含糊而又不切近的原因,而是一种具有更丰富的内涵,并能够体现每类动物的独特性的原因。然而,伦诺克斯的 bios 的最大问题在于无法解释生物学中"二重体"(dualizer)④的现象。伦诺克斯的 bios 是动物的"一个"统一的本质特性,然而,在亚里士多德的自然世界中,存在着很多具有两种 bios 的"二重体"。这无疑和伦诺克斯的单一 bios 理论是相冲突的。比如说,亚里士多德认为,鲸鱼、海豚等鲸豚类动物(cetaceans)就是一种二重体。它们既有鱼类的 bios(因为它们一直生活在水中),又有陆生动物的 bios(因为它们用肺呼吸)。⑤ 而且我们没有理由认为,"二重体"的两种 bios 当中存在一种主导性的 bios,或者在这两种 bios 之间存在某种包容关系。伦诺克斯自然意

---

① 参见 Lennox 2010a, 330-333; Lennox 2010b, 239-241。
② 伦诺克斯将其翻译成"生存方式"(way of living),但是在大多时候对其不做翻译。我们遵照他的做法,保留希腊文转写。
③ Lennox 2010a, 333; Lennox 2010b, 240-241, 250-251。
④ 源自动词 ἐπαμφοτερίζειν。
⑤ 参见《动物志》589b11-18,《论动物的部分》697a29-32。

识到了"二重体"的存在，但是他认为，这些二重体是"例外"，我们不应该关注它们，而是应该聚焦于只有一种 bios 的动物。① 然而，亚里士多德在《动物志》VIII.2、《论动物的部分》IV.13-14 都大量讨论过这样的二重体。② 正如巴姆所言，"这些情况不应被当作例外而忽略"（these cases are not dismissed as exceptions）。③

另一方面，也有一些学者试图把"二重体"出现的原因归咎于我们暂时的"概念上的含混"（conceptual ambiguous）。④ 也就是说，这些"二重体"实际上是在不同的意义上具有两个不相容的 bios。当我们以一种更准确和清晰的方式澄清这些动物分别在什么意义上具有 bios 的时候，这些"二重体"还是能够被看作仅仅具有一个统一的 bios 的生物体。例如，鲸鱼的 bios 应该被说成是"在呼吸的方式上是陆生动物，在觅食的方式上是鱼类"；而不是简单地说鲸鱼有两个 bios：鱼类和陆生动物。然而，正如卡拉罗（N. Carraro）所言，没有理由认为，亚里士多德对于"二重体"的解释还只是初步的，尚待概念上的进一步澄清。⑤ 而即使我们承认"二重体"只是由于概念上的含混而出现的，也会导致 bios 概念面临的第二个问题，也就是 bios 的统一性问题。首先，关于二重体的 bios，我们很难认为，像上面这样从不同角度对二重体的 bios 的阐述，足以让最终集合性的 bios 成为一个统一体。"在 X 方面是 a，在 Y 方面是 b"这样的 bios 看上去就像是两个 bios 的简单相加，很难保障其自身的统一性。其次，针对伦诺克斯的单一 bios 概念，从以下两个角度，我们也很难确保其真正的统一性：一方面，这个 bios 如何统合动物各种不同的身体部分、生命活动以及动物和生活环境的交融；另一方面，bios 自身的统一性又如何保证，并使其成为统合动物的其他活动的基础。⑥ 这样看来，伦诺克斯的 bios 的概念的统一性就好像是"被设定的"（stipulated），是为了避免"多重原因论"而被"特设地"（ad hoc）提出的，从而缺少足够的说服力。

最后，我们也不清楚，bios 是否充分地解释了动物部分的存在。伦诺

---

① 参见 Lennox 2010a, 352。

② 对于"二重体"的更多讨论，参见 Balme 1987b, 85-86; Granger 1985, 189-191; Carraro 2019。

③ Balme 1987b, 86, 也参见 Granger 1985, 190。

④ 例如，Granger 1985, 194-200; Charles 2000, 323。参见 Carraro（2019, 142-147）对更多文献的提及。

⑤ Carraro 2019。

⑥ 参见 Gelber 2015, 281-283。

克斯对这个问题的讨论是相当模糊的：我们不确定 bios 和 bios 所解释的动物部分之间存在什么样的因果关系。① 尽管我们可以假设，大象的 bios 是它拥有象鼻的一个原因，但这只是众多原因中的一个。如果伦诺克斯的 bios 概念是正确的，那么他需要更详细地说明这个单一的 bios 是如何与象鼻存在的其他原因存在因果关系的，以及在每种情况下它们分别是什么样的原因。然而，我们很难找到其他段落说明亚里士多德把唯一一个 bios 作为动物的部分存在的唯一适当解释，并且说明了每一种 bios 因果关系的机制。

总而言之，伦诺克斯发展的 bios 概念首先面临"二重体"的问题，其次也面临着如何建立和确保自身统一性的问题，最后还面临着如何成功刻画 bios 的因果作用的问题。因此，在我们看来，这种方案是不成功的，也不会对本章所主张的"多重原因论"造成困难。

在这一节中，我们已经回应了对"多重原因论"的可能的反对意见，指出它们都不会损害我们的论证。接下来，我们将讨论如何把这些多重原因应用在 Barbara 形式的三段论中——后者是《后分析篇》中表述三段论证明的首要方式。

第五节　如何将动物的多重原因放入三段论的证明中

证明性三段论，特别是 Barbara 形式的三段论，是《后分析篇》中表达三段论证明和探究原因的主要方式（例如参见《后分析篇》71b17-18，71b24-25）。在这种情况下，如果我们能够为上述具有多重原因论的动物部分构造出具体的三段论——很少有学者会这么做，② 那么这会加强《后分析篇》和《论动物的部分》之间在本质和原因探究方面的连续性。此外，之前还提到，亚里士多德认为我们可以在动物学探究中应用证明法。如果我们可以在亚里士多德对这些动物部分的讨论基础上构建证明性的三段论，

---

① 参见 Gelber 2015, 282。

② 虽然很多学者（例如 Lennox 1987; Gotthelf 2012, 153-185; Leunissen 2010, 77-81; Detel 1997。但参见 Lennox 1987, 111 n. 40, 伦诺克斯似乎怀疑这种做法的实际用处）认为，《论动物的部分》中的解释模式可以通过证明性三段论来表述，但他们只关注整个动物和只有一个首要原因的动物部分这样的探究对象，而且他们很少举出证明性三段论的实际例子。

那么这将使我们有进一步的理由来研究《论动物的部分》的"多重原因论"对于理解《后分析篇》的"同一性命题"的重要意义(参见下一节)。

为了让一个有多个原因的例子成功地放入证明性的三段论中,首先应该对探究对象给出一个初步的说明(A 谓述 C,例如,"声音谓述云"是《后分析篇》中对雷声的初步说明),然后可以把每一个恰当的原因看作一个中项(B),并根据这些词项构建出几个证明性的三段论。尽管亚里士多德在《论动物的部分》中没有使用初步的说明来规定具有多重原因的部分或特征,① 但当他讨论其他一些动物的身体部分,比如精液和胃时,他确实暗示了这样一种寻找初步说明的步骤。② 例如,探究对象是鹿身上的角,我们假设初步说明是"如此这般的结构(A)谓述鹿的头(C)"(或"鹿头上的如此这般的结构")。现在假设第一个原因是"需要防御"(B_1),第二个原因是"有额外的土性质料"(B_2)。由此,我们可以给出如下两个证明性的三段论。

问题:为什么如此这般的结构(A)谓述所有鹿的头部(C)?

证明性三段论 1:
如此这般的结构(A)谓述所有需要防御的东西(B_1)。
需要防御的东西(B_1)谓述所有鹿的头(C)。
_____
如此这般的结构(A)谓述所有鹿的头(C)。

证明性三段论 2:
如此这般的结构(A)谓述所有具有额外土性的质料(B_2)。
具有额外土性的质料(B_2)谓述所有鹿的头(C)。
_____
如此这般的结构(A)谓述所有鹿的头(C)。

对于符合"析取模型"的探究对象,也可以采取类似的步骤。然而,

---

① 但参见《论题篇》II.2, 110a4-9,亚里士多德建议我们可以用一个更熟悉的说法来代替这个描述(logos)所表示的术语。

② 关于这一步骤在建立三段论证明法当中的应用,参见 Gotthelf 2012, 167; Bolton 1987; Bolton 1997, 103-108; Bolton 2018。

当我们建立这样的证明性三段论时，如果不先给出一个初步的说明，而是直接把被解释的对象（即被探究的部分）视为 A 项，并把这个部分所属的主体（通常被认为是整个动物）视为 C 项，那么，至少在大多数情况下，构建出来的三段论会有问题。例如，现在假设 A 项是"角"，而 C 项是"鹿"。

问题：为什么角（A）谓述所有鹿（C）？

三段论 1：
角（A）谓述所有需要防御的东西（B_1）。
需要防御的东西（B_1）谓述所有的鹿（C）。
_____
角（B_1）谓述所有的鹿（C）。

三段论 2：
角（A）谓述所有具有额外土性的质料（B_2）。
具有额外土性的质料（B_2）谓述所有的鹿（C）。
_____
角（A）谓述所有的鹿（C）。

在三段论 1 中，可以注意到第一个前提是不正确的。我们不能说"角（A）谓述所有需要防御的东西（B_1）"，因为不是所有需要防御的东西都会导致角的出现。这个目的因还会导致其他具有相同功能的动物部分，如上面提到的獠牙。同样，三段论 2 的第一个前提也会有这样的问题："角（A）谓述所有具有额外土性的质料（B_2）。"原因在于，并非所有土性的质料都一定会产生角。因此，当我们构建具有多重原因的动物部分的三段论的时候，有必要使用一个初步的说明。①

在这个时候，值得注意的是，根据《后分析篇》II.8-10 中的讨论，有一种三段论式的定义，它可以从证明性的三段论中推导出来（参见本书第一章）。定义对亚里士多德来说是对"是什么"和本质的说明，亚里士多德也确实建议我们应该在动物学著作中（例如《论动物的部分》640b29-30，642a19-21 和 647b25，也参见上文 T14）寻求动物部分的"是什么"和本

---

① 即使在一个部分只有一个恰当的原因的情况下，我们也需要一个初步的说明。参见 Bolton 2018。

质。因此，三段论式的定义也可以适用于对这些部分的探究。而建立正确的定义也是对动物各部分进行研究的最终目的。① 三段论式的定义通常有这样的形式："被定义对象 X 是定义项'A 因 B 而谓述 C'。"（参见《后分析篇》94a1-7）就我们一直在考虑的多重原因论的两个模型而言，对于合取模型，三段论式定义的形式应该是"A 因为 B_1 和 B_2 而谓述 C"。② 而对于析取模型，这个定义的形式应该是"A 因为 B_1 而谓述 C"或"A 因为 B_2 而谓述 C"等诸如此类的多个三段论式定义。不然的话，所产生的三段论式定义不可能是一个完整和充分的定义。例如，在合取模型的情况下，如果在角的三段论式定义中只提到角的目的因，那么就无法将角与其他目的因也是为了防御的部分（如獠牙）区分开来。③ 尽管在《论动物的部分》中，亚里士多德没有提出这些部分和特征的具体最终定义，但在我们完成了对于原因的探究的任务之后，这些定义可以被确立。正如将在下面讨论的那样，这也反映了这样一个结论：就动物学探究的顺序而言，对于本质的探究依赖于对其原因的探究，但对于原因的探究不需要依赖于对于本质的探究。

现在我们已经阐明了如何将多重原因论的两个模型中的例子分别放入证明性的三段论中，以及这些三段论与相应的三段论式定义有什么关系。这进一步证明了，多重原因论可以为《后分析篇》中关于本质和原因的讨论提供启发。

第六节 动物学的"多重原因论"对《后分析篇》"同一性命题"的影响

在本节中，我们将首先阐明多重原因论如何给查尔斯对"同一性命题"的相互依赖的解释带来更严重的困难。其次，我们也反对布隆斯坦在《论动物的部分》中对这些动物部分的解释，这种解释基于对"同一性命题"

---

① 关于动物学探究的最终目的是给出定义的观点，参见 Balme 1987a, 11, 19-20; Balme 1987b, 79-80; Gotthelf 2012, 274-275, 281。

② 应该注意的是，任何定义中的元素都必须是有限的，所以中项和原因不可能是无限的，正如亚里士多德在《后分析篇》82b37-83a1 所论证的那样。

③ 因此，如果在合取模型的三段论式定义中不表达出所有恰当的原因，这个定义就会成为该部分的不完整的定义；尽管对于析取模型，只提及一个恰当的原因就能够满足完整定义的要求。

做出同一性解读，也就是认为本质和原因是同一的。最后，我们将考察在探究这些对象的过程中，探究原因的首要性如何有助于我们对动物学中本质与原因关系的理解。

一、"多重原因论"反对查尔斯的解释

正如在第一章所讨论的，查尔斯确实认识到，动物学著作可能威胁到他在《后分析篇》和《形而上学》坚持的"相互依赖论"（即他的《后分析篇》—《形而上学》模型）。[1] 然而，查尔斯几乎只是关注亚里士多德在动物学著作中对整个动物的讨论，从而尽量减少动物学中的这些困难，并保留他对"同一性命题"的相互依赖的解读。[2] 但是，正如我们之前多次指出的，没有理由否定这些具有多重原因的动物部分不是亚里士多德的动物学探究的恰当对象。而这些部分和特征给查尔斯的相互依赖性解释造成了更为严峻的困难。

首先，析取模型对查尔斯的"相互依赖论"构成了很多困难。例如，在象鼻的例子中，每一个第一层次的原因都可以独立而又充分地解释象鼻为什么存在的原因。我们可以把这两个第一层次的原因放到两个不同的三段论证明中，由两个不同的证明性三段论来表述。因此，存在两个不同的象鼻的第一层次的原因，而且它们不需要依赖于象鼻的本质定义，以满足统一性条件。在析取模型的情况下，证明的统一性条件在很大程度上被削弱了，因为不会有探究对象的单一的首要原因。此外，即使是定义的优先性条件也不能在析取模型中得到满足。因为对于这些原因来说，在每一个不同的证明中，原因将先于被解释者。然而，如上所述，当我们从这些三段论中得到了诸如"A 因 B_1 而谓述 C""A 因 B_2 而谓述 C"这样的三段论式的定义，我们无法分辨哪一个会优先于另一个。[3] 由于本质应该既是优先

---

[1] Charles 2000, 310-347.

[2] 例如，参见 Charles 2000, 333-347。正如我们所见，查尔斯的主张通过伦诺克斯的 bios 概念而得以发展。此外，查尔斯似乎认为，在《后分析篇》和动物学作品之间，在对于本质的探究和对于原因的探究方面，存在某种发展或偏离。然而，正如我们在第一章和本章开头所建议的，没有必要假设有关不同哲学探究领域对所谓"《后分析篇》模型"的发展或背离；相反，我们提出的多重原因论对《后分析篇》和动物学作品都是成立的。

[3] 除了本章所讨论的动物的部分之外，在亚里士多德的动物学中，关于定义的优先性条件，存在着更多有问题的例子。有时，我们甚至可以诉诸多个标准来定义某个动物是什么。关于这些问题的更多讨论，参见 Lloyd 1996, 67-82。

的又是统一的，所以对于析取模型而言，不清楚这些动物部分和特征的本质是什么。或许，亚里士多德的最终目的是给出一个统一的定义，用以说明每个动物部分的本质，但从动物学文本中可以看出，对于析取模型而言他并没有完成这个目标。因此，析取模型不仅给对于原因的探究的统一性条件带来了问题，而且也损害了关于定义的优先性条件。后面这一点给查尔斯关于"定义依赖于证明和原因"的论证带来了困难，因为他认为，让定义优先的唯一方式是让定义依赖于证明和原因，这在第一章已经详细讨论过了。然而，尽管我们反对查尔斯"定义依赖于证明和原因"的论证，但我们在这里同意他的结论。这就是说，对于这些具有多重原因的动物部分来说，对于本质的探究应该依赖于对于原因的探究。这种依赖关系并不像查尔斯那样是通过定义的优先性条件建立的，而是从亚里士多德动物学探究的顺序中推论出的。如上所述，在动物学研究中，如果我们同意，亚里士多德的目的是为每个动物部分给出一个说明了本质的定义，那么就应该在所有因果解释工作的基础上最终获得三段论式的定义。①

其次，在合取模型中，三段论解释的统一性条件会被削弱，因为对一个探究对象来说，会有几个不同的原因，从而会产生不同的三段论。有人可能会反对说，如果我们把所有的原因作为一个单一的中项，并把这个长长的中项放入一个三段论证明中，那么在合取模型中仍然可以只有一个单一的解释。然而，在《后分析篇》99b7-8，亚里士多德说，当不存在一个中项，而是有几个中项时，也应该有相应的几个原因。如果我们把几个原因当作一个长长的中项，这个中项的统一性就会有问题，变得像是"特设的"。因此，我们没有理由把所有的原因都纳入一个三段论证明中。合取模型解释的统一性条件也无法满足了。另外，在合取模型的情况下，定义的优先性条件将由于所有恰当原因的结合而得到保留。当我们找到所有恰当的原因，并把它们放入一个单一的三段论式的定义中时，例如"A 因为 B_1、B_2 和 B_3……而谓述 C"，那么这个最终的三段论式定义同时满足了优先性条件和统一性条件，因此它陈述了本质，尽管这个最终的本质应该通过对原因的多重证明和探究来获得。所以，在合取模型中，对于本质的探究依赖于对该对象的原因的探究，但对于原因的探究不依赖于对该对象的本质的探究。

总之，通过对动物学中两种兼容的多重原因论模型的考察，查尔斯所坚持的本质和原因之间，以及对于本质的探究和对于原因的探究之间的相

---

① 另参见 Bolton 1997, 98-103。

互依赖关系变得更难成立。

二、"多重原因论"反对布隆斯坦的解释

布隆斯坦也认为，关于动物部分的原因的探究，在《后分析篇》和《论动物的部分》之间存在一种连续性。① 然而，为了保持这种连续性，他声称在《论动物的部分》中的所有动物的部分只有一个首要原因（"首要原因论"）。这个首要原因就是这个部分的严格的本质。布隆斯坦为这个"首要原因论"辩护的理由是，《后分析篇》中的"同一性命题"也存在于《论动物的部分》中。然而，他似乎对这一命题进行了同一性解读，认为在《后分析篇》②和《论动物的部分》中，"同一性命题"应该被理解为：X 的本质与 X 的原因在数量上是一。③ 在这种情况下，尽管布隆斯坦提到本质可能不是唯一的原因，但他强调，每个部分有且只有一个等同于本质的首要原因。④

然而，如果我们只考虑布隆斯坦关于《论动物的部分》的解释，至少也有三个问题。⑤ 第一，我们在这一章中的讨论显然与布隆斯坦关于《论动物的部分》的论证不一致：在我们所考察的每一个案例中，都存在多个原因，而这些原因在因果优先性上是互不相关的。布隆斯坦的解释可能适用于《论动物的部分》中的其他一些部分或整个动物，但它不能适用于我们一直在考虑的部分和特征。而这些部分也是动物学研究的适当对象。第二，布隆斯坦指出，有些部分可能有不止一个首要原因。⑥ 然而，由于这种解释与布隆斯坦对《后分析篇》中的"同一性命题"的理解不一致，他否定了这一可能性，并认为只有对仅有一个首要原因的动物部分的讨论才是《论动物的部分》中"理想"的探究形式。布隆斯坦引用了以下段落来支持这一观点。

---

① Bronstein 2018.
② 然而，布隆斯坦在先前的专著中，并没有无条件地认为本质与原因是相同的，参见 Bronstein 2016, 134-135。
③ 参见 Bronstein 2018, 53, 56-57。这也是 Charles（2010）的观点，他直接基于"同一性命题"声称本质与原因是相同的。
④ Bronstein 2018, 57.
⑤ 我们已经在第一章中讨论了《后分析篇》中"同一性命题"的"同一性解读"的问题，另参见 Bronstein 2016, 132-138。
⑥ Bronstein 2018, 65 n. 26.

T15：因此，最好的（μάλιστα）说法是，既然这是人的所是（ἦν τὸ ἀνθρώπῳ εἶναι），由于这个 [人] 就有这些东西；因为 [人] 不能没有这些部分而存在。如果我们不能这样说，我们就应该说次好的事物，也就是说，或者在一般情况下，它不可能是别样的，或者至少这样是好的。而这些东西就是随后的。既然它是这样的，它的产生就必然以这种方式发生，并且是这样的（这就是为什么这个部分先生成，然后是那个部分）。应该以这种方式谈论所有由自然构成的事物。（《论动物的部分》I.1，640a33-b4）①

布隆斯坦认为，在这段话中，亚里士多德认为"最好的解释方式"就是陈述本质，无论是在我们探究整个动物的时候，还是在我们考虑像心脏这样的动物部分的时候；而且它构成了理想的研究形式。② 然而，即使我们接受这是"最好的解释方式"，也没有理由把我们一直在考察的动物部分和特征排除在恰当的动物学探究之外。就像"二重体"的情况一样，这些具有多个原因的动物部分不能被视为不符合常规的"特例"而完全从动物学研究中排除掉。此外，μάλιστα 这个词不一定表示"最好的解释方式"，也可以理解为"对动物来说最重要的部分"。亚里士多德可能认为，对于这些重要的部位，如心脏或肺，只有一个等同于严格的本质的首要原因，而且动物必须有这些部位才能活着。在这种情况下，这段话表明了动物的不同部分的等级次序，而不是不同探究模式的等级次序。③ 不同部分的层次并不意味着只有关于最重要部分的探究模式才是动物学探究的"理想形式"，也不意味着我们应该否定所有其他部分以及对这些其他部分的原因的探究。

第三，布隆斯坦还根据动物学著作中"就其自身而言的偶性"（per se accidents）和"本然属性"（essential properties）之间的区分来为"首要原

---

① Διὸ μάλιστα μὲν λεκτέον ὡς ἐπειδὴ τοῦτ' ἦν τὸ ἀνθρώπῳ εἶναι, διὰ τοῦτο ταῦτ' ἔχει· οὐ γὰρ ἐνδέχεται εἶναι ἄνευ τῶν μορίων τούτων. Εἰ δὲ μή, ὅτι ἐγγύτατα τούτου, καὶ ἢ ὅλως (ὅτι ἀδύνατον ἄλλως) ἢ καλῶς γε οὕτως. Ταῦτα δ' ἔπεται. Ἐπεὶ δ' ἐστὶ τοιοῦτον, τὴν γένεσιν ὡδὶ καὶ τοιαύτην συμβαίνειν ἀναγκαῖον. Διὸ γίνεται πρῶτον τῶν μορίων τόδε, εἶτα τόδε. Καὶ τοῦτον δὴ τὸν τρόπον ὁμοίως ἐπὶ πάντων τῶν φύσει συνισταμένων.

② Bronstein 2018, 59. 类似的解读参见 Charles 1991, 257。

③ 关于 μάλιστα 的不同解释，也参见 Leunissen 2010, 97-99; Henry 2019, 193-195，这些学者的解释也不能得出布隆斯坦的观点。

因论"辩护。根据他的观点，动物各部分是"就其自身而言的偶性"，对动物来说是必要的，但它们并不内在于整个动物的本质。另一方面，他认为"本然属性"内在于整个动物的本质，而这些属性本身没有进一步的自身的原因，反而是各部分（即"就其自身而言的偶性"）的目的因。① 布隆斯坦在讨论他的首要原因论时，用肺作为例子。他声称，肺是一个"就其自身而言的偶性"，不属于整个动物的本质。② 然而，这个例子是很有问题的。因为亚里士多德在《论动物的部分》III.6，669b8-12 中明确说，"肺"内在于鸟的 ousia。③ 如果我们假设这里的 ousia 是指本质，④ 那么根据布隆斯坦的区分，"肺"应该属于"本然属性"，而"本然属性"是整个动物的本质的一部分。由此，如果我们接受布隆斯坦的解释，要么肺的存在没有自身的进一步原因，因为布隆斯坦认为"本然属性"没有进一步的原因，要么肺不属于整个动物的本质。很明显，这两种结果都与亚里士多德的文本相悖。因此，布隆斯坦对《论动物的部分》中的"就其自身而言的偶性"和"本然属性"的区分是有问题的。这不但破坏了他主张的"首要原因论"的论证基础，而且进一步削弱了他对于本质与原因关系的总体解释。

故而，布隆斯坦对动物学著作中"首要原因论"的解释，以及他对《后分析篇》中的"同一性命题"的理解，都是难以令人满意的。"首要原因论"可以适用于对整个动物的研究和对《论动物的部分》中某些部分的研究，但它远不是动物学中进行探究的唯一形式。此外，"首要原因论"并不像布隆斯坦所建议的那样，是建立《后分析篇》和动物学著作之间的连续性的唯一方式。正如我们在上面所论证的，笔者提出的"多重原因论"也可以解释《后分析篇》和动物学著作，尤其是《论动物的部分》之间的连续性问题。⑤

---

① 参见 Bronstein 2018, 58-60。
② Bronstein 2018, 61-62.
③ 参见 Gotthelf 2012, 222。
④ 戈特黑尔夫就是这么认为的。但这一本质是否必须与《形而上学》ZH 中的本质具有相同的内涵，则是不确定的。
⑤ 正如第一章论证的那样，《后分析篇》中的"同一性命题"也与《后分析篇》中"多重原因论"的存在十分契合；另参见 Lennox 2001a, 130-131。

三、"多重原因论"对本质和原因之间的关系的影响

基于《论动物的部分》中多重原因论的两种模型,我们既拒绝了对"同一性命题"的相互依赖的解释,也拒绝了对"同一性命题"的同一性的理解。现在,我们将考察对动物学著作中对于本质的探究(和本质)与对于原因的探究(和原因)之间的关系;我们把这种关系称为"动物学模型"。

在亚里士多德涉及我们所考虑的多重原因讨论的文本中,他主要关注的是原因对于探究对象的优先性条件,其目的是给出有关这些部分的各种因果性解释。这就是我们所说的"探究原因优先"的进路。这一点主要可以通过亚里士多德在动物学作品中的实际做法推断出来。一般来说,亚里士多德在其动物学研究的主要关注点是为各种动物及其部分或特征给出不同的恰当原因和解释。[①] 由于动物学中的这种"探究原因优先"的进路,我们有理由认为,就探究的顺序而言,本质应该依赖于解释或原因。换句话说,我们应该首先对这些部分的原因进行探究,然后,一旦我们完成了这种探究并获得了这些部分的所有恰当的原因,我们就可以把相关的三段论转化为最终的三段论式的定义,因为证明和定义之间具有相互转化的关系。这种对定义的后来的探究在亚里士多德的整体动物学探究议程中是隐而不显的。只有在我们完成了对于原因的探究之后,才会着手进行对于本质的探究。然而,从亚里士多德现存的动物学作品中,我们可以看到,在他的动物学研究中,对于本质的探究并没有完成,而且甚至不清楚亚里士多德是否已经完成了对于存在多重原因的部分的原因的探究。[②] 这种探究的未完成性在析取模型的情况下尤其明显。正如之前提到的,在关于一个部分的各种三段论式的定义中,所有这些定义都包含有关定义对象的不同的恰当的原因,探究者如何发现关于该部分的统一的真正严格意义上的本质,这一点并不清楚。

就此而言,有人可能会怀疑对于原因的探究是否是动物学探究中获得最终定义的唯一方式。因为亚里士多德有可能提出其他获得这些动物的最终定义的方式,如划分法。然而,亚里士多德认为,在动物学探究中使用的划分法与探究各部分的原因有关,却与探究这些部分的本质没有直接关

---

① 亚里士多德动物学研究的这一特点不仅可以从亚里士多德的文本中比较明显地推断出来,而且还被许多学者所强调,如巴姆、戈特黑尔夫和伦诺克斯。
② 参见 Balme 1987a, 17; Balme 1987b, 80; Gotthelf 2012, 163-164 n. 34, 395-397。

系。① 这一点可以从《动物志》491a7-11 中得到确证:"我们首先能够把握所有呈现其中的差异和属性。在此之后，我们必须要进而揭示这些事物的原因。"在这段话中，亚里士多德主张对整个动物的划分可能有助于对动物各部分原因的讨论。亚里士多德并没有声称，我们应该从对于这些动物部分的划分中获得部分的定义，然后我们就可以转向对这些部分的原因的探究。因为动物部分的最终因果定义应该在对于原因的探究完成之后才能获得，所以在对这些部分的探究中，划分法最多就是与对于本质的探究间接相关。因此，对于这些探究对象来说，在探究顺序上本质依赖于原因，原因不依赖于本质；对于本质的探究仅仅依赖于对它们的原因的探究，而对它们的原因的探究则不需要依赖于对于本质的探究。

然而，有人可能会提出以下进一步的反对意见：我们所提出的对于本质的探究和对于原因的探究之间的这种单向不对称的依赖关系，很难与"同一性命题"相吻合，因为主张"是什么"和"为什么"是一样的"同一性命题"似乎至少应该意味着某种双向的"对称"关系。然而，在这里提及《形而上学》的下面一段话是很有帮助的。

> T16:"存在"(τὸ ὄν)和"一"(τὸ ἕν)是相同的(ταὐτόν)，并且是一个本性(καὶ μία φύσις)，这是在它们彼此之间一个跟随另一个的意义上(τῷ ἀκολουθεῖν ἀλλήλοις)，② 就像本原和原因(ὥσπερ ἀρχὴ καὶ αἴτιον)，但不是通过同一个描述澄清的(虽然即使我们这样相信也没有区别，反而有帮助)。(《形而上学》Γ.2, 1003b22-26)③

对于这段文本的具体解释和我们当前研究的话题并没有什么关系。④ 但

---

① 例如，参见 Balme 1987b, 79; Gotthelf 2012, 197-214; Lennox 2001b, 104; Leunissen 2010, 79-80。需要注意的是，在探究各部分的原因之前进行的划分，主要是根据动物的"形态学特征"(morphological features)对整个动物进行划分。
② 我们倾向于采用 Halper(1985, 213)的译法，它不仅表示一种逻辑上的联系，而且还意味着一种更松散、更广泛的关系。
③ εἰ δὴ τὸ ὂν καὶ τὸ ἓν ταὐτὸν καὶ μία φύσις τῷ ἀκολουθεῖν ἀλλήλοις ὥσπερ ἀρχὴ καὶ αἴτιον, ἀλλ' οὐχ ὡς ἑνὶ λόγῳ δηλούμενα (διαφέρει δὲ οὐθὲν οὐδ' ἂν ὁμοίως ὑπολάβωμεν, ἀλλὰ καὶ πρὸ ἔργου μᾶλλον).
④ 也参见《形而上学》I.2, 1054a13-19，亚里士多德声称，"一"和"存在"的意味在某种程度上是一样的(ταὐτὸ σημαίνει πως τὸ ἓν καὶ τὸ ὄν)。

至少我们认为将这段话引入"同一性命题"的讨论中是合理的。① 当亚里士多德声称"是什么"与"为什么"是相同的时候，他很有可能补充说，"这是在它们彼此之间一个跟随另一个的意义上，就像本原和原因"。但亚里士多德说的"τῷ ἀκολουθεῖν ἀλλήλοις ὥσπερ ἀρχὴ καὶ αἴτιον"究竟是什么意思？针对这句话，在如何理解"存在"与"一"的关系上，我们可以提出三种解释。②

（i）A 与 B 的关系是：一个跟随着另一个，一个是另一个的原因和本原。③

（ii）A 与 B 的关系是：A 蕴涵了 B，B 也蕴涵了 A。④

（iii）A 与 B 的关系是：A 与 B 在数量上相同（same in number），尽管它们有不同的描述和"不同的概念分析"。⑤

鉴于两处文本讨论的主题完全不同，我们不清楚亚里士多德在《后分析篇》中提到"同一性命题"时，心里想的是哪种解释。但无论如何，如果我们采纳珀利提斯（V. Politis）、施泰因克吕格（P. Steinkrüger），以及古代评注者叙利亚努斯（Syrianus）所捍卫的解释（i），并且将其应用于"同一性命题"，那么我们对动物学探究中本质和原因之间关系的解释将与亚里士多德在上述文本中说的"A 与 B 相同"的主张相一致。⑥ 在这种情况下，亚里士多德通过主张"是什么"与"为什么"是相同的，只是为了表明对于本质的探究依赖于对于原因的探究。这种单向的不对称关系表明，在动物学研究中，原因比本质更重要，对于本质的探究依赖于对于原因的探

---

① 关于《形而上学》Z.6 中实体与其本质之间的同一性与这段话的关系，参见 Charles 2011, 153-154。

② 其他的一些解释，例如参见 Halper 1985（根据他的说法，由于本质的缘故，"一"和"存在"是以一种本然的方式相互关联的）；Makin 1988（他被 Morrison 1993, 148 n. 28 所批评）。然而，这些其他的解释与我们目前的讨论无关。

③ 这一观点的倡导者，尤其参见 Politis and Steinkrüger 2017, 68-70。

④ 例如参见罗斯和柯万（C. Kirwan）的《形而上学》相关段落的英译；Charles 2011, 153；也参见 Halper 1985, 214。

⑤ Morrison 1993.

⑥ 参见 Politis and Steinkrüger 2017；叙利亚努斯：《〈形而上学〉评注》，59.3-60.26。值得注意的是，亚里士多德在《范畴篇》14b9-23 认为，当一个事物和另一个事物相互蕴涵时，一个事物仍然可以是另一个事物的原因，从而优先于另一个事物。

究，就像结果跟随着原因一样。① 因此，通过提及《形而上学》中的相关段落，我们可以回应上述的反对意见。

我们把动物学著作中对于本质的探究和对于原因的探究之间的关系视为"动物学模型"。根据这一模型，对于《论动物的部分》中的某些部分和特征而言，第一，对于本质的探究（由三段论式的定义表达）依赖于对于原因的探究（由证明性的三段论表述），但对于原因的探究不需要依赖于对于本质的探究。第二，当我们完成了寻求某一探究对象的所有恰当原因的任务后，我们应该把这些原因看作是中项，并据此建立若干个证明性的三段论。第三，只有当我们建立了所有这些原因的三段论，从而完成了对于原因的探究之后，我们才能把这些证明性的三段论转化为一个或多个三段论式的定义（对于合取模型而言，只会有一个最终的三段论式的定义，但对于析取模型而言，可能有多个这样的定义）。在这种情况下，正是通过《后分析篇》提到的定义和证明之间的相互转换关系，在我们成功地完成对动物某些部分的原因的探究之后，我们才可以从三段论证明中转向对于本质的探究，并最终获得表述了本质的定义。

本章小结

在本章中，我们以《论动物的部分》为核心，提出了动物学探究中的"多重原因论"，指出对于动物的某些部分和特征而言，存在两种兼容的"多重原因论"的模型：合取模型和析取模型。基于动物学中的多重原因论，我们进一步反驳了查尔斯和布隆斯坦对《后分析篇》"同一性命题"的解释。此外，我们也对查尔斯和布隆斯坦的"首要原因论"——这是他们对"同一性命题"的解读的理由——提出了更充分的反对意见。

在此基础之上，我们在这一章中认为，根据动物学中的"多重原因论"，就探究的顺序而言，对于本质的探究应该依赖于对于原因的探究。因此，我们的主张导致了对于"同一性命题"的另一种不同的解释。对于本质的探究只是单方面依赖于或跟随了对于原因的探究，而本质也在探究的顺序上依赖于原因。这种不对称的依赖关系是由于亚里士多德在动物研究

---

① 然而，这并不是说，对于原因的探究是"为什么会有对于本质的探究"的原因。就此而言，这只是一个相当宽松的类比。

中坚持的"探究原因优先"的进路。他在动物学著作中主要致力于提供动物的各种因果性解释。

综上所述，在《论动物的部分》中，根据动物学模型，对于本质的探究和对于原因的探究之间的关系可以表述如下：对于动物的某些部分和特征的探究来说，首先，我们应该从对于原因的探究开始，旨在找到某一部分或特征的所有恰当的原因；其次，我们需要用这些多重原因构建几个三段论，从而完成对这些部分和特征的原因的探究；最后，只有当我们建立了所有这些证明性的三段论的时候，我们才能转向对于本质的探究，并将这些三段论转化为一个或多个最终的定义（在合取模型的情况下，只有一个最终的定义；而在析取模型的情况下，可能会有几个定义）。

在这点上，动物学模型发展了《后分析篇》提供的总体框架，也就是第一章讨论的"《后分析篇》模型"包含的定义和证明之间相互转换、相互蕴涵的关系。原因在于，动物学模型要求在证明性三段论与相应的三段论式定义之间存在相互转换的关系。否则，亚里士多德可能无法在他先前对原因的探究基础上确立动物的最终定义，并可能无法实现他在动物学探究中的最终目的：为动物及其部分提供恰当的本质定义。更重要的是，动物学模型指明了我们对具有多重原因的动物部分进行探究的起点，以及我们在实际的动物学探究中获得这些部分的最终定义的方式。正如在前一章提到的，根据《后分析篇》模型，应该首先建立证明还是定义，需要我们具体问题具体分析。然而，根据动物学模型，我们应该从对于原因的探究开始，只有在我们完成这一探究之后，我们才能得到这些部分的最终的本质定义。但是，从亚里士多德现存的动物学著作来看，探究这些动物部分的定义的最终任务还没有完成，前面还有很长的路要走。就此而言，亚里士多德的动物学探究是一种处于进行时的活动，它是未完成的。

—— 下 篇 ——

《形而上学》ZH中"本质"和"原因"之间的关系

下　篇　《形而上学》ZH中"本质"和"原因"之间的关系　113

我们已经围绕着《后分析篇》中的"同一性命题"和《论动物的部分》中的"多重原因论",讨论了亚里士多德《工具论》和动物学中"本质"和"原因"之间的关系。在《形而上学》Z.17,亚里士多德再次提出了本质和原因之间的关系这一话题。在 Z.17 开头,亚里士多德宣布了他对 ousia 的一般性的整体探究的"另一个开端"(ἄλλην ἀρχὴν,《形而上学》1041a7)。① 无论我们如何理解这"另一个开端",亚里士多德提出"ousia 是一种原因"(ἡ οὐσία ἀρχὴ καὶ αἰτία τις ἐστίν, 1041a9-10)这一点是无可争议的。我们把这个主张称为"作为原因的 ousia 概念"。在这里,我们就可以清楚地看到,与之前提到的作品不同,复合实体的原因在《形而上学》中被等同于本质。而且,这里的"本质"就是指严格意义的本质或"是其所是"(τὸ τί ἦν εἶναι)。

正是这一"作为原因的 ousia 概念",以及与之相随的 Z.17 中的原因论问题,给学界关于《形而上学》ZH 的解释带来了许多问题和困难。Z.17 中的"另一个开端"是标志着与 Z 卷中的之前讨论的断裂(故而意味着"新的开端"),还是之前的讨论的延续?毋庸置疑,"作为原因的 ousia 概念"对于我们理解 Z.17 中的"另一个开端"很重要,但是,亚里士多德是在哪里,以及是如何论证本质是《形而上学》中复合实体的首要原因这一说法的?我们知道,证明性的三段论是《后分析篇》和动物学研究中探究原因

---

① 在接下来的三章中,我们几乎都会保留希腊语中的 ousia 一词。而全面讨论如何理解《形而上学》中的 ousia 概念已经远远超出了本研究的范围。简而言之,ousia 至少可以被理解为(1)复合实体的本质,等于 τὸ τί ἦν εἶναι。(2)可感的复合实体,如《形而上学》ZH 中的人、马等可感实体;在这个时候,我们会将其翻译成"实体"。(3) ousia 也可以笼统地表示"存在/是(者)"(being)。无论学者们如何解释 ousia 的概念,几乎没有一个学者会否认上面这些意义;所以我们的讨论自始至终都不依赖于对 ousia 概念的某种特殊的解读。对复合实体的本质的探究至少是《形而上学》ZH 中对 ousia 的一般探究的一部分(如果不是最重要的部分)。而这种对于本质的探究是回答《形而上学》中 ti esti 问题的主要方式。在下文中,当我们使用"对 ousia 的探究"这一概念时,我们指的是对于 ousia 的一般性的整体探究,这既包括对复合实体的本质的探究,也包括对其他意义上的 ousia 的探究。而当我们说"对于本质的探究"时,我们只指对于复合实体的本质的探究。我们将在第三章进一步讨论《形而上学》Z.17 中的 ousia 问题。

的方式。那么作为原因的 *ousia* 概念的出现是否预示着证明性的三段论应该被引入《形而上学》Z.17-H 的讨论？① 最重要的是，《形而上学》Z.17-H 中对于本质的探究和对于原因的探究之间的关系是什么？Z.17 中对于原因的探究究竟是取代了还是补充了 Z 卷中先前的对于本质的探究？对于原因的探究如何有助于《形而上学》ZH 中对 *ousia* 的探究？

在接下来的三章中，我们将分别讨论这些问题。我们旨在通过对《形而上学》Z.12、Z.17 和 H.2 的"连续性解读"，对亚里士多德在《形而上学》ZH 中对复合实体的本质的探究进行系统的诠释。基于对亚里士多德对于本质的探究的连续性解读，我们将随之阐明《形而上学》Z.17-H 中"本质"和"原因"之间的关系。在第三章中，第一，我们将论证 Z.17 中的"另一个开端"与 Z 卷中的早先讨论是连续的：Z.1 已经包含了作为原因的 *ousia* 概念，而在 Z.8 和 Z.13 中，作为原因的 *ousia* 概念被明确提到。第二，在《形而上学》A.1-2，通过对第一哲学的一般特征的讨论，亚里士多德确立并捍卫了 *ousia* 是首要原因的说法。接下来，基于亚里士多德在 Z.17 之前已经确立的作为原因的 *ousia* 概念，在第四章中，我们将论证亚里士多德如何能够从《后分析篇》中借用三段论证明的学说，而且他的确意在将三段论证明作为对于原因的探究的方式，并将其应用于 Z.17 对复合实体的讨论。不过，我们需要注意到，《后分析篇》和《形而上学》ZH 的主要讨论对象并不相同，前者关注我们第一章提及的"因果复合事物"，而后者则主要关于复合实体。此外，没有理由像一些学者提出的那样，否认 Z.17 中存在证明性的三段论。相反，Z.17 中有证据表明，亚里士多德有意让我们在进行原因的探究时引入证明性的三段论，而不是非证明性的一般因果框架。这样一来，我们就可以把证明性的三段论视为《形而上学》ZH 中对于原因的探究的方式。

最后在第五章中，我们通过把三段论运用在《形而上学》Z.17-H，阐述亚里士多德如何利用 Z.17 中对于原因的探究来补充 Z.12 中初步的对于本质的探究的结果。亚里士多德在 Z.12 描述的划分法是在《形而上学》ZH 对于本质的探究的一种方式。从 Z.12 的划分法得到的"最终的种差"（final

---

① 在第五章中，我们还将考虑 H 卷与 Z.17 的三段论证明的相关问题（尽管我们基本上不涉及 H.6 的讨论）。为了简洁起见，我们在行文中有时会简单地使用"Z.17""Z.17-H"之类的表达。对《形而上学》H.6-Θ 中原因的探究问题，我们认为查尔斯对这个问题的解释（Charles 1994, 87-99; Charles 2000, 294-304; Charles 2010, 315-319）并不与我们最后提供的解读相冲突，因此我们同意查尔斯对这个问题的看法。我们反对的是查尔斯等人对于 Z.17 的解读。

differentia），一旦这个种差可以作为真正的中项被放入 Z.17 中的一个有效可靠的证明性的三段论中，那么这个最终的种差就是其所属的复合实体的首要原因，因此是该复合实体的本质。Z.12 和 Z.17 两个探究之间的这种连续性可以通过 H.2 的讨论得到进一步证明。在 H.2，亚里士多德明确地将种差视为原因。我们还将论证，除了在第四章讨论的原因之外，亚里士多德把三段论的讨论应用于 Z.17 的主要动机是为了保证 Z.12 中的最终的种差优先于其承载者（即相应的复合实体）。

因此，我们可以通过对 Z.12—Z.17—H.2 的连续性解读，建立起亚里士多德在《形而上学》ZH 的对 ousia 的整体探究中的本质与原因之间的关系。第一，根据作为原因的 ousia 概念，本质（在这里指的是严格意义的本质）与首要原因是相同的。第二，对复合实体的本质的最终探究依赖于 Z.17 中对于原因的探究，这是为了让本质满足优先性条件。第三，这种对于原因的探究进一步依赖于先前对于本质的探究，因为 Z.17-H 中对于原因的探究必须借助于 Z.12 的划分法的结果。

《形而上学》ZH 中本质与原因之间的关系，我们称之为"《形而上学》模型"。这个《形而上学》模型的基础是来自于《后分析篇》模型的在三段论式的定义与其相应的三段论之间的相互转化关系。在我们通过 Z.12 的划分法获得一个三段论式的定义（即包含因果要素的定义）之后，我们可以把它转换成一个证明性的三段论；而一旦我们通过 Z.17 确保所建立的三段论的确是一个有效可靠的证明性的三段论，我们就可以把它相应地转化为一个定义。然而，《形而上学》模型表现出比《后分析篇》模型的总体框架更复杂的情况。在《形而上学》ZH，亚里士多德规定了一个特定的探究顺序，而根据《后分析篇》模型，亚里士多德在很大程度上对这个问题持开放态度。第一，《形而上学》模型要求我们从对于本质的探究开始，这是通过 Z.12 的划分法来进行的。第二，一旦我们根据划分法获得了最终的种差，我们就可以转向对于原因的探究，并将最终的种差放入一个三段论。第三，只有在我们确认这个三段论是一个有效可靠的证明性三段论之后，我们才能确保从 Z.12 得到的最终的种差是本质。这样一来，我们就可以把这个证明性三段论转化为最终的表明复合实体的本质的定义，从而完成对于本质的最终探究。

第三章 《形而上学》Z.17 的"另一个开端"与 ousia 概念

在《形而上学》Z.17 开头,亚里士多德宣布了他对 ousia① 的探究的"另一个开端"。

> T1:ousia 应该被说成是什么(τί),以及(καί)是什么样的事物(ὁποῖόν τι),让我们再次谈论这个问题,就好像发起另一个开端(ἄλλην οἷον ἀρχήν);因为或许我们也可以从中清楚地知道和可感的 ousia 分离存在的 ousia。那么,既然 ousia 是某种本原和原因(ἡ οὐσία ἀρχὴ καὶ αἰτία τις ἐστίν),就应当由此前行。(《形而上学》Z.17,1041a6-10)②

在这段话中,亚里士多德清楚地把他的"另一个开端"与"ousia 是某种本原和原因"的主张联系起来,我们将其称之为"作为原因的 ousia 概念"。③ 而当亚里士多德宣称他将从"作为原因的 ousia 概念"出发来探讨有关 ousia 的话题时,毫无疑问,"作为原因的 ousia 概念"在 Z.17 的"另一个开端"中发挥了重要作用,尽管这可能不是 Z.17 中"另一个开端"的唯一内涵。此外,当亚里士多德声称 ousia 是一种原因和本原时,没有理由认为他会不把复合实体的本质作为 ousia 的意义之一。亚里士多德可能通过将

---

① 如前所述,鉴于 ousia 这个概念的丰富含义,在大多数情况下我们将保留希腊文的 ousia 一词,但是当我们能够确定亚里士多德说的是可感或不可感实体的时候,我们会将其翻译成"实体"。

② Τί δὲ χρὴ λέγειν καὶ ὁποῖόν τι τὴν οὐσίαν, πάλιν ἄλλην οἷον ἀρχὴν ποιησάμενοι λέγωμεν· ἴσως γὰρ ἐκ τούτων ἔσται δῆλον καὶ περὶ ἐκείνης τῆς οὐσίας ἥτις ἐστὶ κεχωρισμένη τῶν αἰσθητῶν οὐσιῶν. ἐπεὶ οὖν ἡ οὐσία ἀρχὴ καὶ αἰτία τις ἐστίν, ἐντεῦθεν μετιτέον.

③ "ἐπεὶ οὖν ἡ οὐσία ἀρχὴ καὶ αἰτία τις ἐστίν, ἐντεῦθεν μετιτέον"(1041a9-10)这句话表明,作为原因的 ousia 概念是亚里士多德在 Z.17 的考察的"始点"(即"开端")。

"作为原因的 ousia 概念"与"什么是（τί）ousia"的问题和"什么样的事物（ὁποῖόν τι）是 ousia"的问题联系起来，①也想到了 ousia 的意义可以是复合实体。②无论如何，正如下文将要论证的一样，"作为原因的 ousia 概念"表示了作为原因的本质概念。与《后分析篇》不同，这里的本质概念指的只可能是严格意义的本质，而不会包括非严格意义的本质。从而，作为本质的 ousia 是一种原因，"作为原因的 ousia 概念"便将本质和原因之间的关系问题联系在一起。

然而，Z.17 的"另一个开端"与《形而上学》中之前的讨论——不仅是在 Z 卷内的讨论，而且也包括 Z 卷之前的讨论——的关系就没有那么清楚了。我们可以从下面这样的解读思路中看到这个问题的关键性。（1）如果"另一个开端"完全是一个"新的开端"，③那么，"作为原因的 ousia 概念"取代了《形而上学》中早先的对于 ousia 的讨论。这样一来，这个包含"作为原因的 ousia 概念"的"另一个开端"从何而来就成为一个亟需回答的问题。（2）针对这个问题，很多学者认为，作为原因的 ousia 概念只可能来自于《后分析篇》中对三段论证明的讨论，或者来自于我们提到的"同一性命题"——根据该命题，"是什么"与"为什么"是一样的。（3）这些学者进一步认为，亚里士多德在 Z.17 中把《后分析篇》中的证明性三段论④带入了他对于复合实体及其本质的讨论中，这一结论依赖于他们把"另一个开端"理解为强意义上的"新的开端"。（4）更重要的是，通过从《后分析篇》中引入证明性三段论，这些学者坚持主张，三段论的使用完全取代了之前在《形而上学》Z 卷中对于本质的探究。我们把以上解释思路称为对于《形而上学》Z.17 的"不连续解读"。这种解读被大卫·查

---

① 类似的表述也参见柏拉图：《美诺》71b3-4。关于这两个问题之间的关系，参见 Wedin 2000, 405-406。
② 亚里士多德在谈到 ousia 概念时，在"复合实体的本质"和"复合实体"之间有些"随意"的转换，对此参见 Lewis 2013, 271-272。
③ 有些人（例如博斯托克 [D. Bostock] 和斯莱扎克 [T. A. Szlezák]）将 ἄλλην ἀρχήν 直接翻译为"新的开端"（"fresh beginning"或"neuer Anfang"）。
④ 当我们在以下几章使用"证明性三段论"这个说法时，我们指的是那些在《后分析篇》中对"为什么"的问题做出正确回答的三段论。这与亚里士多德在《后分析篇》I.13 中提到的仅仅陈述了"事实"（τὸ ὅτι），而没有说明解释或原因（τὸ διότι）的三段论不同。另参见 Karbowski 2019, 61，他列举了其他非证明性的三段论。证明性的三段论是我们这里讨论的唯一一种形式的三段论。

尔斯^①和其他一些人或多或少地支持着。^②这样，对 Z.17 中"作为原因的 *ousia* 概念"与《形而上学》中的早先讨论之间的关系问题的考察，构成了对 Z.17 的"不连续解读"的主要依据。^③

另一方面，如果这种"作为原因的 *ousia* 概念"和"另一个开端"在《形而上学》中并不是全新的，它可能以某种方式与先前的讨论相关，或基于先前的讨论；那么，我们就不能直接从"作为原因的 *ousia* 概念在《形而上学》Z.17 中完全是一个新的开端"的说法，推论出"《形而上学》Z.17 的讨论通过诉诸《后分析篇》中的三段论证明学说，取代了《形而上学》Z 卷先前对于本质的探究的讨论"。相反，就三段论学说的出现与否而言，我们需要更谨慎地考虑《形而上学》Z.17 和《后分析篇》之间的关系，因为亚里士多德在 Z.17 中应用三段论时有可能做了一些修改，或者 Z.17 中出现三段论的说法其实是虚幻的。此外，我们还应该重新考虑 Z.17 的讨论与《形而上学》对于本质的早先的探究之间的关系，因为 Z.17 的论证可能与之

---

① 特别参见 Charles 2000; Charles 2010。尽管 Charles（2000, 276-285）注意到，在 Z.17 之前，Z 卷中有几个地方对 *ousia* 的讨论"遵循"了《后分析篇》中对于本质的规定。例如，查尔斯声称，当亚里士多德在 Z.10-11 中讨论定义的部分问题时，他也利用了《后分析篇》中对定义的讨论。但这肯定不同于查尔斯在解释 Z.17 时关注的三段论证明的学说。这样一来，查尔斯可能还是认为 Z.17 就提及了"作为原因的 *ousia* 概念"和证明性三段论而言是一个全新的开端。

② 除了查尔斯和那些跟随查尔斯在《形而上学》Z.17-H 中采用"因果—解释"（causal-explanatory）的解读模式的人之外，Burnyeat（2001, 10, 56-57）也可能认为我们需要对《形而上学》Z.17 中对 *ousia* 的探究进行"不连续的解读"，并引入《后分析篇》中的证明性三段论（参见 Menn 2011, 164 的描述）。Lewis（2013, 271-274, 298）也提出了对 Z.17 的"不连续解读"：他声称《形而上学》Z.17"取代"（supersede）了 Z.3-16 中对 *ousia* 的早先探究，而且与 Z 卷中之前的讨论相比，作为原因的 *ousia* 概念是全新的。尽管正如我们将在下面指出的那样，刘易斯只是主张在 Z.17 中存在一个非证明性的因果框架，而不承认三段论的出现，但他仍然认为这个框架是从《后分析篇》中借用过来的，而且是为了取代 Z 卷中的早先的讨论。也参见聂敏里 2016, 260-271。

③ 值得注意的是，尽管 Bostock（1994, 236-237）认为 Z.17 是一个全新的开始，Z.17 与 Z 卷中的其他讨论无关（"[Z17 的]论证独立于 Z 卷中的其他任何内容"，p. 236），但他并不认为这可以被当作 Z.17 中存在三段论的证据（参见 Bostock 1994, 242-244）。一方面，他认为如果 Z.17 不是一个新的开端，那么它应该和 Z.4-11 放在一起；另一方面，他声称 Z.17 没有包含任何关于 Z.13-16 中所讨论的 *ousia* 是普遍还是特殊的问题。对博斯托克提出的 Z.17 的独立性的两个理由的批评，参见 Wedin 2000, 407-408 n. 3。而我们将在下面论证，至少 Z.17 中的"作为原因的 *ousia* 概念"与 Z.13 中的一段话有关，所以这个"另一个开端"可以被看作是 Z.13-16 的一个延续。

前的对于本质的探究是连续的。这样一来，在我们研究 Z.17 中与探究原因有关的证明性三段论的问题之前，需要首先考察 Z.17 的"作为原因的 ousia 概念"与《形而上学》中先前的讨论之间的关系。

在下文中，我们认为在《形而上学》Z.17 的"作为原因的 ousia 概念"和《形而上学》中的早先讨论之间，既存在一种"Z 卷内的连续性"，也存在一种"卷次间的连续性"。首先，我们将阐明应该如何理解亚里士多德在《形而上学》Z.17 中的"作为原因的 ousia 概念"。Z.17 中的 ousia 应该被认为是一种复合实体的本质，而本质是这种复合实体成为其本身所是的首要原因（第一节）。然后在第二节，我们将论证 Z.17 的"另一个开端"的"Z 卷内的连续性"。"作为原因的 ousia 概念"已经在 Z.1 中得到了暗示，并在 Z.8 和 Z.13 被明确提及。因此，我们认为 Z.17 的"另一个开端"可能只是重拾了亚里士多德在 Z 卷中已经提出的这些观点。然而，在 Z 卷中，作为原因的 ousia 概念是作为一个预设的主张被提出来的，因此亚里士多德在进入 Z 卷之前已经确立了这一主张的正确性。而且，亚里士多德如何为作为原因的 ousia 概念辩护的问题对于我们的研究也很重要。因为根据这一主张，他将本质与原因相等同，这可能是对《后分析篇》中"同一性命题"的最"直接"的理解。因此有些人就认为"作为原因的 ousia 概念"只可能来源于《后分析篇》的"同一性命题"。[①] 但我们认为不是这样，这个说法应该来自于《形而上学》内部。在第三节，我们将论证"作为原因的 ousia 概念"的"卷次间的连续性"。亚里士多德主要在《形而上学》A.1-2 确立并论证了作为原因的 ousia 概念。在那里，他讨论了他在这部著作中所进行的研究——即第一哲学（或形而上学）[②]——的一般特征。鉴于第一哲学所研究的是诸首要原因和本原，而在本质的意义上 ousia 是第一哲学的研究对象，我们可以得出结论，ousia 必须是首要的和第一的原因。最后，我们将回应对我们提出的"卷次间的连续性"以及《形而上学》A.1-2 关于"作为原因的 ousia 概念"的解释的一些可能的反对意见，这是第四节的任务。

---

① 和其他许多人一样，Charles（2010）坚持对《后分析篇》中的"同一性命题"进行这种同一性解读，但我们在第一章论证过，这种解读很难仅仅通过《后分析篇》而得到证实。
② 我们一般用"第一哲学"的说法来表示亚里士多德的"形而上学"研究。

第一节 作为本质的 *ousia* 是首要原因

在本节中，我们将论证，当亚里士多德在 Z.17 提到"作为原因的 *ousia* 概念"时，应该被理解为指的是复合实体的本质，以及复合实体存在的首要原因。在 T1 中亚里士多德明确指出，*ousia* 是一种原因。然而，鉴于 *ousia* 这个词在《形而上学》中具有非常复杂的含义，我们不能简单地认为，*ousia* 在 T1 中指的必然是复合实体的本质。对亚里士多德来说，*ousia* 的一个基本含义是"首要的存在"（参见《形而上学》1028a14-15）。① 然而，正如《形而上学》Z.2 所指出的那样，被理解为首要的存在的 *ousia* 可能被不同的哲学家视为不同的东西，例如四元素、数学对象、柏拉图式的理念等等。此外，在 Z.3 的开头，亚里士多德声称，*ousia* 可能是本质、普遍者、属，或主体（ὑποκείμενον）② （Z.3，1028b33-36）。③ 当然，就本书的研究主题而言，我们不需要详细考虑 Z.2 和 Z.3 对 *ousia* 的解释与 Z 卷整体的关联。④ 在此需要注意的是，在以下两个文本中，我们有两个明确的迹象表明，亚里士多德的确打算将 Z.17 中的 *ousia* 理解为本质。由此可见，作为原因的 *ousia* 概念也是作为原因的本质概念，根据这一概念，本质是其所属的复合实体成为它所是的存在者的首要原因。

T2：因此探究的是，在"一者谓述另一者"（τὶ κατά τινος）的情况下，为什么它谓述 [另一者]？……因为以这种方式探究的是"一者关于另一者"的事物。而为什么这些事物——比如说砖头和石头——是一座房子？因此很明显，在探究的是原因，而这就是本质，正如我们根据逻各斯说的。⑤ 在某些事物的情况下，[原因] 是"为了什么"，例如在

---

① 另参见 Morrison 1996, 193-196。
② 本书将 ὑποκείμενον 翻译成"主体"，如此翻译的理由参见聂敏里 2011, 128-129。
③ 另参见《形而上学》Δ.8。对该章的详细研究超出了我们研究的范围。
④ 例如，Z 卷中的"一位的 *ousia*"（1-place *ousia*）概念与"二位的 *ousia*"概念（2-place *ousia*，即 *ousia* of X）之间的关系问题（对这个区分，参见 Menn 2011）；Z.2 中所谓的 *ousia* 的外延问题（"什么样的东西是 *ousia*"的问题）与 Z.3 开头的 *ousia* 的内涵问题（是什么使某物成为 *ousia*）。我们是否应该将 Z 卷解读为对 *ousia* 的"最合适的候选者"的探究的问题（这是弗雷德和帕齐希主要坚持的解读）。关于这些争论的概要，参见 Menn 2011, 165-168，他也提及了进一步的参考文献。
⑤ 我们不考虑关于如何解读 λογικῶς 的争议，因为它与我们的主题无关。对此具体参见 Peramatzis 2017（尤其参见 pp. 106-121）的全面讨论。

房子或床的情况下。(《形而上学》Z.17, 1041a23-30)①

T3：但是，既然存在（τὸ εἶναι）必须成立和保证，那么显然探究的是：为什么质料是某种[确定的]事物；例如，为什么这些事物是一座房子？因为房子的所是（ὃ ἦν οἰκίᾳ εἶναι）谓述它。为什么这个，或者说，这个处于如此这般的状态的身体是一个人？因此，在探究的是质料成为某种[确定的]事物的原因（而这就是形式）。(《形而上学》Z.17, 1041b4-9)②

当亚里士多德在 Z.17 的前半部分（指 1041a6-b11）为诸如房子或人的复合实体考察提出"为什么"问题的正确方式的时候，他指出，当我们在问"为什么 X 是 Y？"（X 与 Y 不同）的时候，对"为什么"问题的回答是复合实体的原因。此外，在 1041a28，亚里士多德明确指出，这个原因就是本质（τοῦτο δ᾽ ἐστὶ τὸ τί ἦν εἶναι）。③ 这样一来，他就把 ousia 确定为复合实体的本质。虽然 1041a28 这句话被耶格尔（W. Jaeger）删去，但我们遵循罗斯（W. D. Ross）、弗雷德（M. Frede）和帕齐希（G. Patzig）等人提出的理由，④ 认为没有理由把它看作是一种窜入正文的解释。⑤

此外，Z.17 中房子和人的例子也指向同一个结论，即 ousia 被认为是本质。在 T2 中，亚里士多德认为，目的因是关于这些实体的"为什么"问题的答案。更重要的是，根据 T3，房子的目的因是"房子的所是"（ὃ ἦν οἰκίᾳ εἶναι, 1041b6），而这也是 ousia（1041b9）。我们认为，"ὃ ἦν X εἶναι"这个表述对亚里士多德来说已经表明了 X 的严格意义的本质或"是其所是"（τὸ τί ἦν εἶναι）。就此，我们也可以得出结论，亚里士多德在这里的确意图把 ousia 理解为一个复合实体的本质，而且是严格意义的本质。

---

① τί ἄρα κατά τινος ζητεῖ διὰ τί ὑπάρχει, ...ἄλλο γὰρ οὕτω κατ᾽ ἄλλου ἐστὶ τὸ ζητούμενον. καὶ διὰ τί ταδί, οἷον πλίνθοι καὶ λίθοι, οἰκία ἐστίν; φανερὸν τοίνυν ὅτι ζητεῖ τὸ αἴτιον· τοῦτο δ᾽ ἐστὶ τὸ τί ἦν εἶναι, ὡς εἰπεῖν λογικῶς, ὃ ἐπ᾽ ἐνίων μέν ἐστι τίνος ἕνεκα, οἷον ἴσως ἐπ᾽ οἰκίας ἢ κλίνης.

② ἐπεὶ δὲ δεῖ ἔχειν τε καὶ ὑπάρχειν τὸ εἶναι, δῆλον δὴ ὅτι τὴν ὕλην ζητεῖ διὰ τί <τί> ἐστιν· οἷον οἰκία ταδὶ διὰ τί; ὅτι ὑπάρχει ὃ ἦν οἰκίᾳ εἶναι. καὶ ἄνθρωπος τοδί, ἢ τὸ σῶμα τοῦτο τοδὶ ἔχον. ὥστε τὸ αἴτιον ζητεῖται τῆς ὕλης (τοῦτο δ᾽ ἐστὶ τὸ εἶδος) ᾧ τί ἐστιν.

③ 也参见《形而上学》Z.17, 1041b27-28; H.2, 1043a2-4; H.3, 1043b13-14。

④ 例如 Ross 1924, ii. 223; Frede and Patzig 1988, ii. 312-313; Burnyeat 2001, 58。

⑤ 我们反对伪亚历山大的观点，他认为 1041a28 这句话是对后来的一个观点的预想（伪亚历山大：《〈形而上学〉评注》，540.39-541.1）。

从这些例子来看，目的因和本质也被认为是复合实体的形式，这可以从 1041b8 直接得到确证。① 在形式—质料的复合实体中，只有形式才是本质，才是复合实体成为它之所是的首要原因。

再者，我们可以假设，在作为原因的 ousia 概念中，"αἰτία τις" 这个短语是指实体的首要原因。虽然任何一个实体都可能有几个原因，但很明显，亚里士多德在这里追求的是首要原因，因为复合实体的本质就是该复合实体的首要原因。尽管学者们对这里的"τις"这个词可能有不同的解读，但没有人会否认"αἰτία τις"表示首要原因：对所有这些学者来说，"αἰτία τις"的说法或多或少地都意味着它是首要原因。②

因此，通过提出"作为原因的 ousia 概念"，亚里士多德指出，复合实体的本质等于其首要原因。在澄清了 Z.17 中作为原因的 ousia 概念之后，下面我们将考察作为原因的 ousia 概念与《形而上学》中早先的讨论有什么样的关系。

第二节 《形而上学》中作为原因的 ousia 概念的"Z 卷内的连续性"

在这一节中，我们将论证，Z.17 中作为"另一个开端"的主要内容的"作为原因的 ousia 概念"与 Z 卷中的之前讨论有关，因为作为原因的 ousia 概念首先在 Z.1 中得到了暗示，然后在 Z.8 和 Z.13 中作为一种柏拉图的学说被直接提及。因此，当亚里士多德在 1041a7 说到"另一个开端"时，他可能重拾了在 Z 卷中的这些之前的观点，而不是给 Z 卷带来了某种全新的概念。但我们也要注意到，在 Z 卷中，亚里士多德没有对"作为原因的 ousia 概念"进行辩护或论证，因此在到达 Z 卷之前，这一主张已经得以确

---

① 1041b8 的句子 τοῦτο δ' ἐστὶ τὸ εἶδος 也被耶格尔删去，他认为这句话是后来加的。但我们还是遵循罗斯的建议，将其视为补充性的说明（Ross 1924, ii. 224）。即使我们接受耶格尔的建议，显然亚里士多德在这里也不会否认本质就是形式（参见 Frede and Patzig 1988, ii. 317-318; Burnyeat 2001, 59-60）。另参见 Z.11, 1037a29-30。

② 例如，我们可以在一个较弱的意义上理解它，认为 αἰτία τις 只是说明 ousia 是某一种原因。或者，我们可以用更强的方式解释 αἰτία τις 的说法，认为它表明 ousia 是一种特殊的、不同寻常的原因（例如参见 Bostock 1994, 237; Burnyeat 2001, 57; Lewis 2013, 288）。

立。所以这种"Z 卷内的连续性"进一步基于作为原因的 ousia 概念的"卷次间的连续性"。

我们有必要注意到亚里士多德在 T1 中发表这一声明时的具体措辞。正如弗雷德和帕齐希所指出的那样，① 亚里士多德并没有简单地说它是一个"ἄλλην ἀρχήν"，而是认为它是一个"ἄλλην οἷον ἀρχήν"。"οἷον"（似乎，gleichsam）这个限定词表明，Z.17 的"另一个开端"不应该被不加限制地理解为一个完全的新的开端。基于这一限定，"另一个开端"和开端中包含的"作为原因的 ousia 概念"可能与《形而上学》中之前的讨论有关，是这些早先的讨论的延续。

但是，当亚里士多德提出作为原因的 ousia 概念是探究 ousia 恰当的"另一个开端"时，他可能指的是哪些文本？我们认为，首先，作为原因的 ousia 概念首先指涉了《形而上学》Z.1 的讨论，亚里士多德在其中强调了 ousia 概念的首要性。当我们说 ousia 是一种原因和本原时，我们会把 ousia 看作是一种在本性上优先于其他存在的原因，因为不管是什么样的原因，都会有一种因果的优先性，正如亚里士多德在《后分析篇》71b31 所说的那样（也参见《后分析篇》98b17）。很明显，Z.1 的主要话题是 ousia 的首要性和优先性概念。因此，亚里士多德说 ousia 是首要的和优先的，可能意味着 ousia 也是其他在后的事物的原因。其次，值得注意的是，当亚里士多德在《形而上学》H.1 开头总结 Z 卷的讨论时，他说："我们已经说过，探究的是诸 ousia 的原因、本原和元素（τῶν οὐσιῶν ζητεῖται τὰ αἴτια καὶ αἱ ἀρχαὶ καὶ τὰ στοιχεῖα，1042a4-6）。"这句话往往被认为总结了 Z.1 的讨论。② 而这里的 ousia 指的应该是复合实体。因为亚里士多德提到的是 ousia 的原因，而根据作为原因的 ousia 概念，这也包括 ousia 的本质。如果 1042a5 的 ousia 指的是复合实体的本质，那么，本质的原因是什么就不清楚了。这样，亚里士多德不仅在《形而上学》Z.1 中讨论了作为复合实体的 ousia 是原因，而且他还提到了"这些复合实体"的原因，也就是作为"复合实体的本质"的 ousia。尽管亚里士多德在《形而上学》Z.1 中提到的例子都是复合实体，或者说是《范畴篇》中的"第一实体"，但我们没有理由

---

① Frede and Patzig 1988, ii. 308; Wedin 2000, 407; Burnyeat 2001, 57 n. 115。虽然我们不太清楚是否如弗雷德和帕齐希所言，这里的"另一个开端"是讨论的"一个重要的新视角"（ein entscheidender neuer Gesichtspunkt），但他们认为这并不取代前述讨论的观点在我们看来是正确的。

② 参见 Ross 1924, ii. 226；弗思（M. Furth）的《形而上学》英译本；Bostock 1994, 248。

认为,《形而上学》Z.1 中讨论的对象只能包括作为复合实体的 ousia。① 正是由于 Z.1 的 ousia 也包括复合实体的本质的意义,亚里士多德在 Z.1 中强调 ousia 的首要性概念时,暗含了 Z.17 中作为原因的 ousia 概念。

然而,正如许多学者所指出的,当亚里士多德在 Z.1 后面阐述"优先性"或"在先"的三种意义时(在描述上优先,在知识上优先,在时间上优先②),他根本没有提到因果优先性的意义。因此,他们可以向我们提出批评,指出我们不能认为,H.1, 1042a4-6 的总结是指 Z.1 的讨论,③ 从而我们提出的作为原因的 ousia 概念暗含在 Z.1 的讨论中的观点就是没有说服力的。诚然,因果上的在先可能不属于 Z.1 中提到的优先性的三种意义中的任何一种。然而从下面这段话来看,当亚里士多德指出 ousia 优先于其他存在时,他可能也考虑到了因果优先性。

> T4:那么很明显,正是因为这个 [笔者按:即 ousia](διὰ ταύτην),④ 那些其他的每一个事物才是/存在(ἔστιν),所以(ὥστε)那个首要的,即不是"是某物"(τὶ ὄν),而是绝对的是/存在者(ὂν ἁπλῶς),⑤ 才是 ousia。(《形而上学》Z.1,1028a29-31)⑥

在这段话中,亚里士多德提出,ousia 之所以是(通过 ὥστε 表示)首要存在的原因在于,"是因为"(διά,参见 1028a26 的 διότι)有 ousia,其他存在才是它们之所是。这段话说明,ousia 对于其他存在者也有因果优先

---

① 参见 Peramatzis 2011, 233, 244,他还认为 Z.1 的讨论对象应包括复合实体的本质和形式。而且,Z.1 后面提到的 ousia 在描述和知识上优先的说法(1028a32-1028b2)也很难脱离本质意义的 ousia 来理解。

② 我们不讨论如何理解"在时间上优先"的概念;它通常被理解为一种存在论的优先性(例如,参见 Ross 1924, ii. 160-161; Bostock 1994, 57-60; Peramatzis 2011, 249-253)。而且,我们似乎不能直接从这种优先性的意义中推导出因果优先性。

③ 例如,参见 Burnyeat et al. 1984, 1; Gill 1996, 212; Lewis 2013, 296 n. 2; 但参见 Burnyeat (2001, 64) 对 1042a4-6 指涉了 Z.1 的保留性说法。

④ ταύτην 指的是 1028a27 的 ousia,例如参见 Burnyeat et al. 1979, 3; Frede and Patzig 1988, ii. 19。

⑤ 如何理解"οὐ τὶ ὂν ἀλλ' ὂν ἁπλῶς"(1028a30-31)这句话和我们的讨论无关,对此可参见 Burnyeat et al. 1979, 3-4; Frede and Patzig 1988, ii. 19。

⑥ δῆλον οὖν ὅτι διὰ ταύτην κἀκείνων ἕκαστον ἔστιν, ὥστε τὸ πρώτως ὂν καὶ οὐ τὶ ὂν ἀλλ' ὂν ἁπλῶς ἡ οὐσία ἂν εἴη.

性，而 Z.1 中的优先性概念也包含了 ousia 的因果优先性。① 虽然 1028a27 的 ousia 可能主要是指复合实体，但我们认为亚里士多德没有理由在 T4 中排除"复合实体的本质是其他存在者的原因"这一可能性。一方面，作为复合实体的 ousia 是其他次要存在——如质和量——之所是的原因（参见《形而上学》Λ.5，1071a1-2："没有诸 ousia，状态和运动就不存在"）；另一方面，在一个复合实体内部，复合实体的本质是复合实体之所是的原因。② 此外，值得注意的是，在 T4 接下来的文本中，亚里士多德直接开始解释"优先性"的几种意义："现在，优先性是以许多方式被述说的……（1028a31-32）"这一论证思路表明，对"优先性"的几种意义的讨论是为了说明和阐释 ousia 在何种意义上具有因果优先性，以及 ousia 如何能够成为其他存在者之所是的原因。这样一来，虽然 Z.1 中没有明确提及因果优先性，但它确实隐含在 T4 和《形而上学》1028a26，亚里士多德认为 ousia 是其他存在者之所以存在的原因；而对首要性的几种意义的讨论很可能是阐释 ousia 的因果优先性的一种方式。因此，我们有理由认为，H.1, 1042a4-6 的总结的确指向了 Z.1 的讨论。更重要的是，Z.17 中"作为原因的 ousia 概念"不是一个全新的开端，因为 ousia 是一种原因的概念已经隐含在 Z.1 的讨论之中。

除了 Z.1 之外，在 Z 卷中还有两个文本可以说明作为原因的 ousia 概念。而这两个文本都与柏拉图的 ousia 概念有关，根据这个观点，ousia 就是柏拉图式的理念。③ 而在这种情况下，ousia 应该被理解为本质。④ 第一段

---

① 参见 Halper 2005, 145。Peramatzis（2011, 240-244）也认为这段话表明了本质的因果优先性和他的"因果—解释"的解读模型。令人惊讶的是，尽管他从这段话中发现 Z.17 的作为原因的 ousia 概念并不是一个全新的概念，但当他在 Z.17 提出他的"因果—解释"解读模式时，他似乎遗忘了这一点，而仍然遵循查尔斯的说法，认为 Z.17 是一个全新的开端。而佩拉马齐斯在讨论 Z.17 中的"因果—解释"解读模型时，也没有再提到 T4，参见 Peramatzis 2011, 168-200; Peramatzis 2018。

② 参见 Shields 2012, 365-366; Frede and Patzig 1988, ii. 310。

③ 在 Z 卷之外还有一些平行段落，在那里亚里士多德认为柏拉图的理念是原因。尤其是当亚里士多德在《形而上学》A 卷中讨论柏拉图式的理念时，例如 A.6, 988a10-11（以及亚里士多德批评作为原因的理念的文本）。关于这些段落的讨论，参见 Politis and Su 2017, 265。

④ 柏拉图和亚里士多德都承认，柏拉图的理念是本质，例如参见《形而上学》A.6, 988a10-11，以及 Politis 2010; Politis 2015; Politis 2021。

话是 Z.13, 1038b6-8，① 亚里士多德在那里开始讨论 ousia 和普遍者的问题。

T5: 不过普遍者（τὸ καθόλου）在一些人看来（δοκεῖ）也② 是最完全意义上的（μάλιστα）原因（αἴτιόν），普遍者也是一个本原（ἀρχή）；因此让我们也讨论（ἐπέλθωμεν）这个。(《形而上学》Z.13 1038b6-8)③

在 Z.13 的开头，亚里士多德宣布，现在他将开始探究普遍者是不是 ousia（1038b1-3）。然后他提到，根据一些人的说法，普遍者就是 ousia，而这样的普遍者是最完全意义上的（μάλιστα）原因和本原。④ 一般认为，亚里士多德在这里指的是柏拉图式的理念，即柏拉图的理念作为 ousia（本质）是原因。这一点在柏拉图的《斐多》100b1-102a1 有明显的说明。⑤ 而这种对柏拉图理念的概述可以从下面的平行段落中得到进一步的支持，在那里，作为原因的形式/理念概念被再次提及。

T6: 因此很明显，"由'形式'[笔者按：即柏拉图的理念]组成的原因"（ἡ τῶν εἰδῶν αἰτία），⑥ 如同某些人习惯于称之为"理念"。如果它们在个别事物之外（παρὰ τὰ καθ' ἕκαστα）而存在，[它们]就生成和诸 ousia 而言，是没有任何用处的。(《形而上学》Z.8, 1033b26-28)⑦

---

① 这段话被许多学者提及，例如参见 Frede and Patzig 1988, ii. 309; Burnyeat et al. 1979, 151; Wedin 2000, 354; Lewis 2013, 197。

② 正如 Lewis 2013, 197 n. 6 所观察到的，这里使用"也"可能表明，Z.13 之前处理的其他可能的 ousia 的候选者也有其作为原因的内涵，包括 Z.4-6 中讨论的作为本质的 ousia 概念。

③ δοκεῖ δὲ καὶ τὸ καθόλου αἴτιόν τισιν εἶναι μάλιστα, καὶ εἶναι ἀρχὴ τὸ καθόλου· διὸ ἐπέλθωμεν καὶ περὶ τούτου.

④ 关于 μάλιστα 的解释，参见 Lewis 2013, 197 n. 7。

⑤ 例如 Ross 1924, ii. 209; Frede and Patzig 1988, ii. 243-244; Lewis 2013, 197。

⑥ Frede and Patzig 1988, ii. 145 将这句话理解成"完全**存在**于形式/理念中的原因"（die Ursache, die genau in den Formen *besteht*，重点为原文所有），但不管怎么翻译，此处的总体思想是明确的。

⑦ φανερὸν ἄρα ὅτι ἡ τῶν εἰδῶν αἰτία, ὡς εἰώθασί τινες λέγειν τὰ εἴδη, εἰ ἔστιν ἄττα παρὰ τὰ καθ' ἕκαστα, πρός γε τὰς γενέσεις καὶ τὰς οὐσίας οὐθὲν χρήσιμα. 这里我们采用了耶格尔的希腊文本和弗雷德、帕齐希的希腊文本的读法，罗斯的文本的最后一个词读作 χρήσιμη，我们认为 χρήσιμα 的读法从抄本流传角度看更加可靠，尽管无论选择哪种读法，对于这段话的含义不会有大的改变。参见 Frede and Patzig 1988, ii. 145。

我们可以注意到，在 T5 和 T6 中，亚里士多德都提出，根据柏拉图主义者的说法，作为柏拉图理念的 ousia 是普遍的，并且是原因。值得一提的是，在 T5 中，亚里士多德甚至宣布以后他还将讨论（ἐπέλθωμεν καὶ περὶ τούτου, 1038b8）作为原因的普遍概念。然而，无论是在 Z.13 还是在 Z.14-16 中，亚里士多德都没有讨论作为原因的普遍概念。[①] 这样，我们就可以认为，当亚里士多德在 Z.17 提出"另一个开端"和"作为原因的 ousia 概念"时，他是在从另一个角度接续先前的讨论：亚里士多德在 Z.17 中没有探究普遍者作为 ousia 的可能候选者是否是原因，而是直接讨论了 ousia 本身作为一种原因。因此，从 T5 和 T6 可以得出结论，在 Z 卷中，作为原因的 ousia 概念已经被明确提及。而且，亚里士多德可能以某种方式在 T5 中暗示了对"作为原因的 ousia 概念"的讨论。因此，把作为原因的 ousia 概念看作是 Z.17 的一个全新的开端，抛弃并取代了 Z 卷中的之前的讨论的观点是有问题的。

我们已经论证了"作为原因的 ousia 概念"在 Z.1 通过对于首要性和优先性概念的强调得到了暗示；而且，作为原因的 ousia 概念在 Z.8 和 Z.13 与柏拉图理念的相关段落中被明确提及。但在所有这些段落中，亚里士多德似乎将这一主张视为一个已经预设了的命题，也就是说，他在这些地方并没有为 ousia 是一种原因这一主张辩护或论证。或许在亚里士多德到达 Z 卷之前，他已经在《形而上学》的前几卷中确立了这一主张，所以也存在着"作为原因的 ousia 概念"的"卷次间的连续性"。说到这里，很多人可能会反对我们，认为亚里士多德在这点上只是全然接受了柏拉图的观点，即作为 ousia 的柏拉图的理念是原因，而这就是为什么在 Z.17 之前，当亚里士多德在 T5 和 T6 提到作为原因的 ousia 概念时，总是把它与柏拉图的观点联系起来。这些反对者会接着说，虽然亚里士多德拒绝了柏拉图的理念，但他仍然同意 ousia 是原因；因此，我们完全没有必要考虑亚里士多德在什么地方、以何种方式论证了作为原因的 ousia 概念。的确，我们承认亚里士多德接受了"柏拉图的遗产"，即 ousia 应该是原因。但是，如果我们能找到另一种亚里士多德自己的方式来论证这一主张，也许在哲学意义上会更有说服力。在这种情况下，亚里士多德也许并没有简单地接受柏拉图的观点。毕竟我们都知道，亚里士多德在《形而上学》中批评了作为原因的柏拉图的理念（参见《形而上学》A.9, 991a8-19, 991b9-21, 992a24-b1; M.5, 1079b12-23, 1080a1-8）。当然，亚里士多德的批评并不意味着他会

[①] 参见 Lewis 2013, 197 n. 6。

拒绝柏拉图的相关观点，亦即"在其他意义上的"*ousia* 是原因。但这可能意味着，完全依靠"柏拉图的遗产"并不足以获得"亚里士多德本人的观点"，即作为复合实体本质的 *ousia* 是一种原因。此外，正如我们将在第四章论证的那样，亚里士多德在 Z.17 中"作为原因的 *ousia* 概念"的确立也要求我们首先可以通过某种方式来表述"为什么"的问题。而在这个"为什么"的问题中，主词和谓词之间应该存在一种非偶性的谓述关系。然而，柏拉图似乎并不致力于考察如何恰当地确立"为什么"的问题。因此，亚里士多德除了借助"柏拉图来源"（Platonic ancestry），① 还可能有其他理由提出"作为原因的 *ousia* 概念"这一主张。在下一节中，我们将论证亚里士多德确实在《形而上学》一开始就捍卫和确立了"作为原因的 *ousia* 概念"：通过在《形而上学》A.1-2 阐明第一哲学的一般特征，亚里士多德得出结论，*ousia* 作为第一哲学的研究对象必须是第一和首要的原因。

第三节 《形而上学》中作为原因的 *ousia* 概念的"卷次间的连续性"

在我们转向讨论《形而上学》A.1-2 之前，还有一段文本可能也构成了作为原因的 *ousia* 概念的"卷次间的连续性"。② 在《形而上学》Δ.8，1017b14-16，③ 当亚里士多德解释 *ousia* 概念的几种意义时，他认为 *ousia* 的一种意义是"不谓述一个主体的事物的存在的原因"（ὃ ἂν ᾖ αἴτιον τοῦ εἶναι, ἐνυπάρχον ἐν τοῖς τοιούτοις ὅσα μὴ λέγεται καθ' ὑποκειμένου, 1017b15-16）。亚里士多德还进一步举出了一个例子，他把灵魂作为动物的 *ousia* 和原因。在这段话中，亚里士多德清楚地指出，作为本质的 *ousia* 是复合实体（它不谓述一个主体）之所以存在的原因。然而，正如 T5 和 T6 中的情况一样，作为原因的 *ousia* 概念只是被直接提及，仿佛它是一个已

---

① 这一表达方式借用了德里斯科尔（J. Driscoll）在 1979 年的论文《第一实体的柏拉图来源》（"The Platonic Ancestry of Primary Substance"）。

② 另外，在《形而上学》A 卷中也有一些提到 *ousia* 和原因概念的段落（例如 A.6, 988a10-11; A.9, 991a8-19, 991b9-21, 992a24-b1），亚里士多德在那里讨论了柏拉图等前辈哲学家的观点；但由于它们与 T5 和 T6 的情况基本相似，我们就不单独讨论了。

③ 对这段话的提及，例如参见 Frede and Patzig 1988, ii. 309; Menn manuscript, IIe, 2; Devereux 2003, 182 n. 41（附有进一步文献）。

经确证的主张，而没有被详细论证。此外，由于《形而上学》Δ 卷所处的位置有争议，而且 Δ 卷与《形而上学》其他卷次的关系也有争议，因此我们不清楚这段话是否可以被视为 Z.17 中"作为原因的 *ousia* 概念"的"先前"的讨论。① 因此，在我们论证 Z.17 的连续性解读时，我们不再具体考察 Δ.8，1017b14-16 这段文本。

很明显，上面提到的所有段落都没有说明，亚里士多德在什么地方、以何种方式论证了作为原因的 *ousia* 概念的合理性。而似乎只有极少数人② 关注过这个问题：大多数学者要么认为，作为原因的 *ousia* 概念是显而易见的，故而亚里士多德没必要专门为其辩护，要么干脆将其视为从柏拉图那里继承而来的既定事实。但这个问题对我们的研究很重要。这是因为，本书的研究是从《后分析篇》中的"同一性命题"开始的，根据这一命题，"是什么"与"为什么"是相同的。当亚里士多德提出"作为原因的 *ousia* 概念"时，他似乎采纳了对"同一性命题"的"同一性解读"。这就是说，由于作为本质的 *ousia* 是"是什么"的一种对象，而原因是"为什么"的对象，"同一性命题"似乎实际上要表明，本质与原因是相同的。但是我们在前面几章中已经论述了，这种同一性解读并不是理解《后分析篇》中"同一性命题"的唯一方式，而这与查尔斯及其追随者的观点不同。③ 因此，当亚里士多德通过 Z.17 中"作为原因的 *ousia* 概念"提出"同一性命题"的"同一性解读"时，我们必须找出亚里士多德在哪里论证了这一点，以及如何确立了这一主张。为此，我们不应该直接诉诸《后分析篇》中的"同一性命题"，或者假设《后分析篇》中的"同一性命题"是亚里士多德在 Z.17

---

① 我们不清楚 Δ 卷在多大程度上属于在 ΑΒΓΕ 卷中讨论的《形而上学》的"原初计划"之内。关于反对《形而上学》中 Δ 卷的"独立性"的论点，参见 Menn 2011, 193-195；不过，我们还是倾向于同意罗斯的传统观点，即 Δ 卷是后来插入《形而上学》的，参见 Ross 1924, i. xxv；聂敏里 2011, 11。

② 莫里森（D. Morrison）可能是一个例外，因为他还提到，Z.17 中作为原因的 *ousia* 概念的理论背景是：第一哲学应该研究第一原因和本原，这一点在《形而上学》A.1-2 中已经确立。参见 Morrison 1996, 194-195。然而，他并没有详细说明亚里士多德是如何确立这一主张的，而是将其视为一个不言而喻的事实，或者将这一主张最终视为"柏拉图的遗产"。在下文中，我们的目标就在于提供这样一个论证。另参见 Reale 1980, 214，他也提到了《形而上学》Z.17 中作为原因的 *ousia* 概念与 Α 卷之间的关系，但他没有详细论证这一点。

③ 例如，Charles 2010; Peramatzis 2011, 168-200; Peramatzis 2018。

中提出"作为原因的 *ousia* 概念"的原因。更重要的是,我们不应该像查尔斯和许多其他人那样,把 Z.17 中作为原因的 *ousia* 概念"读入"《后分析篇》,从而认为"同一性解读"是理解《后分析篇》中"同一性命题"的唯一正确方式。在下文中,我们将提出一种新的解读,说明亚里士多德如何在《形而上学》的开篇确立"作为原因的 *ousia* 概念",而这与亚里士多德在《形而上学》A.1-2 中谈到的第一哲学的一般特征密切相关。① 我们将首先提供一个亚里士多德对于"作为原因的 *ousia* 概念"的论证,然后对这个论证的每个命题进行详细的阐释。

一、亚里士多德对于"作为原因的 *ousia* 概念"的论证

根据"作为原因的 *ousia* 概念",*ousia* 是一种原因,或者说复合实体的本质是其存在的首要原因。我们认为,亚里士多德对这一主张的论证可以表述如下:

P1:第一哲学研究的对象是诸首要原因和本原。
P2:作为本质的 *ousia* 是第一哲学的研究对象。
———————————————————————
C1:作为本质的 *ousia* 是首要原因和本原。

在下文中,我们主要关注 P1,因为这是亚里士多德论证"作为原因的 *ousia* 概念"的最重要的前提。而且,正是在《形而上学》A.1-2 中,亚里士多德基于第一哲学(或智慧)的一般特征,确立并捍卫了这一前提。

二、第一哲学研究的对象是首要原因和本原

P1 这个前提可以在《形而上学》A.1-2 的几个地方找到。在《形而上学》A.1-2,亚里士多德描述了他在《形而上学》这部著作中讨论的主题的一般特征,这个主题被称为智慧(σοφία)、第一哲学,或我们所说的"形而

---

① 尽管陈康先生认识到了《形而上学》开篇的原因论内涵,但是他没有认识到这一点与《形而上学》Z.17 之间的关联,笔者在一篇文章中讨论到了这一点,参见葛天勤 2020。

上学"。①

> T7a：所有人都承认（ὑπολαμβάνουσι πάντες），一般所称的智慧是关于首要原因和本原的。（《形而上学》A.1，981b27-29）②

> T7b：显然，智慧是关于某些本原和原因的知识。（《形而上学》A.1，982a1-3）③

> T7c：根据我们说到的所有事物，在考察的这个名称就属于同一门科学；这一定是一门首要本原和原因的科学。（《形而上学》A.2，982b7-10）④

虽然在 T7b 中，亚里士多德没有说明"某些本原和原因"（τινας ἀρχὰς καὶ αἰτίας）指的究竟是什么，但很明显，这一定是指第一原因和本原，这从 T7a 和 T7c 就可以看出来。但亚里士多德是如何确立和捍卫这一主张的呢？根据一些学者的说法，T7a 似乎是《形而上学》中亚里士多德声称智慧（或第一哲学）应该研究首要原因和本原的第一个地方：在《形而上学》A.1 的结尾之前，亚里士多德还没有明确触及这个话题。⑤ 而在 T7c，亚里士多德很可能已经完成了阐明第一哲学和智慧的一般特征的任务，得出了第一哲学应该研究首要原因的结论；并且就此转向了另一个话题。但是我们认为，首先，亚里士多德主要在《形而上学》A.2 的第一部分论证了第一哲学应该研究首要原因和本原的说法；其次，与一些学者不同，我们认为 T7a 之前的内容也与亚里士多德对 P1 的论证有关：《形而上学》A.1 中对知识的讨论也为亚里士多德提供了一种辩护方式，亦即作为最

---

① 虽然"第一哲学"或"形而上学"的概念没有直接出现在《形而上学》A.1-2 中，而且在《形而上学》A.1-2 中，"智慧"的概念也可能包括其他类型的理论知识，例如数学（例如参见 A.1, 981b23-25; A.2, 982a28; Cambiano 2012, 37），但是显然，在亚里士多德提到最严格的、无条件的智慧概念的时候，他必然不会排除他这本书所讨论的第一哲学的概念（参见 Broadie 2012, 61）。因而我们在这里不再区分"智慧""第一哲学""形而上学"这几个概念。

② ὅτι τὴν ὀνομαζομένην σοφίαν περὶ τὰ πρῶτα αἴτια καὶ τὰς ἀρχὰς ὑπολαμβάνουσι πάντες.

③ ὅτι μὲν οὖν ἡ σοφία περί τινας ἀρχὰς καὶ αἰτίας ἐστὶν ἐπιστήμη, δῆλον.

④ ἐξ ἁπάντων οὖν τῶν εἰρημένων ἐπὶ τὴν αὐτὴν ἐπιστήμην πίπτει τὸ ζητούμενον ὄνομα· δεῖ γὰρ ταύτην τῶν πρώτων ἀρχῶν καὶ αἰτιῶν εἶναι θεωρητικήν.

⑤ Cambiano 2012, 38.

高知识的智慧应该关注和研究首要原因和本原。

亚里士多德通过两个论证建立了 P1 的正确性,第一个论证是基于《形而上学》A.2 的前面部分,在那里,亚里士多德描述了第一哲学和智慧的一般特征。第二个论证则是基于《形而上学》A.1 的后面部分,亚里士多德在其中讨论了他的知识概念。值得注意的是,这两个论证都源于某种被普遍接受的观点,也就是说,这两个论证中的一些前提不仅被亚里士多德认可,而且也被其他哲学家(尤其是柏拉图和其他柏拉图主义者),甚至被普通人所承认。这就是为什么在 T7a 中亚里士多德提出"所有人都承认"第一哲学研究首要原因和本原。

1. 来自于《形而上学》A.2 的第一哲学的一般特征的论证

在《形而上学》A.2 的前面部分,亚里士多德首先提出,通过对于"我们"来说变得智慧(或智慧的人)的说法(ἃς ἔχομεν περὶ τοῦ σοφοῦ,982a6-7),来考察智慧或第一哲学应该关注什么样的原因和本原。然后,亚里士多德进一步阐明,"智慧的人"的每一个特征将如何导致"智慧或第一哲学应该研究首要原因和本原"的结论。

T8a: 既然我们在探究这门科学(τὴν ἐπιστήμην),这就是所要寻求的。也就是说,关于什么样的原因和本原(περὶ ποίας αἰτίας καὶ περὶ ποίας ἀρχὰς)的科学是智慧。如果我们把握了关于智慧的人(τοῦ σοφοῦ)的各种看法(τὰς ὑπολήψεις),这也许会使答案更加明显。我们假设:(1)首先,智慧的人尽可能地(ὡς ἐνδέχεται)知道所有的事物,尽管他没有单独地具有关于每一事物的知识。(2)其次,能够理解那些困难的、人类不容易知道的事物的人是智慧的(因为感觉是所有人都有的,因此[它]很容易,不是智慧的[标志])。再次,在所有门类的科学中,(3)更精确和(4)更能够教导原因的人是更智慧的。(5)在科学中,为了自身的缘故而选择和知晓它的科学,比为了结果而选择的[科学]更加智慧。(6)更具统摄性的科学要比附属性的科学更加智慧。因为智慧的人不能被命令,而必须发号施令,他不能服从他人,但更不智慧的人必须服从他。那么,我们对智慧和智慧的人的看法就是这样多了。(《形而上学》A.2,982a4-21)①

---

① Ἐπεὶ δὲ ταύτην τὴν ἐπιστήμην ζητοῦμεν, τοῦτ' ἂν εἴη σκεπτέον, ἡ περὶ ποίας αἰτίας καὶ περὶ ποίας ἀρχὰς ἐπιστήμη σοφία ἐστίν. εἰ δὴ λάβοι τις τὰς ὑπολήψεις ἃς ἔχομεν περὶ τοῦ σοφοῦ, τάχ' ἂν ἐκ τούτου φανερὸν γένοιτο μᾶλλον. ὑπολαμβάνομεν δὴ πρῶτον μὲν ἐπίστασθαι πάντα τὸν σοφὸν ὡς ἐνδέχεται, μὴ καθ' ἕκαστον ἔχοντα ἐπιστήμην αὐτῶν· εἶτα τὸν τὰ χαλεπὰ (转下页)

T8b：(i) 现在，在这些特征中，知道所有事物的特征必须属于拥有最高程度的普遍知识的人；这是因为他在某种意义上（πως）知道所有次级的事物。而这些最普遍的事物，(ii) 差不多是人最难知道的，因为它们离感觉最远。(iii) 在科学中最精确的是那些关于首要的事物（τῶν πρώτων）的科学，因为那些来自更少的事物的科学比那些涉及额外的事物的科学更精确。例如，算术比几何学更精确。但关于原因的科学也 (iv) 更有能力进行教导，因为教学的人是告诉每个事物的原因的人。(v) 为了理解和知识自身而追求的理解和知识最属于对最可知的事物的知识；因为为了知识而选择知识的人，最容易选择最高的知识，而这就是对最可知的事物的知识。首要的事物和原因是最可知的；因为由于这些，并从这些，所有其他事物得以知道，而不是通过从属于它们的事物来知道这些 [最高的事物]。(vi) 而最具统摄性的科学，即最能统摄附属性的科学的，是知道每一事物必须达到什么目的的科学。这就是每一事物中的善，一般来说是整个自然中的最高善。那么，根据我们说到的所有事物，在考察的这个名称就属于同一门科学；这一定是一门首要本原和原因的科学。因为善和"何所为"是原因之一。① (《形而上学》A.2，982a21-b10) ②

（接上页） γνῶναι δυνάμενον καὶ μὴ ῥᾴδια ἀνθρώπῳ γιγνώσκειν, τοῦτον σοφόν (τὸ γὰρ αἰσθάνεσθαι πάντων κοινόν, διὸ ῥᾴδιον καὶ οὐδὲν σοφόν)· ἔτι τὸν ἀκριβέστερον καὶ τὸν διδασκαλικώτερον τῶν αἰτίων σοφώτερον εἶναι περὶ πᾶσαν ἐπιστήμην· καὶ τῶν ἐπιστημῶν δὲ τὴν αὑτῆς ἕνεκεν καὶ τοῦ εἰδέναι χάριν αἱρετὴν οὖσαν μᾶλλον εἶναι σοφίαν ἢ τὴν τῶν ἀποβαινόντων ἕνεκεν, καὶ τὴν ἀρχικωτέραν τῆς ὑπηρετούσης μᾶλλον σοφίαν· οὐ γὰρ δεῖν ἐπιτάττεσθαι τὸν σοφὸν ἀλλ' ἐπιτάττειν, καὶ οὐ τοῦτον ἑτέρῳ πείθεσθαι, ἀλλὰ τούτῳ τὸν ἧττον σοφόν. τὰς μὲν οὖν ὑπολήψεις τοιαύτας καὶ τοσαύτας ἔχομεν περὶ τῆς σοφίας καὶ τῶν σοφῶν.

① 关于这两个文段中的标号，例如参见 Ross 1924, i. 120; de Haas 2009, 81-83; Broadie 2012, 53-62。

② τούτων δὲ τὸ μὲν πάντα ἐπίστασθαι τῷ μάλιστα ἔχοντι τὴν καθόλου ἐπιστήμην ἀναγκαῖον ὑπάρχειν (οὗτος γὰρ οἶδέ πως πάντα τὰ ὑποκείμενα), σχεδὸν δὲ καὶ χαλεπώτατα ταῦτα γνωρίζειν τοῖς ἀνθρώποις, τὰ μάλιστα καθόλου (πορρωτάτω γὰρ τῶν αἰσθήσεών ἐστιν), ἀκριβέσταται δὲ τῶν ἐπιστημῶν αἳ μάλιστα τῶν πρώτων εἰσίν (αἱ γὰρ ἐξ ἐλαττόνων ἀκριβέστεραι τῶν ἐκ προσθέσεως λεγομένων, οἷον ἀριθμητικὴ γεωμετρίας)· ἀλλὰ μὴν καὶ διδασκαλικὴ γε ἡ τῶν αἰτίων θεωρητικὴ μᾶλλον (οὗτοι γὰρ διδάσκουσιν, οἱ τὰς αἰτίας λέγοντες περὶ ἑκάστου), τὸ δ' εἰδέναι καὶ τὸ ἐπίστασθαι αὐτῶν ἕνεκα μάλισθ' ὑπάρχει τῇ τοῦ μάλιστα ἐπιστητοῦ ἐπιστήμῃ (ὁ γὰρ τὸ ἐπίστασθαι δι' αὐτὸ αἱρούμενος τὴν μάλιστα ἐπιστήμην μάλιστα αἱρήσεται, τοιαύτη δ' ἐστὶν ἡ τοῦ μάλιστα ἐπιστητοῦ), μάλιστα δ' ἐπιστητὰ τὰ πρῶτα καὶ τὰ αἴτια (διὰ γὰρ ταῦτα καὶ ἐκ τούτων τἆλλα γνωρίζεται ἀλλ' οὐ ταῦτα διὰ τῶν ὑποκειμένων), ἀρχικωτάτη δὲ τῶν ἐπιστημῶν, καὶ μᾶλλον ἀρχικὴ τῆς ὑπηρετούσης, （转下页）

在 T8a 中，亚里士多德提出了智慧的六个一般特征，这些特征可能被大多数人普遍接受——无论他们是哲学家还是非哲学家。[①] 然后在 T8b，亚里士多德解释了智慧的每一个特征将如何有助于我们得出"智慧或第一哲学应该研究首要原因和本原"的说法。这构成了两段文本之间的相互对应的关系。这样，实际上我们可以提供六个论证来说明亚里士多德如何通过 T8a 和 T8b 确立第一哲学应该研究首要原因的主张（尽管有些论证可能比其他论证更难重构，而且有些论证基于智慧的不止一个特征）；但我们在这里只给出关于智慧的第一个特征的论证。智慧的第一个特征可以被认为是"最"能够得到普遍接受的特征：我们有理由认为每个人都会同意，拥有智慧意味着知道所有的事物。尽管我们在下面可以注意到，亚里士多德并不仅仅停留在这个被普遍接受的观点上。

在 T8a(1)，亚里士多德指出，拥有智慧应该要求我们尽可能地了解所有事物。这一总体特征与 T8b(i) 相对应，在那里亚里士多德声称，那些尽可能了解所有事物的人一定是那些拥有最普遍知识的人。这样一来，作为最严格意义的智慧的第一哲学似乎要研究最普遍的东西。此外，由于在 T8a 的开头（以及 T7b），亚里士多德已经指出目前的研究问题是智慧应该研究"什么样的原因和本原"（περὶ ποίας αἰτίας καὶ περὶ ποίας ἀρχάς, 982a5），我们可能会推论，第一哲学应该研究最普遍的原因和本原（我们将在后文回到原因和知识的问题）。但正如布罗迪（S. Broadie）所指出的，亚里士多德并没有确定，为什么最普遍的原因和本原应该是首要的原因和本原。她认为亚里士多德是在《形而上学》E.1, 1026a30-31 建立了"最普遍的事物"和"首要的事物"之间的关联：第一哲学是"普遍的，因为它是首要的"（καὶ καθόλου οὕτως ὅτι πρώτη）。[②]

然而，如果不诉诸那段话，我们仍然可以承认，对于原因来说，最普遍的事物和最首要的事物之间具有同一性。这一点可以从亚里士多德在

（接上页）ἡ γνωρίζουσα τίνος ἕνεκέν ἐστι πρακτέον ἕκαστον· τοῦτο δ' ἐστὶ τἀγαθὸν ἑκάστου, ὅλως δὲ τὸ ἄριστον ἐν τῇ φύσει πάσῃ. ἐξ ἁπάντων οὖν τῶν εἰρημένων ἐπὶ τὴν αὐτὴν ἐπιστήμην πίπτει τὸ ζητούμενον ὄνομα· δεῖ γὰρ ταύτην τῶν πρώτων ἀρχῶν καὶ αἰτιῶν εἶναι θεωρητικήν· καὶ γὰρ τἀγαθὸν καὶ τὸ οὗ ἕνεκα ἓν τῶν αἰτίων ἐστίν.

① Cooper（2012, 357 n. 43）认为，在当时并不是每个人（尤其是普通人）都会接受所有这些有关智慧的特征。然而，虽然可能不是所有的特征都会被每个人认同，比如关于目的的特征，以及不同科学之间的等级的概念；但至少我们要详细讨论的第一个特征会被绝大多数人认可。另参见 Broadie 2012, 55。

② Broadie 2012, 61.

T8a(1) 的限定中得到证明："尽管他不是对它们中的每一个都有认识"。为什么亚里士多德说，尽管一个人不是对所有事物都有单独的知识，但仍然可以被视为尽可能地知道了所有事物？本书认为原因在于，按照亚里士多德的说法，通过对最普遍的事物的了解，我们可以在 T8a(1) 中要求的程度上了解其他所有事物，即"尽可能地"了解所有事物。这也解释了 T8a(1) 和 T8b(i) 之间的对应关系。那么，为什么我们可以说，如果一个人只知道最普遍的东西，就知道了所有事物呢？我们的解释是这样的。当我们知道 X 的原因 A 的时候，我们就知道了 X。但是另一方面，在一种间接的意义上，我们也可以说，我们同时知道了将 X 作为原因的另外的事物 Y；而由于 Y 又是其他的事物 Z 的原因，那么我们在某种程度上也具有了 Z 的知识，如此往下推论……这样，在一个系列和领域中，通过知道最普遍的首要原因 A，我们可以间接地获取关联于 X 的所有其他事物 Y、Z 的更少普遍性的知识。这样，在一个领域中，知道首要的原因，就意味着在某种意义上，具有与其相关的更少普遍性的所有知识。反之，当我们只是获得了下一个层面的事物的原因，我们无法知道在其上一层的事物的原因。需要注意的是，这些具有更少普遍性的知识只是在弱的意义上被获知的。这就是为什么亚里士多德要强调，知道首要的原因，只是在"某种意义上"（in a way, πως, 982a23）知道了其他这些事物；或者说，这是"尽可能地"（as far as possible, ὡς ἐνδέχεται, 982a9）知道了所有事物，而"没有单独地具有关于每一事物的知识"（982a9-10）。这样一来，我们就可以得出这样的结论：存在着首要原因和本原，[1] 它们是其他一切事物的有条件的原因。[2] 通过认识这些首要原因和本原，我们可以尽可能地知道一切。[3] 因此，如果一个人知道首要原因和本原，就可以被视为拥有最普遍的知识，并且是最智慧的、把握了第一哲学的。这个论证可以表述如下。

> **P3**：在一个相关系列和领域中，当我们知道某些事物的原因的时候，我们能间接地知道将这些事物作为原因的其他的事物，以此类推。

---

[1] 值得注意的是，亚里士多德并没有说，在所有学科中只有唯一的一个首要原因和本原。在不同的意义上和不同的学科中，可能有几个不同的首要原因，因而亚里士多德经常使用复数来指称首要原因和本原。

[2] 当然，首要原因不是在它之下的其他一切事物的直接原因，参见《形而上学》Λ.5，1071a24-27, 1071a34-36，亚里士多德在那里澄清了首要原因在什么意义上是其他一切事物的原因。

[3] 参见 Cooper 2012, 358。

P4：智慧就是尽可能地知道所有事物，尽管并不是单独地知道每一事物；而这就意味着获得最普遍的知识。（982a8-10，982a21-23）

C2：在一个相关系列和领域中，当我们知道最具普遍性的某事物的原因的时候，我们能尽可能获得与其相关的具有更少普遍性的知识，尽管不单独地知道所有事物。（P3+P4）

C3：在一个相关系列和领域中，获得最具普遍性的知识就意味着把握第一原因。（P4+C2）

P1：智慧或第一哲学研究首要原因和本原。（P4+C3）

在这个论证中，我们应该注意到，P4 是基于一个普遍接受的观点，即智慧的人应该知道所有的事物，但亚里士多德很快就补充说，尽管他们可能不会单独地知道所有一切事物。而这可能表明，亚里士多德并不仅仅停留在普遍接受的观点上，[①] 因为普通人有可能认为，智慧的人也应该知道所有事物的每一个细节。如前所述，虽然在文本中没有明确说明，但"不会单独地知道每一事物"这一限定背后的原因在于，不同层次的知识之间的因果联系：通过了解较高层次事物的原因，我们可以了解较低层次的事物（因为较低层次事物的原因是较高层次的事物）；而由于这些较低层次的事物也可能是其他事物的原因，我们可以进一步间接地知道这些更低层次的其他事物。这样，亚里士多德把"知道所有事物"的说法与"知道最普遍的事物"的说法联系起来，并把最普遍的原因确定为最高或首要原因。因此，根据第一哲学和智慧的这一个一般特征，亦即拥有智慧的人应该"在最大的意义上"了解一切，亚里士多德最终能够证明，第一哲学作为无条件的最高的智慧应该研究首要原因和本原。

我们已经论证了亚里士多德如何通过《形而上学》A.2 前面部分的讨论为 P1 辩护，现在我们转向《形而上学》A.1 的后面部分，在那里亚里士多德通过对知识和原因的讨论为 P1 这个主张提供了另一种辩护。

2. 来自于《形而上学》A.1 的知识概念的论证

第二个论证比第一个论证更加直截了当。很明显，亚里士多德在 A.1-2 中把智慧和第一哲学看作是一种知识，他认为第一哲学是最高的一种最高的知识。这首先可以从 T7a、T7b 和 T8a 的开头得到证明，亚里士多德在这些地方明确提到，智慧是一种知识。[②] 其次，智慧是最高的知识，这可以通

[①] 关于 T8a(1) 中"所有事物"的可能范围，参见 Broadie 2012, 55-56。

[②] 也参见《形而上学》A.1，981a27："智慧在所有情况下取决于知识（τò εἰδέναι）。"

过 A.1，981a30-982a3 对不同种类的认知①的一系列比较得到：每当亚里士多德说一种认知状态高于另一种认知状态时，他总是提到，那些拥有较高的认知状态的人比拥有较低种类认知状态的人更有智慧（σοφωτέρους）。因此，我们有理由得出这样的结论：一个人具有越高的认知，就越接近于智慧。此外，这种将智慧认定为一种知识，尤其是最高的知识的做法，即使不是被所有人，至少也应该被大多数人所承认。正如亚历山大在他的评注中所说："通过工匠大师的例子，他［按：即亚里士多德］清楚地表明，**根据共同的一致意见**（τὴν ἀναφορὰν ἔχειν συμβέβηκε），智慧是知识，而不是行动"（亚历山大：《〈形而上学〉评注》，6.4-6，强调为笔者所加）。② 因此，正如在第一个论证中那样，亚里士多德在这里也是从一个普遍承认的关于智慧和第一哲学的观点出发。

此外，亚里士多德在《形而上学》A.1 也提到了他的知识概念。尽管正如许多学者所指出的，知识（ἐπιστήμη）的概念在《形而上学》A.1-2 中要比在《后分析篇》中具有更加灵活的用法，③ 但无论如何，亚里士多德也认为，拥有 X 的知识就是掌握了 X 的原因。这在《后分析篇》I.2，71b9-13 亚里士多德谈到知识的定义时被明确地指出，而我们也可以在《形而上学》A.1 中找到同样的学说。

> T9：但我们却认为知识和理解（τό γε εἰδέναι καὶ τὸ ἐπαΐειν）更属于技艺（τέχνη）而非经验，我们承认工匠比有经验的人更有智慧（这意味着智慧在所有情况下更加伴随着知识）；这是因为前者知道原因，而后者不知道。因为有经验的人知道事情是如此（τὸ ὅτι），但不知道为什么（διότι），而工匠知道"为什么"，即原因。（《形而上学》A.1，981a24-30）④

---

① 我们在这里使用"认知"这个词的原因是，亚里士多德不会把某种较低的认识状态（如感觉）视为"知识"，尽管他在《形而上学》A.1-2 中对"知识"这个概念的使用更为灵活。
② σαφῶς δὲ ἐπὶ τῶν ἀρχιτεκτόνων ἔδειξεν ὅτι τὴν σοφίαν οὐκ ἐπὶ πρᾶξιν ἀλλ' ἐπὶ γνῶσιν τὴν ἀναφορὰν ἔχειν συμβέβηκε. 参见 Cambiano 2012, 33。
③ 例如，参见 Cambiano 2012, 37; Broadie 2012, 62; de Haas 2009, 82, 84。关于《后分析篇》中与"知识"相关的不同词汇的讨论，参见 Bronstein 2016, 16-21。
④ ἀλλ' ὅμως τό γε εἰδέναι καὶ τὸ ἐπαΐειν τῇ τέχνῃ τῆς ἐμπειρίας ὑπάρχειν οἰόμεθα μᾶλλον, καὶ σοφωτέρους τοὺς τεχνίτας τῶν ἐμπείρων ὑπολαμβάνομεν, ὡς κατὰ τὸ εἰδέναι μᾶλλον ἀκολουθοῦσαν τὴν σοφίαν πᾶσι· τοῦτο δ' ὅτι οἱ μὲν τὴν αἰτίαν ἴσασιν οἱ δ' οὔ. οἱ μὲν γὰρ ἔμπειροι τὸ ὅτι μὲν ἴσασι, διότι δ' οὐκ ἴσασιν· οἱ δὲ τὸ διότι καὶ τὴν αἰτίαν γνωρίζουσιν.

T10：再者，我们不认为任何感觉是智慧，即便它们能提供关于个别事物的最权威的认知（γνώσεις）。但它们并不告诉任何事物的"为什么"，例如火为什么是热的；它们只说它是热的。（《形而上学》A.1，981b10-13）①

在 T9 中，亚里士多德将"技艺"（τέχνη）视为一种知识，认为其原因在于拥有技艺的人知道原因。同样，在 T10 中，我们不把任何感觉视为智慧的原因是，所有感觉都不告诉我们原因和"为什么"。因此，知道 X 就是掌握了 X 的原因和解释。这样一来，我们可以得到知识和原因之间的对应关系；而这就是亚里士多德通过对于知识和原因的讨论论证 P1 的方式。

P5：把握 X 的知识就是要知道 X 的原因。
P6：智慧是最高的知识。
C4：把握最高的知识就是要知道最高的原因。（P5+P6）
_____
P1：把握智慧就是要知道最高的原因。即智慧或第一哲学研究首要原因和本原。（P6+C4）

值得注意的是，"智慧"不仅可以表示亚里士多德在《形而上学》中讨论的这门科学，智慧还可以指第一哲学的"研究对象"。在这个意义上，说"第一哲学或智慧（作为这门科学的名称）应该研究首要原因和本原"，就相当于在说"智慧（作为研究的对象）是一种关于首要原因和本原的知识"。因此，在这种情况下，虽然 P6 表示"智慧是最高的知识"，而 P1 则表示"第一哲学或智慧应该研究首要原因和本原"，但这不会影响我们的论证。这样一来，我们就不能认为，当亚里士多德在 T7a 说到 P1 这个主张时，是他在《形而上学》中第一次触及这个话题，或者说他可能只是从普遍承认的观点中得出这个主张（"所有人都承认……"）。根据我们上面的讨论，在 T7a 之前，也就是在《形而上学》A.1 的后半部分，亚里士多德已经为"第一哲学应该研究首要原因"的主张建立了一个论证，而这是基于智慧的一个一般特征（智慧是最高的知识）和他的知识概念（知道 X 就是

---

① ἔτι δὲ τῶν αἰσθήσεων οὐδεμίαν ἡγούμεθα εἶναι σοφίαν· καίτοι κυριώταταί γ' εἰσὶν αὗται τῶν καθ' ἕκαστα γνώσεις· ἀλλ' οὐ λέγουσι τὸ διὰ τί περὶ οὐδενός, οἷον διὰ τί θερμὸν τὸ πῦρ, ἀλλὰ μόνον ὅτι θερμόν.

掌握 X 的原因）——即便不是所有人都会同意，为了拥有 X 的知识，我们必须知道 X 的原因。① 此外，亚里士多德在这个论证中对知识和原因的规定为我们之前提到的第一个论证提供了一个基础。通过掌握原因，我们可以知道这个原因所解释的对象，而这个对象也可能是其他事物的原因。这样一来，首要原因是其他一切事物的终极原因；而最高的知识是最普遍的知识，也可能是其他一切事物的终极知识。

综上，我们已经提出了两个亚里士多德如何确立和捍卫"第一哲学应该研究首要原因和本原"的论证。接下来我们对 P2——作为本质的 *ousia* 是第一哲学的研究对象——做一简要的分析。

三、作为复合实体本质的 *ousia* 是第一哲学的研究对象

由于篇幅所限，我们在这里无法对《形而上学》A 卷②或整个《形而上学》中的 *ousia* 概念进行全面的讨论。在这里，我们只想提出：（1）亚里士多德认为 *ousia* 是第一哲学的研究对象；（2）这个 *ousia* 的概念包括复合实体的本质的概念。

一般来说，（1）和（2）在《形而上学》中都是没有争议的。没有人会否认，亚里士多德的第一哲学确实研究了 *ousia* 的概念。另一方面，当亚里士多德使用 *ousia* 的概念时，虽然在很多地方他并不完全指复合实体的本质的概念，而是指首要存在或复合实体，但没有理由认为，在作为原因的 *ousia* 概念中，以及在亚里士多德对于"作为原因的 *ousia* 概念"的论证中，他拒绝把本质的概念作为 *ousia* 的适当含义（这里我们先不考虑本质与 *ousia* 的其他含义之间的关系问题）。尽管 *ousia* 的概念没有出现在《形而上学》A.1-2，③ 但 *ousia* 这个词很快出现在 A.3 的开头。而且在那里，作为一种原因的 *ousia* 被直接等同于本质或"是其所是"（τὴν οὐσίαν καὶ τὸ τί ἦν εἶναι, 983a27-28）。此外，在《形而上学》Z.1 的结尾，当亚里士多德指出"什么是存在"的问题就是"什么是 *ousia*"的问题（1028b4）时，他也可能将本质作为理解 *ousia* 概念的一种适当方式，因为 Z.1 中的 *ousia* 与因果优先性的概念存在紧密联系。如果我们承认，《形而上学》H.1，1042a4-6 指向了 Z.1 的讨论，那么 Z.1 也讨论了"*ousia* 的原因"，即复合实

---

① 例如，那些认为知识不要求我们掌握原因的人（如柏拉图《泰阿泰德》中的普罗泰戈拉）。尽管亚里士多德的这种要求掌握原因的知识概念应该是其他许多哲学家（尤其是柏拉图）所共有的。

② 关于《形而上学》A 卷中 *ousia* 概念的详尽讨论，参见 Politis and Su 2017, 261-267。

③ Politis and Su 2017, 262.

体的本质。

我们在这里提到 A.3 和 Z.1 这两段话的原因是，通过主张"作为本质的 *ousia* 是第一哲学的研究对象"，亚里士多德似乎有意识地在一个哲学传统中工作，① 这个工作的任务是探究 *ousia* 的概念。当然，不同的哲学家对"什么是 *ousia*"这个问题有非常不同的看法（参见 Z.1，1028b3-6）。这一点可以从 Z.1 的结尾得到进一步说明。亚里士多德在那里指出："'什么是存在'，也就是'什么是 *ousia*'的问题，是很久以前和现在都在追寻的，而且将一直让人们感到困惑"（Z.1，1028b2-4）。② 说"什么是 *ousia*"是很久以前就被考察过的，这可能表明亚里士多德清楚地意识到，对 *ousia* 的这种探究的哲学传统是源远流长的。更重要的是，亚里士多德似乎意识到，他的"作为原因的 *ousia* 概念"与柏拉图的 *ousia* 探究传统有着紧密的联系。首先，在 A.3，983a27-28 提到 *ousia* 可以被理解为本质之后，亚里士多德就开始研究他的前辈哲学家们关于本原的观点，而其中对柏拉图观点的探讨与本质的概念紧密相关，因为柏拉图的理念就被他理解为本质。③ 其次，在 Z.1 之后，亚里士多德在 Z.2 也开始考虑其他人对 *ousia* 的看法，并又一次提到了柏拉图主义者的观点。因此，我们认为 P2（作为本质的 *ousia* 是第一哲学的研究对象）不仅被亚里士多德接受，而且也被许多同样研究第一哲学的古希腊哲学家接受，其中最主要的就是柏拉图和柏拉图的其他学生。在这个意义上，亚里士多德可以把他自己对于 *ousia* 的探究和 "*ousia* 是本质"的观点看作是对于这样一种哲学传统的继承和延续。

四、总结与思考

在这一节中，我们阐述了亚里士多德是如何确立和论证"作为原因的 *ousia* 概念"的。而且，我们还论证了亚里士多德如何通过《形而上学》A.1-2 论证他对于"作为原因的 *ousia* 概念"的辩护的重要前提（第一哲学应该研究首要原因和本原）。我们的结论是，作为原因的 *ousia* 概念，以及这个作为原因的 *ousia* 概念所包含的对于"同一性命题"的同一性解读，不是来自于《后分析篇》，而是在《形而上学》A.1-2 得以确立和证明。这样一种论证基于亚里士多德描述的第一哲学的一般特征，是由于"形而上学"

---

① 参见 Burnyeat et al. 1979, 7。

② καὶ δὴ καὶ τὸ πάλαι τε καὶ νῦν καὶ ἀεὶ ζητούμενον καὶ ἀεὶ ἀπορούμενον, τί τὸ ὄν, τοῦτό ἐστι τίς ἡ οὐσία. 在这里我们不处理这两个问题之间的关系。

③ 例如参见 Politis and Su 2017, 265。

这门科学的首要性而决定的。① 根据作为原因的 ousia 概念的这种"卷次间的连续性",首先,我们不能认为,《形而上学》Z.17 "作为原因的 ousia 概念"是《形而上学》核心卷论证中的一个"全新的开端"。我们也不能认为,"作为原因的 ousia 概念"完全来自于《后分析篇》的讨论(不管是《后分析篇》三段论的学说还是"同一性命题")。其次,不能把"作为原因的 ousia 概念"简单地看作是完全来源于柏拉图的观点,亚里士多德还提出了他自己的独特理由来捍卫这一主张。再次,亚里士多德对于"作为原因的 ousia 概念"的论证是基于一些普遍接受的观点,而一些没有那么被普遍接受的观点仍然被许多其他哲学家所认同,特别是,这些观点也会被柏拉图所接受。这样一来,尽管亚里士多德并没有简单地基于柏拉图的"作为 ousia 的理念是首要原因"的观点,提出他的作为原因的 ousia 概念,但亚里士多德仍然意识到了,他是在一种关于 ousia 和首要原因的"哲学传统"中工作,而柏拉图在这个关于 ousia 的一般探究的哲学传统中占据了重要的地位。正是在这个意义上,亚里士多德的"作为原因的 ousia 概念"可以被认为是一种"柏拉图遗产"的延续。②

第四节　回应对于"卷次间的连续性"的可能反驳

在这一节中,我们将根据上一节对于《形而上学》A.1-2 的解读,回应关于"作为原因的 ousia 概念"在《形而上学》中存在着"卷次间的连续性"的四种可能的反对意见。这四种反对意见从更具体的到更一般性的,都对

---

① Shields(2012, 361-366)还强调,第一哲学或形而上学作为一门关于"作为存在的存在"(being qua being)的科学必须研究原因和本原,这需要对 ousia 进行探究。

② 我们还可以补充一处体现《形而上学》A.1-2 和 Z.17 的连续性的文本证据。在 Z.17,1041a27-32,亚里士多德指出,我们要寻求的本质和原因,在存在的事物(ἐπὶ τοῦ εἶναι)当中,就是它的目的因:"在某些事物的情况下,[原因]是'为了什么',例如在房子或床的情况下;但是在另一些事物的情况下就是最初发起运动的东西,因为这也是原因。但后一类原因(τοιοῦτον αἴτιον)在生成和毁灭的情形中[被探寻](ἐπὶ τοῦ γίγνεσθαι καὶ φθείρεσθαι);而前者(θάτερον)也在存在的事物中[被探寻](ἐπὶ τοῦ εἶναι)(1041a27-32)。"另一方面,我们之前提到,《形而上学》A.2 中智慧的最后一个特征就在于它是最具统摄性的科学,而智慧所把握的对象是每个事物的目的因和最高的善(982b4-7)。由此,982b4-7 的文本已经为 Z.17 中复合实体的本质是它的目的因的说法做好了铺垫。

我们的论证造成了威胁，因此我们需要认真考虑它们。

一、"作为原因的 *ousia* 概念"的论证与 *endoxa* 难题

我们在上面阐述过，亚里士多德对"作为原因的 *ousia* 概念"的论证，特别是他对于 P1（第一哲学或智慧应该研究首要原因和本原）的两个论证，建立在一些被大多数人普遍接受的前提（如 P4 和 P6）之上。① 在这一点上，有人可能会提出如下的反对意见：既然这些前提被大多数人接受，那么它们只能被视为 *endoxa*，也就是一种被"每个人或大多数人或智慧的人"接受的观点（《论题篇》I.1，100b21-23）。② 如果这些前提只是 *endoxa*，那么我们可能就不能把它们作为三段论证明中的恰当前提。因为 *endoxa* 与有效可靠的证明的前提不同，它们可能不是"真的和首要的"（参见《论题篇》I.1，100b18-19）；而且亚里士多德似乎主张，我们不应该简单地将 *endoxa* 视为证明的恰当前提（参见《后分析篇》I.6，74b21-26；I.19，81b18-23）。③ 这样一来，我们对于 P1 论证的可靠性就会因为使用了 *endoxa* 作为前提而受到损害。

然而，且不论 *endoxa* 所构成的三段论证明在亚里士多德看来究竟有多少真理性，即便我们承认 *endoxa* 在三段论证明中的作用是不可靠的，这一反驳也是没有说服力的。首先，*endoxa* 诚然是一种被大多数人或智慧的人接受的说法，但我们必须注意以下的关键区分。在上面的论证中，一些普遍接受的观点被视为前提的原因并不是由于它们"被大多数人或智慧的人接受"这一事实，而是它们在亚里士多德看来出于其他一些独立的理由而是真的。也就是说，由于一种说法属于 *endoxa* 而把它们视为恰当的前提是一回事；由于一种说法因其他一些理由是正确的而把它们视为恰当的前提是另一回事，尽管与此同时，它们也被大多数人或智慧的人接受。④ 就此而言，这些观点只是在附带的意义上作为 *endoxa*，它们之所以作为前提，

---

① 例如参见 Ross 1924, i. 120; de Haas 2009, 81-82; Cambiano 2012, 32-33; Broadie 2012, 55。

② 关于 *endoxa* 的一般讨论，参见 Frede（2012）的文献回顾。也参见刘玮 2011；孙亚杰 2020。

③ 但参见 Pritzl（1994）对 *endoxa* 的不同理解。根据他的观点，将亚里士多德的 *endoxa* 贬低为"看似正确"的东西是错误的，而且 *endoxa* 也是真的和首要的。在这里，我们只是假设前面一种对于 *endoxa* 的"贬低性"的解读，因为这种可能的反对意见要依赖于这样的理解方式。

④ 参见 Barnes 2011, 167 n. 6。

是因为它们是正确的，而不是因为它们被大多数人所接受。例如，对于亚里士多德来说，矛盾律是所有论证的第一原理，但亚里士多德之所以将其视为任何论证的恰当起点，并不是因为它们被许多人和智慧的人接受（也许只有一些诡辩的智者不会接受矛盾律），而是因为矛盾律是正确的。出于这个原因，亚里士多德在建立恰当的三段论论证时，也可以使用被视为 endoxa 的前提。而且我们发现，在一些地方，除了以"辩证"的方式审查前辈的观点之外，亚里士多德似乎也的确使用了 endoxa 作为他的哲学探究的恰当前提。① 这样一来，一个命题属于 endoxa，这并不必然会削弱由这个命题构成的三段论论证的说服力。②

此外，正如我们在上面提到的，尽管 P6 作为一个整体可能被大多数人接受，但 P4 的情况就不一样了。P4 的第一个分句（"智慧就是尽可能地知道所有事物"）属于智慧的一般特征，应该能够被大多数人接受；但 P4 的第二个分句（尽管智慧的人并不是单独地知道每一事物）可能不像第一句话那样可以被普遍接受，而变得更加"亚里士多德化"。因为 P4 的第二个分句预设了亚里士多德的普遍者的概念，以及原因与知识的概念。这一点在 P3 已经说过了：当我们知道某些事物的原因的时候，我们能间接地知道将这些事物作为原因的其他的事物。此外，我们可以从 T8a 和 T8b 的第一哲学的其他一般特征中构建得出 P1 的其他相似的论证，但并不是所有的特征都能像我们详细讨论的第一个特征那样为大多数人所接受。例如，T8a(5) 和 T8b(v) 提到的关于"何所为"概念的特征，以及 T8a(6) 和 T8b(vi) 关于"统摄性的科学"和"附属性的科学"概念的特征可能不会被大多数人接受：不是所有人都会同意第一哲学应该只为了自身的缘故而存在，也不是所有人都承认与其他科学相比只有第一哲学才是最具统摄性的科学。总而言之，第一，一些普遍接受的观点被视为亚里士多德对于"作为原因的 ousia 概念"的论证的前提，这并不仅仅因为它们是 endoxa，而且因为它们是真的；第二，亚里士多德的论证中还有一些不怎么被广泛接受的前提，它们很可能不被视为是 endoxa。

---

① 一个例子可能是《论天》中的讨论，参见 Falcon and Leunissen 2015; Bolton 2009。另参见 Deslauriers 2007, 184-185, 192，她认为 endoxa 可用于建立严格的定义。

② Barnes 2011, 166; Karbowski 2019, 25, 31. Halper (2017, 71-92) 也认为，证明的前提最终可能来自"共同的意见"。

二、第一哲学研究对象的范围问题

有人可能会进一步反对说，第一哲学可能不仅研究首要原因和本原：例如，它还探究潜能和质料的概念，而这些概念可能既不是首要原因，也不是首要的本原。而且一个人还可以反驳说，ousia 不是第一哲学的唯一研究对象。因此，我们不应该简单地认为在本质意义上的 ousia 是首要原因，却不考虑第一哲学中其他可能的研究对象。

诚然，第一哲学除了 ousia 之外还探究其他概念，比如《形而上学》Γ 卷提到的统一性、差异性、公理等。这些事物中有些是第一原理（如矛盾律等公理）；但差异、质料和潜能的概念是否应属于亚里士多德的首要原因/本原，则还不太清楚。在这里，需要说明的是，通过提出对于"作为原因的 ousia 概念"的论证，我们并不意在主张：（1）第一哲学必须专门研究 ousia；（2）有且只有 ousia 是首要原因；（3）所有意义的 ousia 都只能是首要原因。[①] 相反，我们想主张的仅仅是，作为本质的 ousia 是首要原因。换句话说，如果 ousia 是 X 的本质，那么在《形而上学》中它一定是 X 的首要原因。亚里士多德确实提到 ousia 可以被理解为质料（例如 H.1, 1042a32）；但如果本质意义上的 ousia 是 X 的质料，那么它一定是 X 的首要原因。由于在《形而上学》中，质料不是亚里士多德的复合实体的首要原因；所以尽管质料可能是 ousia，但不会是本质意义上的 ousia。[②] 当然，在《形而上学》中，存在着其他种类的不是 ousia 的首要原因和本原，也许还有其他意义上的 ousia 概念，这些 ousia 可能不是作为首要原因和本原来研究的（而是通过参照或依赖于首要原因和本原来研究），但这些东西和"作为原因的 ousia 概念"没有什么关系，也不在我们目前关注的范围之内。

三、作为首要原因的 ousia 和动物学的"多重原因论"的相容性

我们之前提到，在动物学著作中，尤其是在《论动物的部分》中，某些动物身体的部分存在着多种原因。而且，某一部分的这些多重原因可能都是首要的，这些原因肯定都不是唯一的原因。然而，在《形而上学》中，根据"作为原因的 ousia 概念"，本质是首要原因。在这种情况下，这个原因既是首要的又是单一的，因为严格意义的本质只有一个。在这个时候，有人可能会问，如果我们只是确立了"第一哲学应该研究首要原因"，而且

---

① 例如参见 Shields 2012, 364-366。

② 另一方面，对于一些早期的自然哲学家来说，如果他们采用亚里士多德的哲学框架，那么作为首要原因的质料可能被认为是本质。

ousia 是第一哲学的研究对象，那么为什么在第一哲学中，原因会变得既是单一的又是首要的？

在我们看来，首先，当我们对于《论动物的部分》中一个动物部分的多重原因提出首要性概念时，我们想强调的是，这些多重原因在因果优先性上是不相互关联的。因此，动物的一个特定部分的多个原因就其自身所关注的方面而言都是首要的。这种首要性的概念显然不会排除多重原因的存在。其次，正如我们在前面一章所建议的，在《论动物的部分》中，亚里士多德强调的是"为什么"和原因探究的问题。亚里士多德在动物学中所做的，主要是对某一动物现象做出解释。而这样的解释或原因不需要满足统一性条件，也不需要是唯一的一个原因，所以对一个"为什么"的问题，可以从不同方面有多个恰当的回答。这导致了多重原因的存在。而且，对于本质和"是什么"的探究在动物学著作中出现在较后的阶段（甚至对于析取模型的情况来说，还没有明确出现）：在合取模型的情况下，当我们完成了对于原因的探究之后，可以将关于某一探究对象的所有恰当的原因连结起来，从而构建一个严格的定义。但在析取模型的情况下，我们不清楚如何能够在多个恰当的原因中建立一个单一的严格定义，因为这些原因中的每一个都可以充分而又独立地解释相关对象之所以存在的原因。然而，在《形而上学》中，与"为什么"的问题相比，"是什么"的问题首先得到了强调。由于对于"是什么"问题的每一个回答至少应该满足某种统一性，而 *ousia* 是对"是什么"问题的一个回答，因此对 *ousia* 来说统一性条件应该首先得到满足。而根据"作为原因的 *ousia* 概念"，*ousia* 是一种原因。由于作为原因的事物应该在本性上是优先的，所以首先满足了统一性条件的 *ousia* 也应该满足优先性条件。这样一来，通过说明"作为本质的 *ousia* 是第一哲学的研究对象"，我们已经确定了这个 *ousia* 必须是统一的；然后从"第一哲学应该研究首要原因"的说法中，我们可以得到，这个同时是一个原因的 *ousia* 应该既是统一的又是首要的。这样一来，对于一个复合实体来说，必须只有一个首要原因，而其他原因在因果优先性上后于这个首要原因。

此外，最后这一点可以从《形而上学》Γ.2 对"存在"和"一"的讨论以及对于"核心意义"（focal meaning, *pros hen*）的讨论中进一步得到加强。在《形而上学》Γ.2，1003b23-25，亚里士多德将"存在"的概念和"一"的概念联系起来。尽管对于如何理解"存在"和"一""相互之间一个跟随另一个"（1003b23）的说法有很大争议，但至少亚里士多德可能同意，"存在"和"一"之间有一种相对应的关系（参见本书第二章第六节的讨论）。随后，亚里士多德在 1004a26 提出，对于"一"来说，也有一种核心意义的关系：有一种首要的"一"（πρῶτον ἕν），其他意义的"一"依赖于它。这样，根据"存在"和"一"之间的对应关系，也有一种"首要的存在"，它应该与首要的"一"（πρῶτον ἕν）相关。由于 ousia 是首要的存在（参见 Γ.2，1004b9："ousia 是优先的"，πρότερον ἡ οὐσία），因此，它必须在严格意义上是统一的和优先的，这与首要的"一"相对应。[①] Γ.2 中"核心意义"关系下的这种首要的"一"的概念也可以解释亚里士多德在《形而上学》A.2 描述拥有智慧的一般特征时在许多地方出现了最高级的说法：[②] 例如，智慧是最普遍的知识、最精确的知识等。既然这个原因是最普遍的原因、最确切的原因，那么它就应该是唯一一个最主要的原因，这与首要的"一"的概念相一致。然而，在动物学探究中，对首要原因没有这样的要求，所以原因有可能既是首要的，又是多重的。

四、回应对于"作为原因的 ousia 概念"的批评

最后，西尔凯（R. Sirkel）在更广泛的层面上对"作为原因的 ousia 概念"提出了批评。根据西尔凯的说法，我们不应该把 X 的本质当作 X 的首要原因。而且，她特别声称我们不应该把本质概念理解为"X 的本质使 X 成为它所是的事物"。她的理由是，一方面，X 的本质与 X 是相同的。这就是她所说的"本质的同一性模型"（identity model of essence）。根据这个模型，"本质性谓述（essential predication）的主词与谓词是相同的"。[③] 西尔凯提出这种模型的主要原因可能是根据《形而上学》Z.6 的讨论，[④] 亚里士多德认为对于"首要的 ousia"而言，X 的本质应该与 X 相同，而这里首要的 ousia 似乎与"作为原因的 ousia 概念"密切相关。另一方面，原因不应该与被揭示的对象相同，因为原因应该在本性上优先于被解释的对象；而在先的东西与在后的东西是不相同的。这样一来，如果 X 的本质也是 X 的首要原因，正如"作为原因的 ousia 概念"所要求的那样，那么 X 的本质就不会与 X 相同，这就与"本质的同一性模型"和 Z.6 的讨论相悖。[⑤]

虽然这一批评并不直接涉及我们的解读，但如果它是对的，那么我们

[①] 关于这个问题的进一步讨论，参见 Politis and Steinkrüger 2017。
[②] 参见 Broadie 2012, 56-57。
[③] Sirkel 2018, 92. 她主要追随了 Owen（1965）关于 X 的本质与 X 之间的同一性关系的解释。
[④] 对这一章的分析，参见聂敏里 2011, 168-189；Meister 2021。
[⑤] Sirkel 2018, 90-97。

整个基于"作为原因的 ousia 概念"的论证就会变得有问题。所以我们有必要考虑这一反对意见。我们回应的要点是，不应该认为 X 的本质无条件地与 X 相同。因为在《形而上学》Z.11 的结尾，当亚里士多德重述（也许是重新考虑）①Z.6 的讨论时，他似乎确实对 Z.6 关于本质和其所属的承载者之间的关系的结论进行了限定。

> T11：在一些情况下，本质和每一个事物[自身]是相同的，就像在那些首要的 ousia（τῶν πρώτων οὐσιῶν）那里那样；例如弯曲和弯曲的所是，如果它是首要的 ousia 的话。我说"首要的 ousia"，是指（i）不是按照"一者在另一者之中"（也就是说，就像在质料中的意义上一样在主体中）来述说的。但是（ii）作为质料或作为同质料结合在一起的事物（ὡς ὕλη ἢ ὡς συνειλημμένα τῇ ὕλῃ），便不是[和它们的本质]相同的。另一方面，[如果]它们（iii）在偶性上是一（οὐδ' <εἰ> κατὰ συμβεβηκὸς ἕν）也不是[和它们的本质相同的]，② 比如苏格拉底和文雅的；因为这些是在偶性上相同的。(《形而上学》Z.11，1037a33-b7)③

而这段话通过下面的文本得到了进一步的澄清：

> T12：灵魂和灵魂的所是（ψυχῇ εἶναι）是相同的，但人的本质和人是不同的，除非灵魂也将被说成是一个人。这样在一种意义上二者是相

---

① 参见 Menn manuscript, IId, 21，根据他的说法，Z.11 末尾的讨论实际上是接续了 Z.10-11 的讨论，也参见聂敏里 2016, 88-97。
② 1037b5 有一个文本读法问题。如果保留诸抄本的读法（即 οὐδ' κατὰ συμβεβηκὸς ἕν...），那么我们倾向于同意 Burnyeat et al.（1979, 97），以及 Frede and Patzig（1988, ii. 220）的建议：οὐδέ 在这里的意思是"另一方面也不是"（nor, on the other hand）或"也不仅仅是"（auch nicht bloß），而不是"甚至不是"（not even）。但不管我们是接受诸抄本的读法，还是同意罗斯和耶格尔对于 εἰ 的增补，至少清楚的是，亚里士多德在这里指的是一个偶性的统一体，其本质肯定不与这个偶性的统一体相同。
③ καὶ ὅτι τὸ τί ἦν εἶναι καὶ ἕκαστον ἐπὶ τινῶν μὲν ταὐτό, ὥσπερ ἐπὶ τῶν πρώτων οὐσιῶν, οἷον καμπυλότης καὶ καμπυλότητι εἶναι, εἰ πρώτη ἐστίν (λέγω δὲ πρώτην ἢ μὴ λέγεται τῷ ἄλλο ἐν ἄλλῳ εἶναι καὶ ὑποκειμένῳ ὡς ὕλῃ), ὅσα δὲ ὡς ὕλη ἢ ὡς συνειλημμένα τῇ ὕλῃ, οὐ ταὐτό, οὐδ' <εἰ> κατὰ συμβεβηκὸς ἕν, οἷον Σωκράτης καὶ τὸ μουσικόν· ταῦτα γὰρ ταὐτὰ κατὰ συμβεβηκός.

同的，在另一种意义上则不相同。(《形而上学》H.3，1043b2-4）[1]

在 T11 中，亚里士多德可能提到了 Z.6 的讨论，暗示首要 ousia 的本质与首要 ousia 本身是一致的。但是，当他阐释首要性的概念时，他又区分了三种不同的情况。(i) 不被说成是一者在另一者之中 (τῷ ἄλλο ἐν ἄλλῳ εἶναι)，也就是说 (καί)，就像在质料中的意义上一样在主体中 (ὑποκειμένῳ ὡς ὕλη)；(ii) 是质料或是与质料结合在一起的；(iii) 仅仅是一个偶性的统一体，如文雅的苏格拉底。亚里士多德认为，只有 (i) 是恰当的首要 ousia，其本质与它本身是相同的。在这段话中，亚里士多德澄清了"首要 ousia"的含义，它在《形而上学》Z.4-6 被简单地描述成"不谓述另一者的，而是就其自身而言的和首要的 (μὴ κατ' ἄλλο λέγεται, ἀλλὰ καθ' αὑτὰ καὶ πρῶτα, Z.6，1031b13-14）"。而在 Z.11，亚里士多德补充说，"首要的 ousia"不仅应该是"不谓述另一者的"和"就其自身而言的"事物；而且还应该是"不在另一物之中，就像在质料中一样"。而在这个意义上的首要的 ousia 的本质与自身相同。换句话说，亚里士多德在 Z.4-6 强调的"不谓述另一者的，而是就其自身而言的"事物首先应该与 (iii) 偶性存在者相区别开来，但它们仍然可能是 (ii) 复合实体，也就是"被说成一者在另一者之中，就如在主体（质料）中的事物"，而 (ii) 这些复合实体与 (i) 不与质料结合的或没有质料的事物依然不同。只有 (i) 可以被正确地看作是 Z.6 中的"首要的 ousia"。在这个意义上，"首要的 ousia"在《形而上学》Z.6 和 T11 中的含义与《范畴篇》中的含义不同，[2] 后者可能是指《形而上学》中的复合实体。与此不同，Z.6 和 T11 中的其本质与自身相同的"首要的 ousia"主要是指复合实体的形式（当它们不与质料在一起时）和第一推动者。这一点可以从 T12 中得到进一步证实，亚里士多德指出，人的本质——也就是灵魂——与在复合实体意义上的人不同；除非我们把人径直看作是人的灵魂，这样的话人的本质才会与人相同。[3]

这样，当我们在 Z.17 谈到"作为原因的 ousia 概念"时，复合实体才是本质的承载者，才是 Z.17 讨论的主要对象，而复合实体自身与它的本质不相同。因此，西尔凯对"作为原因的 ousia 概念"的批评是没有说服力

---

[1] ψυχῇ μὲν γὰρ καὶ ψυχῇ εἶναι ταὐτόν, ἀνθρώπῳ δὲ καὶ ἄνθρωπος οὐ ταὐτόν, εἰ μὴ καὶ ἡ ψυχὴ ἄνθρωπος λεχθήσεται· οὕτω δὲ τινὶ μὲν τινὶ δ' οὔ.

[2] Weidemann 1980, 82.

[3] 对于本质与其承载者之间的同一关系的其他讨论，参见 Weidemann 1980; Code 1985; Charles 2011。

的。原因在于，Z.6 的讨论和所谓的"本质的同一性模型"不能适用于 Z.17 中的首要讨论对象：Z.17 中的复合实体的本质是复合实体的存在的首要原因；但对于亚里士多德来说，此处的本质与本质所属的承载者不相同。

本章小结

在这一章中，我们论证了《形而上学》Z.17 中的"另一个开端"并不是《形而上学》核心卷中的一个全新的开端。根据"另一个开端"，亚里士多德提出了"作为原因的 ousia 概念"，也就是作为本质的 ousia 是首要原因。而"作为原因的 ousia 概念"既存在"Z 卷内的连续性"，也存在"卷次间的连续性"。作为原因的 ousia 概念在《形而上学》Z.1 已被隐含地提出，并在 Z.8 和 Z.13 被明确提及；因此，当亚里士多德在 Z.17 提出这一主张时，他是在重新拾起在 Z 卷中的这些之前的讨论。此外，在到达 Z 卷之前，亚里士多德已经建立并捍卫了"作为原因的 ousia 概念"，这主要是基于他在《形而上学》A.1-2 的讨论。在那里，亚里士多德描述了第一哲学的一般特征。然后，我们阐述了亚里士多德是如何在《形而上学》A.1-2 具体论证"作为原因的 ousia 概念"的。由于这些论证的一些前提来自于哲学家普遍接受的观点，那么通过证明作为原因的 ousia 概念的正确性，亚里士多德可能意识到，他正在延续一个对于 ousia 的一般探究的哲学传统，而柏拉图在这个探究传统中占据了重要地位。这一点可以进一步阐明亚里士多德的"作为原因的 ousia 概念"的"柏拉图来源"。这样一来，《形而上学》Z.17 的"作为原因的 ousia 概念"，并不是来自《后分析篇》的"同一性命题"，而是主要植根于亚里士多德形而上学的讨论中。这一主张与《形而上学》之前的讨论是连续的。正是在《形而上学》中，基于"形而上学"这门科学的一般特征，亚里士多德提出了本质与原因之间关系的同一性：复合实体的本质与它之所以存在的首要原因是相同的。

第四章 《形而上学》Z.17 的"另一个开端"与《后分析篇》的三段论学说

在上一章我们已经讨论了《形而上学》Z.17 的"作为原因的 ousia 概念"与"另一个开端"的问题。我们提出了一种"作为原因的 ousia 概念"的"连续性解读",认为"作为本质的 ousia 是首要原因"的说法既不是来自《后分析篇》中的三段论学说,也没有直接挪用《后分析篇》中的"同一性命题"的"同一性解读"。相反,"作为原因的 ousia 概念"是基于《形而上学》开头讨论的第一哲学的一般特征而得到建立和辩护的。而且,在 Z 卷之内,这一主张已经通过 Z.1 对首要性或优先性概念的讨论得到了暗示,并在 Z.8 和 Z.13 中在柏拉图理念论的背景下被明确提到了。这样一来,Z.17 的"作为原因的 ousia 概念"就延续了《形而上学》中的之前的讨论,并以这些讨论为基础。因此,我们认为不能仅仅通过亚里士多德在 Z.17 宣布的"另一个开端"和"作为原因的 ousia 概念",就认为亚里士多德在 Z.17 引入了来源于《后分析篇》的证明性三段论的学说。

另一方面,我们在本书的前两章曾多次提及,证明性三段论是亚里士多德探究原因的方式,而通过三段论表述的证明法可以被视为是《后分析篇》和《论动物的部分》中对于原因的探究的形式。既然我们现在需要考察《形而上学》ZH 本质和原因之间的关系,以及对于本质的探究和对于原因的探究之间的关系。因此,在我们正式转向研究《形而上学》ZH 对于本质的探究和对于原因的探究之间的关系之前,我们需要首先考虑亚里士多德在《形而上学》Z.17 是否使用了证明性的三段论学说,以及在多大程度上应用了证明性的三段论。似乎有一些迹象表明,亚里士多德在 Z.17 暗示了《后分析篇》中证明性的三段论学说,并将其应用于 Z.17 的讨论。然而,由于《后分析篇》和《形而上学》的讨论对象并不相同,前者主要是关于"进程"(process)和"属性"(property),后者主要是关于复合实体;

我们必须要问，源自《后分析篇》的证明性三段论在多大程度上可以应用于《形而上学》的讨论。这些迹象是否强到足以让亚里士多德在 Z.17 使用证明性的三段论本身，还是说亚里士多德只需要一个更"宽松"的、非证明性的因果框架来完成对于原因的探究？更重要的是，将《后分析篇》中所要求的证明性三段论应用于 Z.17 可能存在一些困难，我们必须考察，这个问题是否可以解决。如果不能解决，那么无论亚里士多德如何有必要地使用三段论，他都不能实现这一目标。

在本章中，我们将依次考察这些问题。首先在第一节中，我们将探究亚里士多德如何在 Z.17 中针对复合实体恰当地提出"为什么"问题的方式。理由在于，如果要进行对于原因的探究，我们必须要首先提出"为什么"的问题，而且三段论针对的"为什么"的问题有一种特殊的形式。由于《后分析篇》和《形而上学》的讨论对象不同，所以在一开始就将《后分析篇》的证明性三段论直接应用在《形而上学》Z.17 中可能会有问题。我们将指出，虽然存在讨论对象的差异，但亚里士多德在 Z.17 的前半部分（即 1041a6-b11）通过"假设性"的方式论证，我们仍然可以为这些复合实体正确地提出"为什么"的问题。这样一来，我们就可以将证明性的三段论应用在对于这些复合实体的分析上，而且亚里士多德也在文本中这样做了。正是在这个意义上，与早先在 Z 卷中对复合实体的讨论相比，Z.17 的"另一个开端"的确可以被视为是新的。值得注意的是，很多学者都认为亚里士多德在 Z.17 一开始就已经确定了提出关于复合实体的"为什么"问题的正确方式。与此相反，我们会通过细致的文本分析，指出亚里士多德并没有在一开始就预设了关于复合实体"为什么"的问题必须以一种能够通过证明性三段论来探究的方式被提出；相反，亚里士多德在一步步的假设和反思过程中论证了来源于《后分析篇》的证明性三段论如何能够适用于复合实体。

而后在第二节中，我们将提出证明性三段论与非证明的一般因果框架之间的区分。根据一些学者的观点，尽管在 Z.17 中，亚里士多德确实诉诸《后分析篇》有关证明法的讨论，但要将一个证明性三段论应用到 Z.17 中会面临一些严重的困难，而这会使证明性三段论变得无效。这就是"有效性问题"。这样，他们认为在 Z.17 中只有一个非证明性的一般因果框架（尽管它也受到《后分析篇》的影响）。这个非证明性的因果框架不需要满足有效的证明性三段论的要求。这一区分对于我们全面理解《形而上学》ZH 很重要。如果只有一个要求较低的非证明性的因果框架，我们就不必考虑将证明性三段论作为亚里士多德在 Z.17 对原因的探究的一种表述方式。那么,不仅"另一个开端"在 Z 卷中不是新的,而且基于 Z.17 的"作为原因的 ousia 概念"的对于原因的探究也会独立于《后分析篇》关于证明的讨论,从而也不是新的。在阐明了这一区别和"有效性问题"之后,我们将提出,那些认为在 Z.17 中出现了证明性三段论的学者所提出的理由是不够有说服力的:这些理由最多只能推导出一个非证明性的因果框架,而不是一个更强意义上的证明性的三段论。因此,我们必须要解决"有效性问题",不然的话,Z.17 中的证据无法支持一种更严格的证明性三段论的出现,而至多是一种非证明性的因果框架。然而,我们会提到,其他学者对于 Z.17 中的"有效性问题"的一些回应也是有缺陷的。

基于这些讨论,在第三节中,我们将通过对《前分析篇》I.36 的分析,提出解决"有效性问题"的方案。这样一来,我们可以克服在 Z.17 的讨论中应用证明性三段论可能面临的困难。因此,至少没有理由否认亚里士多德在 Z.17 应用了证明性三段论。而且,通过使用证明性三段论,对于原因的探究将以更好、更明确的方式呈现出来。更重要的是,应用证明性三段论也使我们更好地理解 Z.17,1041b9-11 这段话,亚里士多德在其中讨论了对于两种不同对象的不同探究(第四节)。基于以上论证,我们最后提出,尽管应用证明性三段论的理由可能不像一些学者所说的那样强,但我们依然有理由认为 Z.17 中存在证明性三段论。这样一来,Z.17 的"另一个开端"与 Z 卷早先的讨论相比,确实包含了来自《后分析篇》的新内容。这就是证明性的三段论,它是对复合实体的原因进行探究的方式。但是亚里士多德并没有直接假定这种方式适合于对实体原因的探究。相反,是否应当引入证明性的三段论,以及如果应该引入证明性的三段论的话,以何种方式引入,这都是亚里士多德在 Z.17 的讨论的一部分。

第一节 如何为《形而上学》Z.17 的复合实体提出 "为什么"的问题?——一种"假设性解读"

作为对于原因的探究的说明,三段论是回答"为什么"问题的一种方式。亚里士多德在《形而上学》Z.17 宣布他的"另一个开端"之后,立即在 Z.17 第一部分(直到 1041b11)转而讨论如何为探究对象正确地提出"为什么"的问题。因为《后分析篇》和《形而上学》所考察的主要对象并不相同（前者主要是关于进程和属性，后者主要是关于复合实体），因此，直接假定证明性的三段论从《后分析篇》引入到《形而上学》Z.17可能过于轻率了。相反，我们会看到，亚里士多德在Z.17前半部分考虑的问题是，《后分析篇》中的证明性的三段论是否可以适用于Z.17的讨论；如果可以的话，又该如何适用于Z.17的复合实体。在这一节中，我们同意一些学者的观点，认为尽管《后分析篇》和《形而上学》所考察的对象不同，我们仍然能够以一种允许严格的三段论证明的方式对Z.17中的这些复合实体恰当地提出"为什么"的问题：通过将复合实体分析为形式和质料，我们能够将证明性的三段论应用在它们身上。然而，我们也反对很多学者的观点，这些学者认为亚里士多德从一开始就预设了复合实体必须被分析成形式和质料，以便能够正确地提出"为什么"的问题。与他们相反，我们认为亚里士多德在Z.17的前半部分的论证是以假设的方式进行的。

亚里士多德在《后分析篇》中提到的可以通过证明性的三段论来探究的事物主要是进程、事件、属性和特性等。① 就这些事物而言，正如亚里士多德在Z.17中指出的那样，它们之中有一个内在的谓述结构。根据这个结构，一个事物要明确地谓述另一个事物（参见Z.17，1041a25-26：ἄλλο κατ' ἄλλου）。例如，亚里士多德认为雷声是"声音谓述云"（即存在于云中的声音，1041a25）。然而，在复合实体的情况下，亚里士多德强调，复合实体不是"一者谓述另一者"的事物（例如参见："μὴ κατ' ἄλλο λέγεται, ἀλλὰ καθ' αὑτά"，Z.6，1031b13-14；"ἐν τοῖς μὴ κατ' ἀλλήλων λεγομένοις"，Z.17，1041a33）。否则，复合实体将与偶性的统一体（如一个文雅的人）无法区分。现在亚里士多德表示，如果一个人想正确地问"为什么"的问题，那么就不能问"为什么X是X"。因为问一个东西为什么是一个东西本身，对于我们探究一个东西的原因来说是没有帮助的（Z.17，1041a10-20）。② 因此，在一个复合实体的情况下，鉴于复合实体似乎不是一个"一者谓述另一者"的事物，我们很难找到一种恰当的方式来提出"为什么"的问题。如果我们不能为复合实体找到一种提出"为什么"问题的正确方式，那么

---

① 或是布隆斯坦所说的"因果复合的事物"（causally complex objects），例如参见 Bronsetin 2016, 45-46。

② 但参见 Morrison 1996, 197-199; Bostock 1994, 237-239，他们对亚里士多德坚持不问"为什么X是X"提出了一些困惑。我们在这里没有必要详细讨论这个问题，以及1041a10-20这段话中的其他困难，因为这与当下探究的主题无关。也参见 Menn（2021, 202-205）对于必须探究"一者谓述另一者"的理由的分析。

证明性的三段论就根本不能适用于它们。①

在排除了"为什么"问题的不恰当的提问方式，亦即"为什么 X 是 X"之后，亚里士多德开始探究如何为复合实体正确提出"为什么"的问题。这段文本值得我们全文引用。

> T1a：不过，一个人或许可以（ἄν）探究（Qa）"为什么如此这般的动物是一个人"［或"为什么人是如此这般的一个动物"］（διὰ τί ὁ(?) ἄνθρωπός ἐστι ζῷον τοιονδί），② 那么这一点就很明显了：他不是在探究为什么一个人是一个人。（《形而上学》Z.17，1041a20-22）③

> T1b：因此探究的是，在"一者谓述另一者"（τὶ κατά τινος）的情况下，为什么它谓述［另一者］？"它谓述［另一者］"必须是清楚的；如果它不谓述，那么就没有探究了。比如说，为什么会存在雷声？为什么云中会有声音？因为以这种方式探究的是"一者关于另一者"的事

---

① 由于这个原因，一些学者完全拒绝 Z.17 中证明性三段论的存在。他们认为，《后分析篇》中讨论的对象是属性，而 Z.17 中讨论的对象是复合实体。由于复合实体是简单的（一者不谓述另一者），所以证明性的三段论不能适用于它们。例如参见 Ross 1949, 612；Yu 2003, 67-71（余纪元 2013, 95-101）；Deslauriers 2007, 94-97, 113-177。此外，也许是受这一思路的影响，西尔凯在批评了"作为原因的 ousia 概念"之后（参见上文第三章），提出了一个解决方案来理解复合实体的谓述结构。她基于布隆斯坦提出的《后分析篇》中的两种证明模型，声称我们应该把复合实体理解为属性，而把复合实体的质料当作主体。参见 Sirkel 2018, 97-110。然而，这一观点将把复合实体视为质料的偶性，这显然不可能被亚里士多德接受。为此，我们不认为布隆斯坦在《后分析篇》中的两种证明模型可以被用在《形而上学》中，参见 Bronstein 2016, 48-50。

② 我们不清楚是否应该在这里追随 Ab 抄本而省略定冠词 ὁ。如果我们省略定冠词，那么 Qa 的形式"为什么如此这般的动物是一个人"就会与 Qb 和 1041a27 的"为什么这些砖石是一座房子"的问题相同，也就是说，ἄνθρωπος（一个人）是谓词，ζῷον τοιονδί（如此这般的动物）是主词。许多学者似乎接受这一点，所以他们倾向于省略定冠词。参见 Lewis 2013, 277 n. 13；Menn 2001, 129 n. 48；Menn 2021, 229；另外，弗思的翻译也倾向于这种读法。然而，我们在下面将论证，Qa 只是对复合实体提出"为什么"问题的初步尝试，所以最好不要一开始就预设亚里士多德已经确认 Qa 必须以一种与 Qb 相同的方式表达。但无论我们选择哪种读法，并不会影响这里整体的解读。

③ ζητήσειε δ' ἄν τις διὰ τί ὁ(?) ἄνθρωπός ἐστι ζῷον τοιονδί. τοῦτο μὲν τοίνυν δῆλον, ὅτι οὐ ζητεῖ διὰ τί ὅς ἐστιν ἄνθρωπος ἄνθρωπός ἐστιν. 在罗斯的希腊文本中，1041a21 的"ἄνθρωπός"写作"ἄνθρωπός"，相当于"ὁ ἄνθρωπος"，这里的希腊文本根据耶格尔的文本、弗雷德和帕齐希的文本和我们的论证进行了相应调整。

物。而为什么这些事物——比如说砖头和石头——是一座房子？（《形而上学》Z.17，1041a23-27）①

T1c：因此很明显，在探究的是原因，而这就是本质，正如我们根据逻各斯（λογικῶς）②说的。在某些事物的情况下，[原因]是"为了什么"，例如在房子或床的情况下；但是在另一些事物的情况下就是最初发起运动的东西，因为这也是原因。但后一类原因（τοιοῦτον αἴτιον）在生成和毁灭的情形中[被探寻]（ἐπὶ τοῦ γίγνεσθαι καὶ φθείρεσθαι）；而前者（θάτερον）也在存在的事物中[被探寻]（ἐπὶ τοῦ εἶναι）。（《形而上学》Z.17，1041a27-32）③

T1d：但被探究的事物在那些事物不相互述说（μὴ κατ' ἀλλήλων λεγομένοις）的情况下最容易被忽略，例如，在探究"人是什么"（ἄνθρωπος τί ἐστι ζητεῖται）④的时候，因为它是单纯地被谓述的，没有被区分出来这些是这个（τάδε τόδε）。但在探究之前，它需要被阐明（διαρθρώσαντας）；如果它没有被阐明，那么无论我们探究的是某物还是无物，都会变成同

---

① τί ἄρα κατὰ τινος ζητεῖ διὰ τί ὑπάρχει (ὅτι δ' ὑπάρχει, δεῖ δῆλον εἶναι· εἰ γὰρ μὴ οὕτως, οὐδὲν ζητεῖ), οἷον διὰ τί βροντᾷ; διὰ τί ψόφος γίγνεται ἐν τοῖς νέφεσιν; ἄλλο γὰρ οὕτω κατ' ἄλλου ἐστὶ τὸ ζητούμενον. καὶ διὰ τί ταδί, οἷον πλίνθοι καὶ λίθοι, οἰκία ἐστίν;

② 我们保留了 1041a28 的 "τοῦτο δ' ἐστὶ τὸ τί ἦν εἶναι, ὡς εἰπεῖν λογικῶς" 这句话，参见 Ross 1924, ii. 223; Frede and Patzig 1988, ii. 312-313。我们将在下面提到保留这句话的另一个动机。我们对这些段落的解释并不取决于如何理解这句话中的 λογικῶς，对此参见 Peramatzis（2017, 106-121）的全面讨论。无论如何，λογικῶς 的概念并不意味着伯恩耶特在 Z.17 中提出的"逻辑学层次"（logical level）和"形而上学层次"（metaphysical level）的两个层次理论（Burnyeat 2001, 57-59），参见 Menn 2011, 187 n. 28, 189 n. 31; Peramatzis 2017, 109-110 n. 34, 111 n. 36, 119 n. 42 对伯恩耶特观点的批评。

③ φανερὸν τοίνυν ὅτι ζητεῖ τὸ αἴτιον· τοῦτο δ' ἐστὶ τὸ τί ἦν εἶναι, ὡς εἰπεῖν λογικῶς, ὃ ἐπ' ἐνίων μέν ἐστι τίνος ἕνεκα, οἷον ἴσως ἐπ' οἰκίας ἢ κλίνης, ἐπ' ἐνίων δὲ τί ἐκίνησε πρῶτον· αἴτιον γὰρ καὶ τοῦτο. ἀλλὰ τὸ μὲν τοιοῦτον αἴτιον ἐπὶ τοῦ γίγνεσθαι ζητεῖται καὶ φθείρεσθαι, θάτερον δὲ καὶ ἐπὶ τοῦ εἶναι.

④ 我们认为这里提出的问题是一个"为什么"的问题。即使我们不把 1041b1 读作 "ἄνθρωπος διὰ τί ἐστι"（这可能是能在 E 抄本上找到的读法，并被 Bonitz 采用），我们仍然可以把它"理解"为一个"为什么"的问题（正如一些古代评注者所建议的，参见 Ross 1924, ii. 224; Frede and Patzig 1988, ii. 315）；因为在当前的语境中，ti esti 问题相当于"为什么"的问题，而亚里士多德在这段话中所讨论的是对"为什么"问题的探究。关于这一点的进一步讨论，例如参见 Lewis 2013, 279 n. 18; Wedin 2000, 420 n. 15。

一个问题。但是，既然存在（τὸ εἶναι）必须成立和保证，那么显然探究的是：（Qb）为什么质料是某种[确定的]事物（τὴν ὕλην ζητεῖ διὰ τί <τί> ἐστιν）。例如，为什么这些事物是一座房子？因为房子的所是（ὃ ἦν οἰκίᾳ εἶναι）谓述它。为什么这个，或者说，这个处于如此这般的状态的身体是一个人（καὶ ἄνθρωπος τοδί, ἢ τὸ σῶμα τοῦτο τοδὶ ἔχον）？因此，在探究的是质料成为某种[确定的]事物的原因（而这就是形式），① 这就是 ousia。（《形而上学》Z.17, 1041a32-b9）②

首先值得注意的是，在这段话的开头（T1a），亚里士多德提出对于复合实体来说，"一个人或许可以（ἄν）探究'为什么如此这般的动物是一个人'（或'为什么人是如此这般的一个动物'）"。而在引文最后（T1d），亚里士多德确证了对复合实体提出"为什么"问题的正确方式：我们应该问"为什么 X 是 Y"（或"为什么 Y 谓述 X"），其中 X 是指质料，而 Y 是指复合实体（参见 Qa 和 Qb）。我们认为，在 Qa 和 Qb 之间，亚里士多德提出一个关于表述"为什么"问题的最适当方式的假设。Qa 是正确提出"为什么"问题的初步尝试，而 Qb 则是在复合实体的情况下提出"为什么"问题的正确的方式。我们在 Qb 中得到的表述是亚里士多德在 Qa 和 Qb 之间进行的反思与论证的结果。

有一些文本证据可以支持这种解读。首先，1041a20 的"ἄν + ζητήσειε"的表达可以说明，Qa 只是对"为什么"问题的可能提出方式的初步和临时性的表述。③ 许多学者认为在 Qa 中，亚里士多德已经预设了"如

---

① 这里我们保留了 1041b8 的 τοῦτο δ' ἐστὶ τὸ εἶδος，并将此句视为解释性的补充说明，参见 Ross 1924, ii. 224。

② λανθάνει δὲ μάλιστα τὸ ζητούμενον ἐν τοῖς μὴ κατ' ἀλλήλων λεγομένοις, οἷον ἄνθρωπος τί ἐστι ζητεῖται διὰ τὸ ἁπλῶς λέγεσθαι ἀλλὰ μὴ διορίζειν ὅτι τάδε τόδε. ἀλλὰ δεῖ διαρθρώσαντας ζητεῖν· εἰ δὲ μή, κοινὸν τοῦ μηθὲν ζητεῖν καὶ τοῦ ζητεῖν τι γίγνεται. ἐπεὶ δὲ δεῖ ἔχειν τε καὶ ὑπάρχειν τὸ εἶναι, δῆλον δὴ ὅτι τὴν ὕλην ζητεῖ διὰ τί <τί> ἐστιν· οἷον οἰκίᾳ ταδὶ διὰ τί; ὅτι ὑπάρχει ὃ ἦν οἰκίᾳ εἶναι. καὶ ἄνθρωπος τοδί, ἢ τὸ σῶμα τοῦτο τοδὶ ἔχον. ὥστε τὸ αἴτιον ζητεῖται τῆς ὕλης (τοῦτο δ' ἐστὶ τὸ εἶδος) ᾧ τί ἐστιν· τοῦτο δ' ἡ οὐσία.

③ 有人可能会反对说，"ἄν+ 希求语态"的结构既可以表达对一种可能性的肯定，也可以表达对一种可能性的否定，所以"ζητήσειε δ' ἄν τις διὰ τί ὁ(?) ἄνθρωπός ἐστι ζῷον τοιονδί"这句话也可以理解为一种反事实的情况（counterfactual）。然而，从接下来的讨论来看，这种可能性必须被排除；否则，亚里士多德在 Z.17 前半部分对于正确表述"为什么"问题的探究就会毫无结果。

此这般的动物"是指质料，就像 Qb 中的情况一样。① 但是，我们认为 Qa 的目的是强调，对于复合实体而言，在"为什么 X 是 Y"这样形式的"为什么"问题中，Y 必须是与 X 不同的东西。这就是为什么亚里士多德立即在 1041a21-22 再次澄清，这个问题不是在问"为什么人是人"。很明显，在 Qa 这个问题中，Y 是探究的对象（人），但还不清楚 X（这样那样的动物）代表什么。我们认为，X 有可能是指人的本质，但更合理的理解是，X 只指对 Y 来说必不可少的东西，只要它与 Y 不严格同一。如果 X 指的是对 Y 来说是偶然的东西，那么问"为什么 X 是 Y"对探究 Y 来说是无用的，而且不能与"为什么文雅的人是人"这样的问题相区别。不过在这种情况下，X 也可以指人的本质，因为我们在上一章已经看到，被理解为复合实体的人与被理解为人的本质的人是不同的（H.3，1043b2-4）。然而，X 也可以不指本质，而指对 Y 来说非偶然的东西。② 例如，"如此这般的（一个）动物"可以指涉人的一个中间的属，它对人来说是必不可少的，但并不说明人的本质；③ 而且它也可以指（或至少不会排除）人的质料。所以不管我们如何理解 Qa 中 X 和 Y 的所指，亚里士多德在这里的第一步想要确保的是，X 和 Y 不是相同的，而且 X 和 Y 以一种非偶然的形式相关联。④ 在这个例子中，Y 是复合实体，是我们探究的对象。

接下来在 T1b 中，亚里士多德在 1041a23 开始提出一个假设：这样，我们可以探究在其之中"一者谓述另一者"（τὶ κατά τινος）的事物。然后在 1041a24-26，亚里士多德引入了打雷的例子。在这个例子中，存在着"一者谓述另一者"的谓述结构（"声音"谓述"云"）。我们没有理由认为，亚里士多德引入这个例子是在假设 Qa 中关于人的 X 和 Y 的关系是和关于雷声的"声音"和"云"的关系是一样的。相反，他在这里要表明的是，我们可以把 Qa 理解为"一者谓述另一者"的情况，就像在雷声的例子中那样。此外，由于雷声的例子是《后分析篇》中一个典型的应用了证明性三段论的例子，我们有理由认为，亚里士多德的确意图把证明性三段论的理论带入 Z.17 的讨论中，只要我们可以按照一个有效的证明性三段论的要求正确地提出"为什么"的问题。因此在这里，亚里士多德并没有把证明性

---

① 例如，参见 Lewis 2013, 277 n. 13; Menn 2001, 129 n. 48; Charles 2010, 310。而正如之前所说，他们都倾向于在 1041a21 的 "ἄνθρωπος" 前省略定冠词 "ὁ"。

② 参见 Morrison 1996, 198-199。

③ 参见 Lewis 2013, 277 n. 13; Code 2010, 96，他们提出 Y 或许可以被理解为 "属+种差"的结构。

④ 参见 Morrison 1996, 198-199。

三段论直接引入到 Z.17，而是把它作为一个尚待确证的假设提出来。

现在，对于复合实体，在什么意义上我们可以说存在一个类似的"一者谓述另一者"的谓述结构？亚里士多德用房子作为"对于我们更可知"（better known to us）的复合实体的例子，指出对房子来说，"砖石"与复合实体"房子"存在谓述关系（1041a27）。因为对于房子和其他人造物来说，在复合物和质料之间存在一种更明显的谓述关系，这可能类似于有关雷声的谓述关系。① 亚里士多德进一步提出，如果我们接受这一点，那么，在复合实体的情况下，我们可以这样提出"为什么"问题："为什么 X 是 Y？"其中 Y 是探究的对象，而 X 是质料（1041a27-28）。而如果这是提出"为什么"问题的正确方式，那么我们所探究的将是对象之所以存在的原因。最重要的是，亚里士多德补充说，这个原因作为"为什么"问题的正确回答，应该被认为是复合实体的本质（1041a28）。值得注意的是，这最后一点让我们回到了之前建立的"作为原因的 ousia 概念"。由于这种提出"为什么"问题的假设的方式需要诉诸"作为原因的 ousia 概念"，亚里士多德有理由认为这是提出"为什么"问题的正确方式。这样一来，我们认为"作为原因的 ousia 概念"对于亚里士多德确立对于复合实体的"为什么"问题的正确提出方式至关重要。首先，正如我们在上一章中所论证的，"作为原因的 ousia 概念"在 Z.17 之前就已经被确立了。换句话说，亚里士多德在这里的第二步论证中把"作为原因的 ousia 概念"看作是他讨论如何正确提出"为什么"问题的起点（参见 1041a9-10）。其次，提出"为什么"问题的临时性的方式将涉及这个预先确立的"作为原因的 ousia 概念"。因此，我们可以合理地接受这种提出"为什么"问题的方式。1041a28 的"τοῦτο δ᾽ ἐστὶ τὸ τί ἦν εἶναι"这句话支持了之前以假设的方式提出的有关复合实体的"为什么"的问题。②

然而，上面这第二步并不是亚里士多德论证的终点。在第三步，亚里士多德重新回到了人的例子。他强调，对于人来说，一者不谓述另一者（参见 1041a33：ἐν τοῖς μὴ κατ᾽ ἀλλήλων λεγομένοις）。这与雷声不同，对于雷声来说，明确存在一者谓述另一者的情况；而且它也可能与人

---

① Ross（1924, ii. 223）声称，对于房子的例子，谓述关系仍然与"属性谓述主体"的情况相同，房子作为一个属性谓述砖石，而砖石被视为主词或主体。虽然我们不认为这是正确的解释方式（参见 Halper 2017, 58 的批评），但罗斯的观点意味着房子的情况更像《后分析篇》中的雷声（罗斯也将其视为属性谓述主体的情况）。

② 因此，我们有必要保留 1041a28 的"τοῦτο δ᾽ ἐστὶ τὸ τί ἦν εἶναι, ὡς εἰπεῖν λογικῶς"这句话。

造物不同，对于人造物来说，我们至少更容易找到一个谓述结构。接下来，亚里士多德声称，对于人这个"困难的例子"，我们仍然应该"阐明"（διαρθρώσαντας，1041b2-3）"为什么"的问题，就像雷声和房子的例子那样。原因在于，如果我们没有阐明这个"为什么"的问题，那么倘若仅仅提出"为什么是一个人"（参见 1041b1），①我们将无法区分"我们在探究某物（τοῦ ζητεῖν τι）"（"为什么 X 是 Y"，而 X 和 Y 不一样）的情况和"我们在探究无物（τοῦ μηθὲν ζητεῖν）"（"为什么 X 是 X"）的情况（1041b3-4）。②这样一来，虽然在人和其他自然复合实体的情况下，似乎不存在一者谓述另一者的情况，但是，因为人是形式和质料的复合物，所以仍然是"一者在另一者之中"（参见 Z.11，1037a33-b7）。③这表明，与质料复合的人可以通过类似于房子和雷的情况来分析，因为复合实体可以谓述质料。④此外，我们可以注意到，亚里士多德在第二步和第三步使用例子时，从"对于我们更可知"的例子进展到"在自然上更可知"的事物。⑤如前所述，雷声的例子对我们来说可能比房子的例子更容易被呈现在一个恰当的"为什么"的问题中，而房子的例子对我们来说也要比人的例子更容易。⑥

这样一来，正如亚里士多德在 Qb 中所说，关于人的"为什么"问题也可以理解为"为什么质料是一个复合物"，或者说"为什么复合物谓述质料"。在最后一步中（T1d），亚里士多德在第二步提出了关于如何提出"为什么"问题的假设之后，发现这个假设性的提议也适用于人的例子，因为人是形式和质料的复合实体。因此他的结论是，Qb 是理解 Qa 的正确方式

---

① 这里提出的问题至少应该被理解为一个"为什么"的问题。
② 参见 Burnyeat et al. 1979, 154; Frede and Patzig 1988, ii. 316。
③ 值得注意的是，在 Z.11, 1037b3-4，亚里士多德并没有指出在什么意义上首要的 ousia 不应该是"在质料中"，所以他有可能对"在……之中"的概念进行了更灵活的解读，就像在《物理学》IV.3，210a14-24 所说的多种含义那样。
④ Devereux 2003, 183-184；参见 Gill（2008, 407-408）关于复合实体和质料之间的谓述关系的讨论。
⑤ 亚里士多德在他的著作中多次提到这种区分，特别是当他讨论他的探究方法时：例如，《形而上学》Z.3, 1029b3-12；《物理学》I.1, 184a16-21；《尼各马可伦理学》I.4, 1095b2-4；也参见《后分析篇》I.2, 71b33-72a5。我们在后文中会提到，亚里士多德在 H.2 和 Z.12 中也使用了这种区分。
⑥ 当然，这种区分并不仅仅在于我们是否会对恰当的"为什么"问题感到更加熟悉。那些"在自然上更可知"的事物可能是严格意义上的复合实体，正如亚里士多德在《形而上学》Z.17, 1041b28-29; H.2, 1043a4-5; H.3, 1043b21-22 等处所建议的那样。

（1041b6-8）。

我们已经阐明了亚里士多德在 Z.17 的前半部分如何以一种假设的方式去探究关于复合实体的提出"为什么"问题的最恰当方式，这一点的重要性被许多学者低估了。① 我们应该特别注意到作为原因的 ousia 概念在亚里士多德的论证中的位置。在《形而上学》Z.17 之前，作为原因的 ousia 概念已经得到了确立，故而亚里士多德把它作为论证的第二步的起点（特别参见 1041a27-28），而不是通过引入证明性的三段论来"确证"作为原因的 ousia 概念的正确性。因此在 Z.17 中，我们发现关于复合实体，有一个关于"阐明探究对象"的程序，而且最合理的"阐明"方式是将证明性的三段论应用在它们身上。同时，证明性的三段论也能以更丰富的方式说明之前已经确立的作为原因的 ousia 概念，而这符合亚里士多德在 Z 卷的总体目的，即对实体的分析。

然而，我们必须要问：Z.17 中的证明性的三段论——当它被正确表述时——能否满足证明性的三段论的所有要求，并且也还是有效的？如果当证明性的三段论用于 Z.17 中的对象时，三段论变得是无效的，那么尽管亚里士多德的确意在引入证明性的三段论，他在 Z.17 中也无法完成这一任务。这就是我们在下文中讨论的问题。

第二节 证明性的三段论与非证明性的一般因果框架

我们已经论述了亚里士多德如何在 Z.17 中为复合实体提出"为什么"的问题，这使他能够对这些对象采用证明性的三段论的方式来探究。然而，我们仍然不清楚，亚里士多德是否的确在 Z.17 的讨论中应用了证明性的三段论，抑或他只是在 Z.17 中采用了一个比较宽松的非证明的一般因果框架。因为尽管亚里士多德有可能打算在 Z.17 中使用证明性的三段论，但由于一些困难而无法实现这个目的，从而最后只能引入了一个非证明的因果框架。非证明性的因果框架可能最终也来自于《后分析篇》的证明性的三段论学说，但它比严格的证明性三段论更加"灵活"，而且它与《后分析

---

① 虽然 Peramatzis（2017, 112-113）注意到这些段落中的谓述关系的重要性，但他没有考虑亚里士多德在 Z.17 的前半部分是如何进行论证的。

篇》的联系更加松散。在这一节中，我们将讨论证明性三段论和非证明性的因果框架之间的区别。首先，我们将通过与证明性三段论的对比，提出非证明性的因果框架的概念，并讨论部分学者提出这种因果框架的动机，也就是对在 Z.17 使用证明性三段论的批评。我们把这种批评称为在 Z.17 应用证明性三段论的"有效性问题"(validity problem)。其次，我们考虑了学者为亚里士多德在 Z.17 应用证明性三段论而提出的几个理由，并得出结论：这些理由都不足以得出亚里士多德在 Z.17 应用了证明性三段论的结论，而最多只能推导出一个非证明性的因果框架。这样一来，在将证明性三段论应用于 Z.17 的讨论之前，我们必须首先解决这个"有效性问题"。最后，我们会发现，目前的一些对于"有效性问题"的解决方案都不够有说服力。

一、非证明性的一般性因果框架与"有效性问题"的提出

1. 证明性三段论

一个证明性三段论可以大致表述如下，这个三段论表达了对于原因的探究，说明了一个"为什么"问题的答案，我们刚刚讨论过，这个问题的结构应该是"为什么 X 是 Y"（或"为什么 Y 谓述 X"）。

问题：为什么 A 谓述 C？
回答：因为 B。

A 谓述（所有[①]）B。
B 谓述（所有）C。
_____

A 谓述（所有）C。

要建立一个关于复合实体的证明性三段论，第一，我们应该用三段论证明的三个词项 A、B、C 来指称关于复合实体的某些存在者，例如形式、质料、复合实体等。为了方便起见，我们在这里假设 A 是大项（major term），代表复合实体。B 是中项（middle term），代表首要原因，也就是复

[①] "所有"的全称量词往往被亚里士多德省略，但它确实存在着。而我们在表述三段论时也常常省略了它。

合实体的本质和形式。C 是小项（minor term），代表质料。① 第二，这个三段论必须是有效的。第三，这个三段论必须符合亚里士多德在《后分析篇》I.2-6 中讨论的对一个有效可靠的三段论的所有相关要求和限制。例如，这个三段论对于它所指明的所有情况都应该是正确的；三段论前提必须是必然的；中项 B 应该是恰当的原因，解释了为什么"A 谓述 C"。

2. 非证明性的一般因果框架

另一方面，非证明性的一般因果框架要比证明性三段论宽松和灵活得多。主要的区别在于，一般的因果框架不需要满足证明性三段论的所有要求（尽管它也可以借助于《后分析篇》而得到，但这不是必需的）。此外，一般的因果框架不需要我们把讨论的对象转换为三段论的大项、小项、中项，并以这三个词项构造三个命题，所以我们称这种因果框架为"非证明性"的。一般来说，Z.17 和 H 卷中的一般因果框架只需要两个命题的表述，如德弗罗（D. Devereux）所说："（a'）这些砖石是一座房子的解释是（b'）房子的本质或形式属于这些材料。"② 而这与我们之前对"为什么"问题的表述和它通过证明性三段论的回答相一致。"问题：为什么 A 谓述 C？回答：因为 B。"因此，这个一般的因果框架仍然需要我们把复合实体分析为"形式"和"质料"，以获得一个恰当的"为什么"的问题；但我们不需要将其进一步置入一个证明性的三段论中。

由此我们可以看到，非证明性的因果框架和严格的证明性三段论之间的主要区别在于，前者不需要依赖于《后分析篇》中的证明法。这一区别对于我们在更广范围内解释《形而上学》ZH 有重要意义。如果 Z.17 中没有证明性三段论，那么不仅是"作为原因的 ousia 概念"，而且基于"作为原因的 ousia 概念"提出的对于原因的探究也可以独立于《后分析篇》的证明理论来理解。这样，Z.17 中对于原因的探究将是自足的，能够独立于《后分析篇》。

3. "有效性问题"

在介绍了证明性三段论和非证明性的一般因果概念之间的区别之后，我们要讨论提出这种一般的因果框架的动机。需要注意的是，对于这些学者来说，Z.17-H 中存在一般的因果框架的原因恰恰是，在 Z.17 中不可能存

---

① 当然，这并不是关于 Z.17 中复合实体的证明性三段论的三个词项的唯一表达方式，我们在本书第五章会涉及这个问题。在这里，我们只要指出，无论我们如何理解这三个词项，都无法避免"有效性问题"，参见 Lewis 2013, 284-286。

② Devereux 2003, 183.

在针对复合实体的证明性三段论。通过拒绝在 Z.17 对复合实体使用证明性的三段论学说,这些学者提出了一个"有效性问题"。为了避免这个有效性问题,他们建议采用更宽松的非证明性的因果框架。根据他们的说法,首先,很难为复合实体建立一个恰当的证明性的三段论;其次,即使当我们构建出这些证明性的三段论时,它们也是无效的,不能满足证明性三段论的要求。

正如德弗罗所宣称的那样,我们有可能确立这个关于复合实体的三段论的问题和结论。"为什么 A 谓述 C"和"A 谓述 C"。其中 C 指的是复合实体的质料,而 A 可能指的是探究的对象,即复合实体本身;因为正如我们在上面提到的,在复合实体和质料之间可以有一个谓述结构:复合实体谓述质料。此外,同样清楚的是,在形式和质料之间存在一个谓述结构:形式谓述质料,正如亚里士多德在 Z.3 和 Z.13,1038b4-6 建议的那样。这就构成了三段论的第二个前提:B 谓述 C,其中 B 是指复合实体的形式和本质。然而,我们很难确立三段论的第一个前提:A 谓述 B,甚至这是完全不可能的。因为没有迹象表明,亚里士多德曾经说过在什么意义上复合实体能够谓述形式。这样一来,Z.17 中只有一个非证明性的一般因果框架,因为我们完全无法确立一个证明性的三段论的第一个前提。①

针对这一条否认 Z.17 中存在证明性三段论的理由,有人可以回应说,虽然亚里士多德没有明确提出过第一个前提,但"复合实体谓述形式"也可以被理解为"复合实体被形式决定或定义";② 或者说,由于形式作为本质是复合实体的首要原因,这第一个前提也可以被理解为"复合实体(作为结果)被形式所导致"。③ 因此,如果我们能正确地理解复合实体和形式之间的关系,我们仍然可以建立一个证明性的三段论。然而,根据那些提出一般因果框架的人,以这种方式建立的证明性三段论是不能成立的。④ 主要原因是,这种三段论不可能对两个前提中主词和谓词之间的系词"谓述"(即属于、寓于)或"是"有一致的解读。在第一个前提中,谓词(A)是被主词(B)所定义、决定、导致的。然而,在第二个前提中,我们不可能认为谓词(B)仍然被主词(C)定义,因为形式不可能被质料所决定,而

---

① 参见 Devereux 2003, 185 n. 47; Wedin 2000, 423。
② 正如 Charles(2010, 312 n. 31)所建议的那样。
③ Charles 1991, 244-245, 247; Charles 1994, 83-86。
④ 关于这一批评,参见 Wedin 2000, 414-415, 423; Lewis 2013, 284, 286-287; Lewis 1991, 177-178 n. 12。

是形式决定或定义了质料。① 因此，根据这些学者的观点，两个前提之间的"谓述或属于"的含义是不一样的，而这会使证明性的三段论无效。此外，有些人可能会把 A 项视为种差，比如对人来说是"二足"；② 但这不能使他们避免上述同样的批评。如果我们姑且接受对 A 项的这种解读，那么在第一个前提中，A 和 B 之间的谓述关系仍然是"A 是被 B 所导致的"，即人的灵魂导致"二足"的特征或种差。③

简而言之，"有效性问题"是这样的。第一，根据 Z.17 的讨论，很难建立一个有关复合实体的证明性三段论。第二，无论我们如何构建一个关于复合实体的三段论，它都不可能是一个有效的三段论，因为在两个前提中的系词"谓述"或"属于""寓于"的含义不可能相同。而一旦我们解决了第二点批评，第一点批评也可以得到满意的回答，因此在下文中，我们将只关注第二点批评：如果我们在 Z.17 为复合实体构建一个证明性三段论，那么这个证明性三段论一定是无效的。第三，值得注意的是，对于那些提出一般性的因果框架的人来说，如果 Z.17 和 H 卷中不存在"有效性问题"，他们就会愿意接受证明性三段论在那些文本中的呈现。④ 就此而言，如果我们成功解决了有效性问题，那么我们就有充分的理由认为，亚里士多德确实在 Z.17 中引入了证明性三段论的方式来探究复合实体的首要原因。

二、在 Z.17 引入证明性三段论的一些尝试：解决"有效性问题"的必要性

我们有必要考虑学者们提出的一些亚里士多德在 Z.17 引入证明性三段论的证据。理由在于，如果我们能发现，存在一些足以确保 Z.17 中证明性三段论存在的足够强的证据，那么我们就不需要处理"有效性问题"了。

---

① 我们不需要考察形式究竟在什么意义上谓述了质料；对此的探讨，参见 Gill 1989, 149-163; Gill 2005, 244 n. 99; Gill 2008。
② 这种解读主要被 Charles（2010）和 Peramatzis（2018）所支持，我们在第五章会再次回到这个话题。
③ 例如，参见 Charles 2010, 312。
④ Lewis（1991, 177-179）更明确地说明了这一点。但参见 Lewis 2013, 287，他声称"话题"从《后分析篇》到《形而上学》Z.17 已经被改变：前者处理的是"类型"（types，复数），而后者处理的是 *ousia* 本身（单数），而不是"实体—类型"（复数）。然而，我们不清楚为什么使用证明性三段论会妨碍讨论 *ousia* 本身，以及为什么不能从对于复数的"实体—类型"的讨论进展到讨论单数的 *ousia* 本身（假设我们接受刘易斯的论证）。也参见 Bolton（2010, 37-46）的类似主张，Peramatzis（2013, 306-307）批评了这一观点。

然而，我们将指出，其他学者提出的证据都不足以推论出 Z.17 中证明性三段论的存在。这些依据最多只能导致一个非证明性的一般因果框架：它可能来自于《后分析篇》对证明性三段论的讨论，但也可以独立于《后分析篇》而得到理解。这样一来，我们就必须着手处理"有效性问题"。

1. Z.17 中雷声的例子

正如之前所指出的，许多学者认为，鉴于雷声的例子是亚里士多德在《后分析篇》中讨论证明性三段论时最常使用的例子之一，而且雷声的例子同样也出现在 Z.17 的讨论中（也参见在 H.4，1044b9-15 出现的月食的例子，它也是《后分析篇》中的另一个"经典"的三段论例子）。因此，我们可以得出结论，亚里士多德的确意图在 Z.17-H 中应用证明性三段论的方式来探究原因。这就像佩拉马齐斯（M. Peramatzis）所主张的："只要**粗略地**看一下《形而上学》Z.17 中出现的月食和雷声的例子，就**足以充分说明**亚里士多德从《后分析篇》中借用了这种本质的因果解释模型（笔者按：即证明性三段论）。"①

然而，这个证据是相当不可靠的。正如我们在上面提出的，当亚里士多德在 Z.17 中引入雷声的例子时，他并没有预设，为了正确地提出"为什么"的问题，复合实体也必须像雷声的例子那样被理解，也就是说，一者要明确地谓述另一者。相反，亚里士多德只是做了一个假设，即我们或许能对于复合实体提出"为什么"的问题，就好像我们在雷的例子中所做的一样。更重要的是，尽管我们最后得出结论，当我们理解了雷声、房子和人的例子之后，亚里士多德确证了我们可以对于复合实体正确地提出"为什么"的问题，但是，这一点仍然不足以让我们直接在 Z.17 中推论出证明性三段论的存在——不管雷声的例子多么明显地"呼应"了《后分析篇》的证明性三段论的学说。原因在于，一个非证明性的一般因果框架最终也可以来源于《后分析篇》中的证明性三段论。这样一来，亚里士多德用雷声的例子，有可能只是为了证明复合实体的一般因果框架最终是基于《后分析篇》的证明性三段论的学说；但由于我们不能把更严格的证明性三段论应用于 Z.17 的讨论，我们只能满足于一个更宽松的一般因果框架。

2.《形而上学》Γ.3，1005b2-5

一些学者从更普遍的视角来论证证明性三段论在《形而上学》中的存在。他们声称，亚里士多德的第一哲学是一种证明性的科学（demonstrative

---

① Peramatzis 2017, 108，强调为笔者所加。

science）。正如在《后分析篇》中所描述的那样，① 证明性的科学需要使用证明性三段论的方式进行探究；那么他们就得出结论认为，在《形而上学》Z.17-H 中也存在一个证明性三段论的方案，作为对于证明法的应用。② 此外，他们还特别举出 Γ.3，1005b2-5 作为证据，以论证 Z.17 中证明性三段论的存在。

> T2：至于讨论那些真理的人的尝试，[讨论它们]应该以什么方式被接受，是由于缺乏分析的（τῶν ἀναλυτικῶν）教育。因为人们应该在来的时候就预先知道（προεπισταμένους）这些东西，而不是在听的时候寻求这些。（《形而上学》Γ.3，1005b2-5）③

大多数学者认为，"分析"的说法专门指亚里士多德的《前分析篇》和《后分析篇》。这样一来，他们就认为，T2 表示形而上学或第一哲学的研究预设了《后分析篇》中的知识，这自然包括对于证明性三段论的讨论。而这就意味着亚里士多德确实在 Z.17 应用或预设了证明性三段论的学说。④

第一哲学对亚里士多德来说是不是一门证明性科学，这个问题超出了我们的研究范围。⑤ 但重要的是，如果我们承认第一哲学是一门证明性的科学，那么仍然不意味着这门科学中的每一个讨论都必须通过三段论证明的方法和证明性的三段论来探究，即便这是对于原因的探究。此外，没有理由否认，关于复合实体的非证明性的一般因果框架在严格的证明性三段论不能实现的情况下，不能被视为第一哲学的恰当探究方式。这样一来，这些学者的推论稍显仓促，我们不能从"第一哲学是证明性的科学"这一前提，直接推论出"证明性的三段论在《形而上学》Z.17-H 中被使用"的结论。

---

① 关于《后分析篇》中证明性科学的三个条件，例如参见《后分析篇》I.7, 75a39-b2; I.10, 76b11-16。亚里士多德可能在《形而上学》中的一些段落中指涉了一个或多个证明性科学的条件，例如参见《形而上学》Γ.1; Γ.2, 1003b16-19; E.1, 1025b7-13。

② 例如参见 Bolton 1996。

③ ὅσα δ' ἐγχειροῦσι τῶν λεγόντων τινὲς περὶ τῆς ἀληθείας ὃν τρόπον δεῖ ἀποδέχεσθαι, δι' ἀπαιδευσίαν τῶν ἀναλυτικῶν τοῦτο δρῶσιν· δεῖ γὰρ περὶ τούτων ἥκειν προεπισταμένους ἀλλὰ μὴ ἀκούοντας ζητεῖν.

④ Bolton 1996，但参见 Lewis 2013, 273。

⑤ 对于亚里士多德的第一哲学或形而上学是一门证明性科学这一说法的辩护，参见 Fraser 2002；也参见 Shields 2012。Bonelli（2010）认为，亚历山大也主张亚里士多德的形而上学是一种证明性的科学。

至于《形而上学》Γ.3，1005b2-5 的文本证据，我们认为它依然不足以推导出证明性三段论在《形而上学》Z.17 的存在。因为很明显，一个关于复合实体的非证明性的一般因果框架也可能以《后分析篇》中的知识为前提。而且，T2 的这种解读要求我们"扩大"T2 的讨论对象范围，因为这种情况下，T2 应该被解释为"在探究第一哲学中的任何话题之前，我们都应该获得关于《后分析篇》的知识"。然而，我们是否应该接受这种"广义"的解释是非常值得怀疑的。我们可以注意到，亚里士多德在 T2 表示，那些坚持讨论包括公理在内的三段论证明的原理的真理性的人，以及那些想通过三段论证明为什么这些原理应该被接受的人，被认为"缺乏分析的训练"。这种对 T2 讨论对象的"狭义"的解读方式可以通过以下段落而得到证明。

> T3：有些人由于缺乏教育，真的要求它［即矛盾律］被证明（ἀποδεικνύναι）：因为缺乏教育，不知道哪些东西应该得以证明（ἀπόδειξιν），哪些不应该。因为一般来说，不可能对所有的事物都进行证明（因为这样做会无穷后退，这样做就甚至不可能有证明）。（《形而上学》Γ.4，1006a5-9）①

在 T3 的开头，亚里士多德提到了一些"缺乏教育"的人，尽管他没有详细说明他们缺乏的是什么样的教育。但从后文中可以发现，这显然是《后分析篇》的教育。亚里士多德在其中指出，我们不能用三段论证明一切事物（参见《后分析篇》I.3）。因此，更合理的方式是采纳对于 T2 的"狭义解读"。根据这种解读，亚里士多德只是表明，对于第一哲学话题的一些讨论，我们必须基于《后分析篇》中的知识。② 由此，关于这个文本证据，首先，它不足以得出 Z.17 中证明性三段论的使用；它最多只能推导出一个来源于《后分析篇》的证明性三段论的非证明性的因果框架。其次，前面这一点必须依赖于对 T2 的"广义解读"，而这种解读缺少足够的说服力。

3. 《后分析篇》II.9

值得注意的是，查尔斯通过《后分析篇》的证据来论证，《形而上学》

---

① ἀξιοῦσι δὴ καὶ τοῦτο ἀποδεικνύναι τινές δι' ἀπαιδευσίαν· ἔστι γὰρ ἀπαιδευσία τὸ μὴ γιγνώσκειν τίνων δεῖ ζητεῖν ἀπόδειξιν καὶ τίνων οὐ δεῖ· ὅλως μὲν γὰρ ἀπάντων ἀδύνατον ἀπόδειξιν εἶναι (εἰς ἄπειρον γὰρ ἂν βαδίζοι, ὥστε μηδ' οὕτως εἶναι ἀπόδειξιν).

② 这也是对 T2 的传统解读，例如参见亚历山大：《〈形而上学〉评注》，266.32-267.14；Ross 1924, i. 263; Kirwan 1993, 90-91。

Z.17-H中源于《后分析篇》的证明性三段论的出现"打断"并取代了Z卷之前的讨论。① 根据查尔斯的说法,在《后分析篇》中,虽然讨论的对象几乎总是进程和属性,但亚里士多德已经"准备"好将证明性三段论应用于复合实体的讨论。② 因此,当Z.17-H中存在一些迹象(比如雷声的例子)表明亚里士多德可能在这里使用证明性三段论时,我们就有理由认为Z.17中存在证明性的三段论。对查尔斯来说,这也构成了Z.17的"另一个开端",与《形而上学》中的早先讨论相比,这是新的学说。查尔斯举出的文本依据是《后分析篇》II.9。

> T4:对于某些事物,(i)有不同的事物作为它的原因(αἴτιον),对于另一些事物(ii)就没有。因此很明显,(2)在某些情况下,是什么(τί ἐστι)是"直接的"(ἄμεσα)和本原;在这里必须假设,或以某种其他方式澄清,该事物存在和它是什么(算术学家就是这样做的:他们既假设单元是什么,又假设单元存在)。但在(1)有一个中项,并且有一个不同于 ousia 的事物是原因的情况下(τῶν δ' ἐχόντων μέσον, καὶ ὧν ἔστι τι ἕτερον αἴτιον τῆς οὐσίας),正如我们所说,一个人可以通过证明揭示(δηλῶσαι)它的"是什么"(τὸ τί ἐστιν)而不证明它的"是什么"。(《后分析篇》II.9,93b21-28)③

在这段话中,亚里士多德对两类事物进行了区分,并且(i)与(1)对应,(ii)与(2)对应。(i)对于一些事物来说,它的原因或解释和它自身不同;(ii)对于另一些事物来说,它的原因或解释和它自身没有不同;也就是说,它们是没有中项的、直接的,例如单元等不能被进一步分析的单纯事物。根据查尔斯的观点,在(1)中,一个事物的原因和解释与该事物本身不同,这些事物不仅包括属性和进程(如很多人理解的那样),还包括《形而上学》的复合实体,如人、房子等。这是因为亚里士多德指出,

---

① 查尔斯的另一个重要理由是基于《形而上学》ZH中定义的统一性问题,我们将在第五章详细讨论这个话题。
② 相似的观点参见 Menn manuscript, IIe, 2 n. 5.
③ Ἔστι δὲ τῶν μὲν ἕτερόν τι αἴτιον, τῶν δ' οὐκ ἔστιν. ὥστε δῆλον ὅτι καὶ τῶν τί ἐστι τὰ μὲν ἄμεσα καὶ ἀρχαί εἰσιν, ἃ καὶ εἶναι καὶ τί ἐστιν ὑποθέσθαι δεῖ ἢ ἄλλον τρόπον φανερὰ ποιῆσαι (ὅπερ ὁ ἀριθμητικὸς ποιεῖ· καὶ γὰρ τί ἐστι τὴν μονάδα ὑποτίθεται, καὶ ὅτι ἔστιν)· τῶν δ' ἐχόντων μέσον, καὶ ὧν ἔστι τι ἕτερον αἴτιον τῆς οὐσίας, ἔστι δι' ἀποδείξεως, ὥσπερ εἴπομεν, δηλῶσαι, μὴ τὸ τί ἐστιν ἀποδεικνύντας.

对于这些事物，我们可以通过证明找到它们之所以如此的原因，从而来揭示它们"是什么"，但不能直接证明它们"是什么"——这是《后分析篇》II.8 讨论的主题（也参见《形而上学》E.1，1025b14-16）。因此我们有理由认为，对于这些原因与其自身不同的事物，我们可以有证明性的三段论。虽然 X 的定义作为 X 的"是什么"的说明不能直接被三段论证明，但 X 的"是什么"可以通过 X 的三段论式的定义"揭示"出来，而这个三段论式的定义是通过关于 X 的三段论证明进一步转换过来的。①

这样，查尔斯声称，在 T4 中，亚里士多德已经说明了，复合实体可以通过证明性三段论进行探究。重要的是，查尔斯之所以将复合实体纳入（1），是因为他认为《后分析篇》93b26 的 *ousia* 必须被理解为复合实体，而不是本质。如果把 *ousia* 理解为本质，那么这句话就表明，这些事物的本质与这些事物的原因不同。然而，这样的理解将违背查尔斯对《后分析篇》中"同一性命题"的分析，按照他的说法，"同一性命题"是指一切事物的"本质与原因是相同的"。②

换句话说，在 Z.17 中使用了证明性三段论的论点在很大程度上取决于查尔斯对《后分析篇》93b26 的 *ousia* 这个词的解释，而他在这里对这个词的解释又是基于他对《后分析篇》中"同一性命题"的特殊解读。我们已经在第一章论证过，没有理由必须采用这种对"同一性命题"的解读。因此，这不是我们必须将《后分析篇》93b26 的 *ousia* 解释为复合实体而不是本质的原因。正如布隆斯坦所建议的，如果我们抛开基于"同一性命题"的理由，那么就不清楚为什么这里的 *ousia* 指的必然是复合实体。如果 93b26 这句话中的 *ousia* 表示复合实体，那么亚里士多德就不会把他经常提到的属性和进程看作是证明性知识对象，而这一点是难以成立的。③ 而且，在《后分析篇》中也没有任何迹象表明，亚里士多德已经主张复合实体的原因与自身不同。④ 相反，正如布隆斯坦所言，⑤ 我们认为在《后分析篇》中，复合

---

① 这一转换关系已经在上文第一章中讨论了。也参见 Halper 2017, 64。
② 关于查尔斯的上述整个推论过程，参见 Charles 1991, 239-240; Charles 2000, 274-275。
③ Bronstein 2016, 132-134（尤其是 p. 134 n. 8）; 136-137 n. 13。
④ 至少，在《后分析篇》中没有明确提出形式和质料的区分（例如参见 Burnyeat 2001, 59 n. 120, 97-98; Charles 2000, 304）。而质形论（hylomorphism）的提出似乎就意味着作为形式和本质的 X 的原因可以与 X 不同。
⑤ 例如参见 Bronstein 2016, 45-46; 134-137。另外，如果我们把 93b26 的 *ousia* 理解为"存在"（being/existence），那么也不会得出查尔斯的结论，参见 Detel 1993, 669; Bronstein 2016, 136-137 n. 13。

实体应该属于（2）和（ii）的情况，即事物的本质与它的原因相同，它们是没有中项的，不能适用于证明性三段论。因此，查尔斯的论证是没有说服力的。①

此外，即使我们直接接受查尔斯的上述整个论证，仍然不一定意味着 Z.17 中存在证明性三段论的方案。在上述文段中，亚里士多德所建议的只是，我们通过三段论证明"可以揭示"（δηλῶσαι，注意希求语态）复合实体；但这并不意味着我们"必须"在 Z.17 中将证明性三段论应用于复合实体——假若"有效性问题"真的存在，我们就无法在 Z.17 构建有效可靠的三段论。

综上，我们已经讨论了在 Z.17 中提出证明性三段论的理由，并认为这些证据都不足以直接推论出证明性三段论的存在，所有这些理由至多只能推论出一个非证明性的一般因果框架。因此，我们必须讨论"有效性问题"：如果我们想论证 Z.17 中亚里士多德使用了证明性的三段论，那么就无法绕过"有效性问题"。

三、"有效性问题"的不成功解决方案

似乎很少有学者在文献中曾经明确地处理或试图解决韦丁（M. V. Wedin）和刘易斯（F. A. Lewis）等人提出的这个"有效性问题"。② 如果要解决这个问题，我们可能需要在任何有效的三段论内对"谓述"这个系词进行一致的解读。另一方面值得注意的是，虽然查尔斯没有明确地提出要解决"有效性问题"，但是他强调了使《形而上学》Z.17 中存在"有效的"

---

① 参见 Charles 2010, 309，他似乎在那里对他先前的论点进行了修正，承认先前观点的缺陷。

② Corcilius（2019, 360）对这个问题有一个简短的讨论，但他的例子可能不适用于我们的情况。Peramatzis（2019, 332-333）对这个问题进行了探讨，而且也确实提及我们下面将着重讨论的《前分析篇》I.36，但他认为《前分析篇》I.36 不是一个能够成功的解决方案。他认为《前分析篇》I.36 提供的解决方案太繁琐。而佩拉马齐斯更倾向于通过具体阐明在一个证明性的三段论中的各个词项的具体含义，从而避免有效性问题的出现，并以雷声为例做了一个示范。然而，他的建议似乎并不比《前分析篇》I.36 的提议更简洁。无论如何，佩拉马齐斯的解决方案要求我们在每个因果进程中以不同的方式阐述这三个词项之间的因果关系；而且，在复合实体的情况下，我们可能需要对这三个词项进行不同的表述，而这可能和《前分析篇》I.36 的方案没有本质的区别。在这一点上，我们在这里提出的解决方案来自于《前分析篇》I.36 的解读，但不清楚佩拉马齐斯的方案是否有来自亚里士多德的任何文本支持，也不清楚是什么动机促使亚里士多德以佩拉马齐斯提出的方式重新解释他的证明性的三段论。

证明性三段论的两个条件,"就其自身而言"(*per se*)的条件和"没有中项的"或"直接的"(ἄμεσος, immediate)条件。有鉴于此,我们至少可以合理地假设,查尔斯这位支持将《后分析篇》证明性的三段论"读入"《形而上学》Z.17 的学者会同意证明性三段论的这些条件可以成为"有效性问题"的解决途径,并使证明性三段论变得有效。①

然而,我们认为这两个条件都不能成为对这个问题的恰当的解决方案。查尔斯强调的第一个条件是"就其自身而言"的条件。根据他的说法,在一个关于复合实体的有效的证明性三段论中,每个前提中的主词和谓词之间的联系必须是一种"就其自身而言"的联系。②但在我们看来,这个条件根本不可能成为对有效性问题的合适的解决方式。因为"就其自身而言"的条件只能使一个前提与一个偶性的命题区分开来,而这不能导致在一个三段论的两个前提中的"谓述"一词存在一致的理解方式。很明显,在复合实体的情况下,形式、质料和复合实体之间的联系都是"就其自身而言"的;否则,复合实体就只能是一个像"白的人"那样的偶性复合体。然而,仅仅满足这个条件并不能阻止两个前提中的"谓述"的意义不同。

第二,查尔斯强调的另一个条件是"没有中项的"或"直接的"(ἄμεσος, immediate)条件。他宣称,在一个有效的证明性三段论中,每个前提的主词和谓词之间必须没有进一步的原因和中项。也就是说,在一个有效三段论的所有前提中,主词和谓词之间的关系必须是"没有中项的"或"直接的"。③同样很明显,这个条件与两个前提中"对'谓述'一词进行一致的解读"的要求没有关系。即便满足"直接的"条件,三段论的两个前提中所使用的"谓述"(作为系词)也可能在意义上并不一致。我们有理由认为,在形式和质料之间,以及在复合物和形式之间没有进一步的原因,但这不会使由形式、质料和复合物组成的证明性三段论满足"对'谓述'一词进行一致的解读"的要求。例如,在第一个前提中,作为复合物的谓词 A 可以理解为被作为形式的主词 B 所决定;但在第二个前提中,作为形式的谓词 B 反而决定和定义了作为质料的主词 C——但很明显,这两

---

① 值得注意的是,当 Charles(2010, 312 n. 31)提出这两个条件时,他提到了韦丁的批评,但他并没有直接回应这个"有效性问题"。
② 例如参见 Charles 2000, 289, 291; Charles 2010, 312 n. 31。
③ 例如参见 Charles 1991, 244-245, 247; Charles 1994, 83-86; Charles 2000, 290-291。

个前提都满足"没有中项的"条件。①

这样,对于有效性问题的这两种可能的解决方案是没有说服力的,满足上述条件的证明性三段论,仍可能使"谓述"一词在两个前提中的含义被理解为不一致的。在下一节中,我们将对 Z.17 的有效性问题提供一个解决方案,旨在表明,亚里士多德实际上并不要求在有效的证明性三段论中对"谓述"一词要有完全一致的解读。我们将通过对《前分析篇》I.36 的分析来证明这一点。

第三节 《形而上学》Z.17 "有效性问题"的解决方案

一、对"有效性问题"的初步回答

在这一节中,我们旨在提出一种解决"有效性问题"的方法。也就是说,亚里士多德实际上并不要求对于一个有效的证明性三段论中的每一个前提,我们必须对命题中的系词"谓述"有一致的理解。这就是亚里士多德在《前分析篇》I.36 中阐释的内容。在我们转向那一章之前,看一下雷声的例子也是有启发的,这个例子在《后分析篇》和《形而上学》中都出现过。我们可以根据《后分析篇》II.8、II.10 中的相关段落,将有关雷声的证明性三段论表述如下:

问题:为什么一个声音(A)谓述云(C)?
回答:因为火的熄灭(B)。

一个声音(A)谓述火的熄灭(B)。
火的熄灭(B)谓述云(C)。
―――――――――――――――――――
一个声音(A)谓述云(C)。

---

① 值得注意的是,Bronstein(2016, 49 n. 31)提出,在《后分析篇》中,亚里士多德只要求一个前提是"直接的",而不是要求所有前提都如此。然而,我们不认为这个建议可以应用于《形而上学》。因为布隆斯坦的建议依赖于他持有的《后分析篇》中存在两种证明模型的观点,但在《形而上学》中可能没有这样的证明模型,即使我们可以直接认为亚里士多德对于复合实体应用了证明性三段论的方式。

这当然是《后分析篇》中的一个有效的证明性三段论。在第一个前提中，A 和 B 之间的关系是，A 是 B 所导致的，B 是 A 的原因（确切地说是动力因）：火的熄灭会产生一个声音。然而，在第二个前提中，我们不可能在 B 和 C 之间找到同样的关系。云不是火的熄灭的原因，云也不会导致火的熄灭；不然的话，中项 B 不可能是雷声的恰当原因，这会使整个关于雷声的三段论不具有解释力。我们可以发现，在这个三段论中，两个前提之间对"谓述"的解读也不一致。因此，如果我们接受"有效性问题"产生的所有理论后果，那么《形而上学》Z.17 中的"有效性问题"也是对在《后分析篇》中使用证明性三段论的一种批评。这就让我们至少应该对这种批评的合理性产生怀疑：如果"有效性问题"真的存在，那么《后分析篇》中的三段论证明学说也岌岌可危了。而当我们在下面转向《前分析篇》I.36 时就会更清楚地看到，亚里士多德没有要求对三段论前提中的"谓述/属于"一词作完全一致的理解。

二、基于《前分析篇》I.36 的解决方案

在《前分析篇》I.36 的开头，亚里士多德明确指出了他想在该章中证明的一般性主张：(1) 并不是所有三段论中的三个词项总是相互之间谓述的，(2) 这三个词项也不总是以相同的方式在相互之间谓述的。

T5: 首项 [即大项 A] "属于/谓述"① 中项，它"属于/谓述"端项 [即小项 C]，不应该被认为这些词项总是相互谓述，或者首项对中项的谓述与中项对端项的谓述方式相同；同样，不"属于/谓述"的情况也是如此。相反，必须认为"属于/谓述"（τὸ ὑπάρχειν）与"是"（τὸ εἶναι）② 以同样多的方式被述说，或者和"说是真的"（τὸ ἀληθὲς εἰπεῖν）一样多。（《前分析篇》I.36，48a40-b4）③

---

① 虽然在本书第一章中，我们提到本书将"τὸ ὑπάρχειν"翻译成"谓述"而不是"属于"，但在这里翻译文本时我们还是采用"属于/谓述"的表达。

② 因为这里讨论的语境是逻辑谓述，因此我们将 τὸ εἶναι 翻译成"是"。参见 Ebert and Nortmann 2007, 822-830 的不同看法。

③ Τὸ δὲ ὑπάρχειν τὸ πρῶτον τῷ μέσῳ καὶ τοῦτο τῷ ἄκρῳ οὐ δεῖ λαμβάνειν ὡς αἰεὶ κατηγορηθησομένων ἀλλήλων ἢ ὁμοίως τό τε πρῶτον τοῦ μέσου καὶ τοῦτο τοῦ ἐσχάτου. καὶ ἐπὶ τοῦ μὴ ὑπάρχειν δ' ὡσαύτως. ἀλλ' ὁσαχῶς τὸ εἶναι λέγεται καὶ τὸ ἀληθὲς εἰπεῖν αὐτὸ τοῦτο, τοσαυταχῶς οἴεσθαι χρὴ σημαίνειν καὶ τὸ ὑπάρχειν.

亚里士多德在 T5 中声称，在一个给定的有效三段论中，A 项和 B 项之间的谓述关系有可能不同于 B 项和 C 项之间的谓述关系。在这个情况下，亚里士多德可能认为，在一个有效的三段论的两个前提中的谓词和主词之间的关系可以不同，我们不需要对出现在两个前提中的"谓述"一词进行一致的解读，就可以得到一个有效的三段论。正如一些学者所建议的那样，亚里士多德在这一章中可能对下面这个问题做出了一个回答：为什么亚里士多德在构建三段论时总是倾向于使用"ὑπάρχει"这个词作为连结主词和谓词的系词，而不是直接使用"是"的表达，[①] 尽管使用"ὑπάρχει"不是一种构建三段论的"自然"方式。[②] 通过使用"ὑπάρχει"这个词，亚里士多德可以在主词和谓词之间允许一种更灵活的关系，这在《前分析篇》I.36 的案例中会变得更加明显。在这些案例中，我们对于三段论中的"谓述"这个词都没有一个一致的解读。

在这一章接下来的文本中，亚里士多德举了三个例子来说明，在不同的情况下，这三个词项相互之间并不总是存在谓述的，或者说不是以同样的方式相互谓述的。由于篇幅所限，我们在这里只关注第二个例子，并说明在这个例子中，两个前提之间对"谓述"这个词的理解是如何不同的。这是因为第二个例子可能更类似于《形而上学》Z.17 中的情况，即中项 B 谓述小项 C，但大项 A 可能不谓述中项 B，或至少不是以同样的方式谓述中项 B。在这里需要注意的是，尽管亚里士多德更喜欢使用"ὑπάρχει"这个词，但令人惊讶的是，在下文中他总是使用"是"的说法。而且，尽管亚里士多德在《前分析篇》48b2-3 宣称"ὑπάρχει"的含义与"τὸ εἶναι"（是）的含义一样多，但在下面的讨论中，亚里士多德似乎认为，当我们说"A 是 B"时，这只能意味着"A"和"B"应"按原样"理解。也就是说，一个前提中的主词和谓词都应被视为"主格"的情况；否则，亚里士多德将指出，A 不谓述 B。如果我们在这种情况下要求在 A 与 B 之间存在谓述关系，那么主词和谓词必须被理解为"变格形式"（inflected form）；也就是说，主词或谓词应被理解为其他格的情况。古往今来的评注者们一般都是这样理解《前分析篇》I.36 的这一现象的，这里我们也遵循这种解释方

[①] 例如参见 Smith 1989, 165, 167; Striker 2009, 75-76. 关于亚里士多德为什么喜欢在三段论中使用"ὑπάρχει"这个词的讨论，例如参见 Bäck 2000, 124-130; Patzig 1968, 9-12; de Rijk 2002, 568 n. 22; Slomkowski 1997, 135-138。

[②] 自古以来，许多人都注意到"ὑπάρχει"这个词的"不自然性"，参见 Barnes 2007, 330-331; Patzig 1968, 9 对更多文献的提及。

式。① 然而，"变格形式"并不意味着它只说明了一个语言学问题，因为无论如何，这些不同格的名词都指称了现实世界中不同的外部对象。

我们下面就来看看这个类似于《形而上学》Z.17 的复合实体的例子。

T6：有时，中项谓述端项，但首项却不谓述中项。例如，如果对于每一种质或相反者都有一门科学（εἰ τοῦ ποιοῦ παντὸς ἔστιν ἐπιστήμη ἢ ἐναντίου）。并且善是一种相反者和质（τὸ δ' ἀγαθὸν καὶ ἐναντίον καὶ ποιόν），结论是，对于善有一门科学（μὲν ὅτι τοῦ ἀγαθοῦ ἔστιν ἐπιστήμη）。但善不是科学，质或相反者也不是[科学]，但善是这些[即质或相反者]。(《前分析篇》I.36，48b14-19）②

我们可以把这个例子表述如下：③

一门科学（A）谓述质或相反者（B）。
质或相反者（B）谓述善（C）。
————————————————
一门科学（A）谓述善（C）。

在这个例子中，第一个前提和结论中的两个词项严格来说并不处于一种谓述关系中，因为 C 项善不是一门科学（即 A 项），质或相反者（即 B

---

① 这一现象可能在亚历山大的《〈前分析篇〉评注》，359.23-33 中首次提出，特别是参见 359.23-25："因为不是每个谓词都谓述一个主词，因为[如果这样的话]所有命题的词项都必须被看作是主格。"（οὐ γὰρ πάντα τὰ κατηγορούμενα ὡς καθ' ὑποκειμένου κατηγορεῖται· ἐπεὶ πάσας ἂν ἔδει τὰς προτάσεις τοὺς ὅρους ἔχειν κατ' εὐθεῖαν πτῶσιν συντεταγμένους.）另外也参见 Ross 1949, 405-406; Striker 2009, 222-223。

② τὲ δὲ τὸ μὲν μέσον ἐπὶ τοῦ τρίτου λέγεται, τὸ δὲ πρῶτον ἐπὶ τοῦ μέσου οὐ λέγεται, οἷον εἰ τοῦ ποιοῦ παντὸς ἔστιν ἐπιστήμη ἢ ἐναντίον, τὸ δ' ἀγαθὸν καὶ ἐναντίον καὶ ποιόν, συμπέρασμα μὲν ὅτι τοῦ ἀγαθοῦ ἔστιν ἐπιστήμη, οὐκ ἔστι δὲ τὸ ἀγαθὸν ἐπιστήμη οὐδὲ τὸ ποιὸν οὐδὲ τὸ ἐναντίον, ἀλλὰ τὸ ἀγαθὸν ταῦτα.

③ 由于亚里士多德已经在《前分析篇》48b2-3 提出了"属于/谓述"的含义与"是"的含义相同，我们在这里提出三段论时仍使用"谓述"的概念。另外也参见 Ebert and Nortmann 2007, 822-830，他们强调在《前分析篇》I.36 中，"to be"的概念在大多数情况下是在"存在"（existential）意义上，而不是在"系词"（copulative）意义上使用。也许通过对"to be"的这种区分，我们可以在《前分析篇》I.36 的每个例子中以一种更明确的方式看到一者如何谓述另一者。

项）也不是一门科学。在第一个前提中，大项 A "一门科学"应该被理解为"有一门关于 X 的科学"（a science of X）。而第一个前提中两个词项之间的关系与第二个前提中两个词项的关系也不一样。在第二个前提中，质或相反者可以被直接说成是善：善"是"一种质或相反者。而在第一个前提中，质或相反者"不是"一门科学。相反，第一个前提可能表明，有一门科学的主题或研究对象是质或相反者。因此，这个三段论可以重新解释如下：①

> 善（C）是一种质或相反者（B）。
> 质或相反者（B）是一门科学的主题（A）。
> ──────────────────────
> 善（C）是一门科学的主题（A）。

《形而上学》Z.17 的情况似乎与这个例子类似。如前所述，如果我们认为 A 项是复合物，B 项是形式或本质，C 项是质料，那么，B 项（形式）可以谓述 C 项（质料），但 A 项（复合物）不谓述 B 项，至少不是以同样的方式谓述 B 项。② 然而，如何具体理解 Z.17 这些语词的"变格形式"对我们的整个研究并不重要，我们不需要再去尝试解释，当我们说"复合实体谓述形式"的时候，我们究竟是在什么意义上使用这两个词。这是因为亚里士多德已经表明，我们不需要对"谓述"这个词有一致的解读，就可以得到一个有效的三段论。在这种情况下，由于亚里士多德已经提出了"谓述"这个词的极其宽泛的使用方式，我们就没有必要为 Z.17 中的复合实体寻求一种能够实现"谓述"的一致解读的方式。

通过对《前分析篇》I.36 的考察，我们提供了一个方案来解决将证明性的三段论应用于《形而上学》Z.17 会面临的批评。我们的方案可以解决那些试图在 Z.17 中引入一个非证明性的一般因果框架的学者所提出的"有效性问题"。在任何一个三段论的两个前提之间没有一个完全一致的"谓述"这个词的含义，不会使这一论证变得无效。因此我们的结论是，这些学者没有理由否认 Z.17 中证明性三段论的存在。而且，正如我们在本章第一

---

① 亚里士多德本人是否承认善是一门科学研究的对象的观点，或者《前分析篇》I.36 是否意味着亚里士多德认为存在一门关于善的科学，这些问题并不重要。如我们在第一章中所述，亚里士多德举的例子本身的正确性不重要，重要的是他通过这些例子所说明的哲学观点。

② 参见 Devereux 2003, 185 n. 47，他认为复合物不能谓述形式。

节所论证的，亚里士多德在考虑如何正确地提出"为什么"的问题时，的确有意引入《后分析篇》的证明性三段论，以实现他的论证目标。这两点考虑，加上我们在下一节讨论的另一个证据，使我们有充分的理由认为，亚里士多德在《形而上学》Z.17 中引入《后分析篇》的证明性三段论，将其作为对于原因的探究的新工具。

第四节 《形而上学》Z.17 出现证明性三段论的另一个证据

在这一节中，我们将提供另一个文本证据，从而说明亚里士多德的确将证明性三段论引入了《形而上学》Z.17。诚然，在某些情况下，一个非证明性的因果框架可能足以把握复合实体的本质。然而，通过使用证明性三段论，对于原因的探究可以被更好更明确地表述出来（我们将在下一章进一步阐述这一点）。此外，既然在 Z.17 中承认证明性三段论的存在并不困难，并没有所谓的"有效性问题"，那么当我们在探究这些复合实体的原因时，为什么要止步于一个非证明性的一般因果框架呢？

更重要的是，如果我们同意将证明性三段论应用于 Z.17，我们就可以更好地理解下面这段话。

> T7：因此很明显，对于简单的事物（τῶν ἁπλῶν）来说，不能有探究或教导，而是要有另一种探究的方式（ἕτερος τρόπος τῆς ζητήσεως）①[适用于]这样的事物。（《形而上学》Z.17，1041b9-11）②

在这段话中，"简单的事物"应该是指那些不仅不谓述另一者，而且不与质料复合或在质料中的事物，也就是《形而上学》Z.11 末尾提到的首

---

① Burnyeat et al.（1979, 155）不确定"ἕτερος τρόπος τῆς ζητήσεως"是意味着"另一种探究方式"，还是意味着"探究之外的另一种方式"。我们认为这个短语的意思是"另一种探究方式"，参见 Frede and Patzig 1988, ii. 318-319。也参见《后分析篇》I.2, 71b16，亚里士多德在那里提到，"另一种理解的方式"（ἕτερος τοῦ ἐπίστασθαι τρόπος）与证明不同。

② φανερὸν τοίνυν ὅτι ἐπὶ τῶν ἁπλῶν οὐκ ἔστι ζήτησις οὐδὲ δίδαξις, ἀλλ' ἕτερος τρόπος τῆς ζητήσεως τῶν τοιούτων.

要 ousia（特别参见 1037b3-5）。另外，"τῶν ἁπλῶν" 的概念可能也指涉了 Z.17 开头（1041a8-9）的分离的和不可感的 ousia，它们与 Z.17 前半部分的讨论对象——可感的复合实体——形成了对比。[①] 对我们来说重要的是，亚里士多德在上述文本中声称，对于这些简单的事物，不能使用某种探究或教导，相反，对于它们而言有一种不同的探究方法。亚里士多德在这里将"简单的事物"与"另一种事物"进行了对比。与之相应，他还区分了"能够用于简单事物的探究法"和"不能用于简单事物的探究法"。似乎很清楚，不能用于简单事物的探究指的是 Z.17 前半部分所讨论的探究，也就是对于复合实体的原因的探究；这是因为复合实体是 Z.17 前半部分所考虑的主要对象（也参见文本最开始的 τοίνυν，表示承接上文的论述）。此外，简单的事物不能被分析为任何种类的复合物，因为它们没有进一步明确的原因或中项，可以被视为是"直接的"；因此，如果有任何探究方式可以适用于它们，也不会是 Z.17 的前半部分所讨论的方式。

现在，如果我们不认为这种对复合实体的探究方法是三段论的证明，那么，当我们考虑 T7 时，我们就不清楚（1）这种可用于复合实体的探究方法是什么，更重要的是，我们也就不清楚（2）如何将这种方法与另一种探究方法区分开来，而后者是可以用于简单的事物的。如果在《形而上学》Z.17，适用于复合实体的只是一种非证明性的因果框架，那么在对于复合

[①] 参见 Morrison 1996, 206-207。一个相关的问题是，《形而上学》Λ 卷中分离不可感的 ousia——不动的动者——在多大程度上与《形而上学》Z.17 有所关联。我们可以认为亚里士多德在 Z.17 也谈到了不动的动者。首先，1041a8-9 和 1041b9-11 两段文本可能表明，亚里士多德也想到了他的不动的动者。在 1041a8-9，亚里士多德认为，通过澄清月下世界中的作为原因的 ousia 概念，我们可能更容易理解不动的动者作为原因的层面。另一方面，在 1041b9，不动的动者当然可以被看作是一种"简单的事物"，从而必须通过不同的方式来探究。第二，正如本质是复合实体成为它之所是的首要原因一样，没有什么能阻止我们推断出，不动的动者是所有次级意义的存在者的目的因（甚至是动力因）。第三，在古代评注中存在一个传统，认为亚里士多德确实在 1041a8-9 提及了不动的动者。例如参见伪亚历山大：《〈形而上学〉评注》，538.26-35。而根据一些新柏拉图主义的评注者，《形而上学》1041a29-32 的 "ἐπὶ τοῦ εἶναι" 是指永恒的存在，即天体（这与 "ἐπὶ τοῦ γίγνεσθαι καὶ φθείρεσθαι" 的说法相反，后者表示可生灭的事物）。当亚里士多德说我们应该探究这些情况下的目的因时，这些评注者自然会认为，不动的动者才是天体的目的因（参见阿斯克勒皮乌斯 [Asclepius]：《〈形而上学〉评注》，450.18-28）。话虽如此，我们仍然认为这些提示还不足以勾勒出一个完整的不动的动者的理论。亚里士多德可能没有把不动的动者排除在他在 Z.17 的讨论之外，但他主要的关注点仍然是月下世界的可感实体。而且，即使 Z.17 中确实引入了不动的动者，所强调的也是它作为原因的维度，就像其他复合实体的本质一样。

实体的探究和对于简单的事物的探究之间就不存在对照。而这与亚里士多德在 T7 中所说的相矛盾。因为在这种情况下，通过要求较低的非证明性因果框架表达的探究方法将同时适用于简单的事物和复合的事物。① 比如说，我们没有理由否认，依赖于非推论的努斯的探究（这一方法可能在这里得到了暗示，并在 Θ.10, 1051b17-1052a4 得到了进一步讨论）② 或归纳法也能通过非证明性的因果框架来表达。因此，我们不能排除，归纳法是对简单的事物和复合实体都适用的一种探究方法。而这样一来，亚里士多德就不能在这两种探究之间提出对比和反差。在这一点上，有人可能会反对说："存在两种一般性的非证明性的因果框架，一种是针对复合实体的，另一种是针对简单事物的。"然而，这种对两种非证明性的因果框架的区分会预设，应用于复合实体的非证明性的因果框架来自于证明性的三段论，而另一种非证明性的因果框架则不是。但既然我们已经论证了没有理由否认证明性三段论在 Z.17 中的存在，那么，如果只承认一个非证明性的一般因果框架，却否认这种一般因果框架所依赖的证明性三段论，就非常奇怪了。所以这样的反驳是没有说服力的。③

总之，当亚里士多德在《形而上学》1041b9-11 提到两种探究方法——一种针对简单的事物，一种针对复合实体——的时候，我们有理由认为，他的确意在将证明性的三段论应用于《形而上学》Z.17，而不仅仅是提出一个非证明性的一般因果框架。因此，亚里士多德从《后分析篇》引入了一个新的探究方法，将其应用于 Z.17 中复合实体的原因的讨论。

---

① 我们之前提到，非证明性的因果框架也要求我们对探究对象提出一个"为什么"的问题，并将对象分析为"一者谓述另一者"的情况，有人可能会据此认为，一般的因果框架只适用于复合物，而不适用于简单物。但是，"因果框架必须要求探究对象具有可分性"这一点未必适用于所有情况，而且即便在简单物那里也未必全然不能做到将对象分析为"一者谓述另一者"，毕竟探究对象的"可分析性"是可以从多种意义上来理解的。

② 参见 Ross 1924, ii. 225。

③ 但参见余纪元（Yu 2003, 70-72；余纪元 2013, 100-101）的不同观点。我们在前面已经反驳了这种看法，也参见聂敏里（2016, 265-267）对余纪元的批评。

本章小结

在这一章中,首先,我们论证了亚里士多德是如何考察为 Z.17 的复合实体正确提出"为什么"问题的方式的,这让亚里士多德能够对这些对象应用证明性的三段论。其次,我们提出了证明性的三段论与非证明性的一般因果框架之间的区别,并指出只有解决有关证明性三段论的"有效性问题",才可以论证在 Z.17 中应用了证明性的三段论。再次,通过分析《前分析篇》I.36,本章对在 Z.17 应用三段论的"有效性问题"提供了一个解决方案,这使我们没有理由否认 Z.17 中证明性三段论的存在。最后,我们认为,通过使用证明性的三段论,可以让我们更好地理解《形而上学》Z.17,1041b9-11 这段文本。这样一来,我们可以合理地把证明性的三段论应用于 Z.17 以及 H 卷的讨论。在这点上,Z.17 的"另一个开端"确实为讨论复合实体引入了一个新的工具:来自于《后分析篇》的证明性三段论。这样,我们可以把证明性的三段论作为《形而上学》Z.17-H 中对于原因的探究方式,从而转向考察《形而上学》ZH 中对于本质的探究和对于原因的探究之间的关系,这也使我们能够更清晰地看到《形而上学》ZH 中的证明性三段论在对于 *ousia* 的整个探究中所占据的地位和作用。这就是本书第五章的任务。

第五章 《形而上学》ZH 对于本质的
探究和对于原因的探究之间的关系
—— 一种对于《形而上学》Z.12—Z.17—H.2 的
"连续性解读"

在第三章和第四章中，首先，我们通过对"作为原因的 ousia 概念"的考察，论证了《形而上学》Z.17 的"另一个开端"与《形而上学》中之前的讨论是连续的。作为原因的 ousia 概念在《形而上学》Z 卷的前面章节中就已经被提到，而且通过《形而上学》A.1-2 关于第一哲学的一般特征的讨论而得到了确立和证明。因此，当我们讨论对于本质的探究和对于原因的探究之间的关系时，我们不能把作为原因的 ousia 概念视为 Z.17 中的一个全新的开端，并进而提出对 Z.17 的"不连续解读"，认为 Z.17 的"新开端"打断了 Z 卷之前的讨论。其次，我们也论证了，亚里士多德在 Z.17 中的确引入了来自《后分析篇》的证明性三段论，因为我们没有理由认为亚里士多德仅仅提出一个要求较低的、非证明性的因果框架。恰恰相反，在 Z.17 中有证据表明，我们应该把证明性的三段论作为探究复合实体的原因的方式。在这个意义上，Z.17 确实在讨论复合实体时引入了一个新的工具，"另一个开端"的确为 Z.17 和 H 卷的讨论带来了新的元素。

在承认了证明性三段论与 Z.17 的相关性之后，在本章中，我们将讨论《形而上学》ZH 关于复合实体的原因的探究与本质的探究之间的关系，这构成了《形而上学》中"本质"和"原因"之间关系的主要方面。通过对《形而上学》Z.12—Z.17—H.2 的"连续性解读"，我们将表明，在亚里士多德《形而上学》ZH 关于 ousia 的整个探究中，对于复合实体的本质的探究和对于原因的探究是如何相互关联的。在这个意义上，我们将指出，Z.17 中对于原因的探究尽管引入了证明性的三段论作为一种新的工具，但仍然可以被认为延续自《形而上学》ZH 中对本质的早先探究，并且在《形而上学》ZH 对 ousia 的整个探究中发挥着重要作用。

在第一节中，我们将探讨亚里士多德在 Z.12 提出的划分法，我们认为这是《形而上学》ZH 探究本质（即复合实体的本质）的一种方式。而且，没有理由否认 Z.12 的划分法是探究本质的一种恰当方式。而后在第二节，我们将首先重新引入本质的两个条件：统一性条件和优先性条件。为了确立复合实体的本质，我们应确保对于本质的探究结果满足这两个条件。然后，我们将论证，划分法可以使 Z.12 中得到的结果满足统一性条件。

值得注意的是，这与查尔斯的观点是相矛盾的。因为按照他的说法，Z.12 的划分法在获得本质上是不成功的，因为它不能使划分的结果满足统一性条件。所以他认为，Z.12 的划分法必须被 Z.17 的三段论证明法所取代。尽管我们否认了查尔斯的上述观点，我们还是要指出，划分法不能保证 Z.12 探究的结果满足优先性条件。因此，仅靠 Z.12 的划分法仍不足以获得复合实体的本质。我们将在第三节中进一步论证，确保 Z.12 的划分法的结果满足优先性条件是亚里士多德在 Z.17 中诉诸证明性三段论的首要动机。一个有效可靠的证明性三段论可以告诉我们，Z.12 的结果是不是真正的首要原因，因此证明性三段论会使在 Z.12 得到的划分结果满足优先性条件。换句话说，Z.17 中三段论的使用是为了确证从 Z.12 得到的"最终的种差"（final differentia）是复合实体的恰当的首要原因和本质。这样一来，Z.17 对于原因的探究是对 Z.12 对于本质的探究的补充，而不是取代了 Z.12 的讨论。此外，我们的解读可以通过 H.2 的讨论得到进一步的支持，而且有助于我们重新思考"复合实体的定义是否包括质料"的问题。之后在第四节中，我们将阐明 Z.12 对于本质的探究的结果如何能被放入 Z.17 的证明性三段论中。也就是说，三段论的三个词项如何能与 Z.12 的划分法的结果联系起来。在提出主要根据 Z.17 的文本来解释这三个词项的初步方式（模型 1）之后，我们将提出另一种理解 Z.17 中证明性三段论的三个词项的方式（模型 2）。模型 2 来自于将 Z.17 对于原因的探究与 Z.12 对于本质的探究联系起来的"连续性解读"。在我们看来，模型 2 可能比模型 1 有更多的优势。这样一来，不仅我们对《形而上学》ZH 如何进行对于本质的探究和对于原因的探究的连续性解读可以与亚里士多德的文本相一致，而且这种探究方式也是切实可行，实际上能够实现的。

最后，我们可以说明《形而上学》中本质和原因之间的关系了——这就是"《形而上学》模型"。① 第一，根据"作为原因的 ousia 概念"，复合实体

---

① 尽管我们在本章的讨论集中于《形而上学》ZH，但是就本质和原因的关系问题而言，我们也可以把这里的讨论结果应用于整部《形而上学》。

的本质等于（首要）原因。第二，为了满足优先性条件，对复合实体本质的最终探究依赖于 Z.17 中对于原因的探究。第三，Z.17 中对于原因的探究进一步依赖于 Z.12 中对于本质的初步探究，这就是说，Z.17 中对于原因的探究要从 Z.12 中对本质的探究的结果中获得其资源。这样，我们可以看到，Z.17 对于原因的探究，对于《形而上学》ZH 中本质的最终探究有着关键的贡献。更重要的是，我们可以注意到这个"《形而上学》模型"是如何与"《后分析篇》模型"（也就是我们在第一章中所捍卫的中《后分析篇》的"同一性命题"的"相互蕴涵解释"）相联系的。一方面，《形而上学》模型涉及证明性的三段论和相应的三段论式的定义之间的相互转换关系，而这是从《后分析篇》模型中推导出来的。一旦我们在 Z.12 中确立了一个最终的种差，我们就可以将其转化为一个三段论；而一旦这个构建出来的三段论在 Z.17 中被确认为有效可靠的证明性三段论，这个恰当的证明性三段论就应该被转化为最终的本质定义。另一方面，《形而上学》模型所揭示的情况比《后分析篇》模型所提供的总体框架更为复杂。这是由于在《后分析篇》中，亚里士多德并没有决定，我们是应该首先从对于本质的探究开始，还是应该从对于原因的探究开始——这是一个具体情况具体分析的问题。然而，在《形而上学》ZH，亚里士多德提出，我们应该首先从对于本质的探究开始，这是在 Z.12 通过划分法进行的。其次，在我们从对于本质的探究中得到一个最终的种差之后，我们应该转向对于原因的探究，以确保这个最终的种差是恰当的首要原因。最后，当我们确保了 Z.12 中的某个最终的种差的确是复合实体的首要原因时，我们应该再次把证明性的三段论变成一个表明本质的定义，从而完成对于复合实体本质的最终探究。

第一节　《形而上学》Z.12 对于本质的探究

对于本质的探究是回答《形而上学》中"是什么"问题的方式，也是获得严格定义的方法。[①] 然而奇怪的是，尽管在整个《形而上学》的核心卷

[①] 与我们在第一章和第二章中对《后分析篇》和《论动物的部分》的讨论不同，由于"作为原因的 ousia 概念"的存在，亚里士多德在《形而上学》中关注的主要是一个事物的严格意义上的定义，它说明了这个事物的严格意义上的本质。因此，我们直接用"定义"这个词来表示指明了严格本质的严格定义。

中，ousia 是主要的讨论对象，但除了 Z.12 的讨论之外，亚里士多德几乎没有提到如何获得被理解为实体本质的 ousia 的方法。亚里士多德在 Z.12 中将划分法视为获得定义和本质的方法，并在 Z.12 的后半部分详细讨论了这种方法，而且他在 Z.12 的 1037b28-29 和 1038a34-35 明确谈到 "περὶ τῶν κατὰ τὰς διαιρέσεις ὁρισμῶν"（通过划分法获得的定义）。

然而，有人可能会反对 Z.12 的划分法是探究复合实体本质并获得复合实体定义的方法。因为许多学者认为，Z.12 是后来被插入 Z 卷的，[①] 因此 Z.12 可能处于《形而上学》ZH 的 "整体研究议程" 之外。而《形而上学》ZH 的 "整体研究议程" 可以被认为是对于 ousia 的整体性探究。如果是这样的话，那么我们就不能把 Z.12 看作是亚里士多德在《形而上学》ZH 中对 ousia 的整体探究的一部分，也不能把 Z.12 的划分法作为探究复合实体本质的一种方式。然而，这种反对意见可能会混淆《形而上学》ZH 的卷章之间 "文体上的统一性" 和 "论证上的统一性" 之间的区别。[②] 诚然，在 "文体上的统一性" 的层面上，Z.12 可能不是《形而上学》ZH 原有的一部分。例如，在 H.1 开头的对于 Z 卷的概述中没有提到 Z.12。Z.11 的结尾也许像一些人所说的那样 "平滑地过渡到了" Z.13 的开头。[③] 而且 Z.12 本身似乎也并不是一个完整的讨论。[④] 然而，从这些看法中不能推出，在哲学论证层面上，Z.12 不是 ZH 的一部分。即使我们假设亚里士多德在撰写 Z.12 的时候还是把它当作一篇独立的论文，亚里士多德依然有理由把 Z.12 视为 ZH 的一个有机的组成部分，因为 Z.12 中对于本质的探究使他能够在 ZH 中完成对 ousia 的讨论。首先，在 Z.12 的开头，亚里士多德提到了一个《后分析篇》遗留的 "疑难"（aporia）：为什么定义的对象是一个统一体（διὰ τί ποτε ἕν ἐστιν οὗ τὸν λόγον ὁρισμὸν εἶναί φαμεν, 1037b11-12）？这个 "疑难" 似乎也在接续 Z.4-6 的讨论，因为亚里士多德在那里认为首要的 ousia 应该是一个严格意义上的统一体。虽然亚里士多德后来在 Z.12 中讨论的不是定义对象的统一性，而是定义本身的部分/元素的统一性，但似乎他在 Z.12 已经预设了定义对象的统一性。[⑤] 其次，从我们将要论证的 "连续性解读" 中可以看出，如果 ZH 中没有Z.12，对复合实体本质的探究的总体图

[①] 例如参见 Frede and Patzig 1988, i. 25-26; ii. 221-223; Bostock 1994, 176; Burnyeat 2001, 42-44; Devereux 2003, 208 n. 80。

[②] 关于这个《形而上学》卷次结构上的区别，参见 Reale 1980, 13-15。

[③] Burnyeat 2001, 42.

[④] 参见 Frede and Patzig 1988, ii. 222; Burnyeat 2001, 44。

[⑤] Frede and Patzig 1988, ii. 223; 另参见 Burnyeat et al. 1984, 39; Halper 2005, 110。

景将是不完整的，而且我们也会奇怪，为什么亚里士多德在后面的 H.2 将种差与原因、形式等联系起来。① 因此，我们有理由把 Z.12 视为 Z 卷整体论证的一个重要部分。② 并且在我们研究《形而上学》ZH 中对于本质的探究问题时，有理由把 Z.12 考虑进去。此外，由于划分法是亚里士多德在整个《形而上学》ZH 中讨论到的唯一一种探究本质的方法，③ 我们认为 Z.12 中划分法可以被认定为探究复合实体的本质的方法。

我们可以从下面这段话中看到亚里士多德是如何描述 Z.12 的划分法的。

T1：但实际上除此之外，划分还必须是：(1) 按照种差的种差（τῇ τῆς διαφορᾶς διαφορᾷ）。④ 例如，动物的种差是有足的；同样，有足的动物的种差必须是"作为"（qua, ᾗ）有足的，所以不能说有足的 [动物] 一方面是有羽毛的，另一方面是没有羽毛的——如果他要正确表述的话（相反，他是由于缺乏能力才会这样做）——而是一方面有蹄的，另一方面没有蹄的，因为这些是"有足"的种差；因为有蹄的是一种特殊的

---

① 在 H.2 的结尾，亚里士多德还将种差与形式联系起来，指出我们已经考察过"形式"（μορφή, 1043a28, 参见 1043a20）。

② 关于 Z.12 是 Z 卷的一个内在组成部分的另一种辩护，参见 Menn manuscript, IId, 22-25; Menn 2011, 181-182。

③ 这里需要做两个澄清，因为很多人认为《形而上学》ZH 中还存在其他的定义方法。这可能是由于亚里士多德在 Z.12 中下面这样的表述：他在 1037b28 和 1038a35 声称，划分法是一种"第一"（πρῶτον/πρώτην）。首先，我们不清楚这个"第一"指的是"第一种定义方法"，还是"对划分法的第一次讨论"，或者是"对本质的第一部分探究"，例如参见 Frede and Patzig 1988, ii. 222, 233。我们将在后面看到，基于我们提出的"连续性解读"，"第一"更可能表示"对于本质的探究的第一部分"。而"第二部分"将通过 Z.17-H 来完成。而 1038a35 的 τὴν πρώτην 的意思也可能如 Ross（1924, ii. 207）所说，指的是对于本质的探究的"第一次尝试"。

其次，即使"第一"的说法表明 Z.12 中的划分法不是亚里士多德在 ZH 中考虑的唯一一种定义方法，但由于他从未提到过其他定义方法，我们也没有理由去生造出一种其他的方法。此外，许多学者提出，《形而上学》ZH 存在其他定义，比如"形式—质料"的定义，H.2 1043a20-21 的"来自于组成部分"的定义（ἐκ τῶν ἐνυπαρχόντων），或"潜能—现实"的定义，对此参见 Ross 1924, ii. 207; Burnyeat et al. 1979, 102-103; Frede and Patzig 1988, ii. 231-232。然而，这些都是"不同类型"的定义，而这些不同类型的定义并不意味着它们必须通过不同的定义方法来获得。

④ 我们在这里遵循罗斯的修订，而不是诸抄本的读法 τὴν τῆς διαφορᾶς διαφοράν，后者被耶格尔的版本以及弗雷德和帕齐希的版本所接受。

有足。并且（2）他想一直这样进行下去，直到到达"没有[进一步]种差"（τὰ ἀδιάφορα）；在那个时候，足的种将与种差的数量完全相同，而有足的动物将与种差的[数量]相等。那么，如果这些事情是这样的，很明显，最终的种差（ἡ τελευταία διαφορά）将是事物的定义和 ousia，无论如何，如果要求在定义中不应当多次陈述同样的东西的话，因为那是多余的。但这确实发生了；因为当他说"有足—二足—动物"时，他除了说有足有二足的动物之外没有说别的；如果他用恰当的划分[法]来划分，他就会多次说[同一事物]——就相当于这些种差的次数一样。如果在每个阶段都产生了"种差的种差"（διαφορᾶς διαφορά），最终的[种差]将是单一的，那就是形式和 ousia（μία ἔσται ἡ τελευταία τὸ εἶδος καὶ ἡ οὐσία）。但是，如果它是依照偶性进行的，例如，如果他把有足的划分成白和黑，那么就会有和"分割"（αἱ τομαί）一样多的[种差]。（《形而上学》Z.12，1038a9-28）①

在 T1 中，亚里士多德为成功探究本质的划分法提出了两个要求。第一，划分必须是连续的，换句话说，我们必须"按照种差的种差"进行划分（τῇ τῆς διαφορᾶς διαφορᾷ，1038a9-10），而不能进行偶然的划分（我们将在下面谈到偶然划分的问题）。第二，划分必须是完全的：我们必须连续地进行划分，直到我们达到"最低的种"（infima species），而在其中就没有进一步的种差（τὰ ἀδιάφορα，1038a16）②（当我们在下面讨论本质的两个条件时，将再次回到划分的这两个要求上）。这样一来，"最终的种差"

---

① ἀλλὰ μὴν καὶ δεῖ γε διαιρεῖσθαι τῇ τῆς διαφορᾶς διαφορᾷ, οἷον ζῴου διαφορὰ τὸ ὑπόπουν· πάλιν τοῦ ζῴου τοῦ ὑπόποδος τὴν διαφορὰν δεῖ εἶναι ᾗ ὑπόπουν, ὥστ' οὐ λεκτέον τοῦ ὑπόποδος τὸ μὲν πτερωτὸν τὸ δὲ ἄπτερον, ἐάνπερ λέγῃ καλῶς (ἀλλὰ διὰ τὸ ἀδυνατεῖν ποιήσει τοῦτο), ἀλλ' ἢ τὸ μὲν σχιζόπουν τὸ δ' ἄσχιστον· αὗται γὰρ διαφοραὶ ποδός· ἡ γὰρ σχιζοποδία ποδότης τις. καὶ οὕτως ἀεὶ βούλεται βαδίζειν ἕως ἂν ἔλθῃ εἰς τὰ ἀδιάφορα· τότε δ' ἔσονται τοσαῦτα εἴδη ποδὸς ὅσαιπερ αἱ διαφοραί, καὶ τὰ ὑπόποδα ζῷα ἴσα ταῖς διαφοραῖς. εἰ δὴ ταῦτα οὕτως ἔχει, φανερὸν ὅτι ἡ τελευταία διαφορὰ ἡ οὐσία τοῦ πράγματος ἔσται καὶ ὁ ὁρισμός, εἴπερ μὴ δεῖ πολλάκις ταὐτὰ λέγειν ἐν τοῖς ὅροις· περίεργον γάρ. συμβαίνει δέ γε τοῦτο· ὅταν γὰρ εἴπῃ ζῷον ὑπόπουν δίπουν, οὐδὲν ἄλλο εἴρηκεν ἢ ζῷον πόδας ἔχον, δύο πόδας ἔχον· κἂν τοῦτο διαιρῇ τῇ οἰκείᾳ διαιρέσει, πλεονάκις ἐρεῖ καὶ ἰσάκις ταῖς διαφοραῖς. ἐὰν μὲν δὴ διαφορᾶς διαφορὰ γίγνηται, μία ἔσται ἡ τελευταία τὸ εἶδος καὶ ἡ οὐσία· ἐὰν δὲ κατὰ συμβεβηκός, οἷον εἰ διαιροῖ τοῦ ὑπόποδος τὸ μὲν λευκὸν τὸ δὲ μέλαν, τοσαῦται ὅσαι ἂν αἱ τομαὶ ὦσιν.

② 关于这两个要求的讨论，尤其参见 Deslauriers 2007, 134-135。

(ἡ τελευταία διαφορά, 1038a19) 就将是事物的本质和定义 (ἡ οὐσία τοῦ πράγματος καὶ ὁ ὁρισμός, 1038a19-20), 它也是一个单一的统一体和形式 (1028a25-26)。此外, 亚里士多德强调, 这个最终的种差是一个统一体的主要理由在于, 通过之前的恰当的连续划分, 最终的种差已经包含了所有更高的属和种差 (1038a18-26)。由于这个原因, 我们只需要在定义中提到这个最终的种差。尽管如此, 我们还是认为在定义中提到更高的属至少是无害的, 只要我们正确理解属在定义中的位置。而且这种提及属的方式也不会破坏定义的统一性, 而只是在表述上更加清晰地指出了属究竟是什么 (尽管它自身已经在逻辑上蕴涵在最终的种差之中)。因此, 在下文中, 我们仍然把这种定义看作是"属+种差"的定义 (尽管这样的定义实际上只包括最终的种差), 而且会经常在这种定义中提到属。

这样, 亚里士多德通过他在 Z.12 对划分法的讨论, 阐释了如何进行对于本质的探究。以恰当的方式得到的复合实体的最终的种差应该就是复合实体的形式和本质。然而, 许多人低估了 Z.12 的划分法的重要性, 认为它不是获得定义的正确途径。在下文中, 我们将讨论这些对 Z.12 的划分法的批评, 认为这些批评都不足以否定该方法与《形而上学》ZH 中对于本质的探究的密切联系。

首先, 一些学者主张, 在《论动物的部分》I.2-3, 亚里士多德拒绝了《形而上学》Z.12 的划分法。在这些文段中, 亚里士多德提出了一种通过多重划分从而同时产生多个种差的方法, 而不是像 Z.12 建议的那样, 通过一次划分获得单一的最终种差。此外,《论动物的部分》I.2-3 也拒绝了"二分法"的划分方式, 而我们从亚里士多德的例子中可以看出,《形而上学》Z.12 的划分法或许就是一种二分法。[①] 然而, 我们的回应是, 应该首先明确《论动物的部分》I.2-3 的讨论是为了"取代"《形而上学》Z.12 对于划分法的讨论, 还是为了"补充" Z.12 的划分法。对此, 和一些学者一样, 我们也认为, Z.12 的讨论是《论动物的部分》I.2-3 的讨论的"概要化"(schematic) 版本, 因此与《论动物的部分》I.2-3 的讨论并不冲突。此外, 尽管 Z.12 的讨论是"概要化"的, 但我们认为它足以满足《形而上学》ZH 中对复合实体的本质的探究。我们说 Z.12 的讨论是概要化的或初步的, 这是说 Z.12 的划分法相对于动物学中更加复杂的情况来说是预备性的, 而不是认为 Z.12 的划分法不能用于《形而上学》ZH 中对复合实体的讨论。当亚里士多德转向实际的动物学探究时, 他可能发现有必要修改

[①] 关于这种批评, 例如参见 Frede and Patzig 1988, ii. 237-238; Bostock 1994, 183-184。

和补充 Z.12 的划分法，以适应他在动物学探究方面的具体议程。① 此外还有一个证据表明，《论动物的部分》的讨论与 Z.12 的学说相吻合。大家普遍承认，Z.12 的最终的种差被视为形式。而在《论动物的部分》I.3，643a22-27，亚里士多德也暗示最终的种差可能是形式，尽管在这段话中，他同时强调了从划分中得到的种差的多样性。因此我们有理由认为，在探究复合实体的本质方面，《论动物的部分》I.2-3 关于划分的讨论并没有取代《形而上学》Z.12 的划分法，它也不会使 Z.12 的划分法在探究本质方面变得完全无用。

其次，有人可能还会反对说，《形而上学》H.6 中的讨论取代了 Z.12 中对本质的探究。② 在 H.6 中，亚里士多德似乎用"形式—质料"的定义或"潜能—现实"的定义取代了"属＋种差"的定义。这里不是详细讨论这些不同种类的定义之间关系的地方。我们只需要强调，这些是不同类型的定义，而不是不同定义方法。此外，需要注意的是，两个定义的类型不同并不意味着它们必须通过不同的方法获得。有可能的是，如果一个人通过划分法建立了一个"属＋种差"的定义，那么这个定义也可以用不同的方式来理解，从而可以被视为另一种类型的定义。③ 再者，就像《论动物的部分》I.2-3 的讨论一样，我们也不清楚 H.6 中的讨论是取代了还是补充了 Z.12 的划分法。正如吉尔（M. L. Gill）所认为的，H.6 有可能依赖于并补充了 Z.12 中已经提出的有关定义的统一性的讨论。④ 当亚里士多德在 H.6，1045a14-17 提出统一性的"疑难"时，他再次用"二足动物"作为人的定义的例子，而这可以通过划分法得到。尽管亚里士多德在这段话中所关注的是柏拉图关于"二足动物"的统一性的观点，并且批评了柏拉图的将"二足"和"动物"看作是分离的理念的做法，但我们至少不能排除这样一种可能性：通过提出这个例子，亚里士多德在 H.6 提出的解决方案在某种程度上也可以适用于他的"属＋种差"定义；亚里士多德拒斥的是将属和种

---

① 关于这一思路，例如参见 Gill 1991, 266; Gill 2010, 108-109; Falcon 1997, 138-139; Halper 2005, 114-115。值得一提的是，Menn（manuscript, IIe, 38-40）详细论述了《论动物的部分》的讨论如何补充了《形而上学》Z.12 的讨论。

② 参见 Bostock 1994, 183-184; 吕纯山 2016, 252-264。

③ Ross（1924, ii. 238）认为，H.6 中这些不同种类的定义之间存在一种相似关系："形式—质料"的定义只不过比"属＋种差"的定义（对我们来说）更加可知，而"属＋种差"的定义也在 H.6 中得到了讨论。关于理解这些定义之间的关系的其他一些可能的方式，参见 Charles 2010, 321-322。我们将在第四节讨论属和质料的关系问题。

④ Gill 2010.

差看作分离的理念的观点，而不是"属+种差"的定义本身（如前所述，这里的"属"实际上是多余的，定义只需要包括种差就行了）。而且，柏拉图的观点是在 H.6，1045a15-17 通过"特别是、尤其是"（ἄλλως τε δὴ καί）的说法而引入的，这可能表明 H.6 中亚里士多德也在考虑对"二足动物"非柏拉图式的理解。因此，我们不能直接诉诸 H.6 而否定 Z.12 的划分法，或者得出结论说，划分法在整个 ZH 中对于本质的探究完全没有帮助。

最后值得一提的是，科德（A. Code）用《论题篇》中的学说来弱化《形而上学》Z.12 的划分法的重要性。科德认为，Z.12 的划分法在获得定义方面似乎是一种成功的方法，然而，由于在《论题篇》中，亚里士多德并没有把种差视为 ousia，因此有理由认为 Z.12 的方法不是探究复合实体的本质（这里的本质是二位的 ousia，即 ousia of X）的适当方式。① 例如，在《论题篇》IV.2，122b16-17，亚里士多德声称，"一个事物的种差从来都不表示'是什么'（τί ἐστιν），而是表示某种质（ποιόν τι），比如'有足的'和'二足的'（τὸ πεζὸν καὶ τὸ δίπουν）"。而我们也不难发现，在《论题篇》和《范畴篇》的许多其他段落中，亚里士多德似乎也排除了种差是 ousia 的可能性。②

诚然，在亚里士多德的《工具论》中，种差是否可以被视为 ousia 的问题，自古以来就存在激烈的争论，③ 而且这个问题至今仍有很大争议。④ 对这个问题的详细讨论超出了本研究的范围。我们想强调的是，把这些段落作为首要的证据来否认《形而上学》Z.12 的划分法，这种做法至少也是有争议的。第一，在这个问题上《论题篇》和《形而上学》之间存在着一些不一致的地方。⑤ 例如，在《论题篇》VI.1，139a29-31，亚里士多德声称，属（genus）在最首要的意义上是指 ousia（这段文本也被科德所引用）。但这一观点肯定与《形而上学》Z.13-16 中的讨论不一致，在那里亚里士多德明确否认属可以是 ousia。而且，正如我们将在下面讨论的那样，在《形而上学》H.2 中，亚里士多德反复提到，种差是 ousia 和现实。所以，如果不对所有这些文本进行恰如其分的讨论，就不能直接将它们作为证据来论证什么观点。第二，亚里士多德在《工具论》中在多大程度上拒绝把种差作

---

① 尤其参见 Code 2010, 93-94。

② 对于更多段落的提及，参见 Code 2010, 94; Malink 2007, 284-285。

③ De Haas（1997, 194-250）对这个问题在古代的争论进行了详尽的研究。

④ 例如，参见 de Haas 1997, 188-194; Bäck 2000, 151-158; Malink 2007, 285 n. 44。所有这些学者都提及了更多参考文献。

⑤ Deslauriers（2007, 202 n. 24, 203-204, 208-210）将这种不一致视为亚里士多德哲学的"真正的变化"。

为 ousia，这一点也还不清楚。亚里士多德有可能认为种差在一种受限制的意义上不是 ousia，而不是在绝对的意义上不是。① 因此，我们认为科德的理由不足以否定《形而上学》Z.12 的划分法是探究本质的正确方式。

第二节　《形而上学》Z.12 划分法的不充分性

在本节中，我们将首先提出，任何本质都必须满足统一性条件和优先性条件。其次，我们反对查尔斯的观点，论证《形而上学》Z.12 中的方法可以使划分的结果满足统一性条件，统一性条件不需要通过 Z.17 的证明性三段论来保证。最后，我们将指出，划分法不能保证 Z.12 最终的种差满足优先性条件。这样一来，我们认为在《形而上学》Z.17 中采用三段论的首要原因是为了保证最终的种差满足优先性条件。

一、统一性条件和优先性条件的再提出

在第一章中，我们提到任何本质都必须满足两个条件：统一性条件和优先性条件。由于这两个条件对于讨论《形而上学》ZH 中对本质的探究很重要，我们在本节中将再次考察这两个条件。

根据统一性条件，一个本质必须是一个真正的统一体。此外，作为对本质的描述的定义也应该是一个真正的统一体。一个真正的统一体，如果它具有部分的话，这些部分也必须以一种"就其自身而言"（per se）的方式联系在一起。② 理由在于，如果本质不是一个真正的统一体，那么，本质就不能"固定其承载者的同一性"。③ 而如果定义不是一个真正的统一体，它就不能指示出本质的统一性和本质的承载者（即复合实体）的统一性。如果定义不是统一体，定义也会让复合实体像一个偶性复合物。例如，如果人的定义"二足动物"不是一个统一体，那么它就会像"白的人"一样指的是一个偶性的统一体，其中的各个部分只是在偶性上联系在一起。④ 此外，正如我们在第二章和第三章中提到的那样，亚里士多德可能认为"存

---

① 参见 Granger 1984, 8; Ferejohn 1991, 96-97。
② 参见《后分析篇》I.4, 73a34-b5，以及 Barnes（1993, 112）的解读。
③ 参见 Charles 2000, 192。
④ 参见 Code 2010, 80-86。

在"与"一"之间存在着一种相应的关系（参见《形而上学》Γ.2，1003b23-25；I.2，1054a13-19）。众所周知，"存在"呈现出一种"核心意义"结构。而由于"存在"与"一"之间的相应关系，我们可以说，"一"也会有一个"核心意义"结构。因此，被理解为首要存在的 ousia（参见Γ.2，1004b9）将对应于首要的统一性（Γ.2，1004a26）。这样一来，严格意义的本质和对于本质的描述必须满足严格意义上的统一性。

至于优先性条件，复合实体的本质必须在本性上优先于（prior by nature）它的承载者（在这种情况下是复合实体）；否则，本质就不能与它的承载者的其他属性/特性相区别。当然，近来有许多研究文献专注于讨论亚里士多德的"优先性"概念的意义，以及如何理解"在本性上优先"的问题。在我们看来，"在本性上优先"主要体现在"因果优先性"（causal priority）之上。① 亚里士多德在《形而上学》Z.1 中强调了这一点，他在那里讨论了 ousia 的首要性概念，正如我们在第三章提到的那样。

本质的这两个条件对我们讨论的意义在于，如果通过《形而上学》Z.12 的划分法得到的最终的种差同时满足了优先性条件和统一性条件，那么 Z.12 中对本质的探究就是完整的，可以独立地取得成功。而如果是这样的话，那么《形而上学》Z.17 对于原因的探究的地位就不明确了。然而，如果最终的种差不能满足统一性条件和/或优先性条件，那么，Z.12 的划分法作为对本质的探究，本身不足以让我们获得复合实体的本质。在这种情况下，要么（1）划分法完全被《形而上学》ZH 中的其他方法所取代，要么（2）划分法应该被《形而上学》ZH 中的其他方法所补充。由于似乎没有明确的迹象表明亚里士多德在《形而上学》ZH 中提出了其他的定义方法，所以我们有理由认为，其他的方法就是《形而上学》Z.17 中探究原因的方法，或者至少是一种主要基于探究原因的方法。如果是这样的话，那么我们就可以通过考察《形而上学》Z.12 中对于本质的探究和 Z.17 中对于原因的探究，看到《形而上学》ZH 中对于本质的探究和对于原因的探究之间的关系。

二、Z.12 的划分法和统一性条件

在这个时候，我们需要转向查尔斯对 Z.17 的"不连续解读"，因为他提出这种解读的首要原因（除了我们在之前提到的，Z.17 的"作为原因的

---

① 对于"在本性上优先"的理解，参见 Peramatzis（2011）的详尽论述。尽管我们不同意他对于 Z.17 的解读（在这点上他追随查尔斯的"不连续解读"），但我们可以接受他对于优先性的定义。也参见苏峻（2020）在佩拉马齐斯观点上的进一步发展。

ousia 概念"是 Z 卷中的一个全新的开端这一理由之外）是 Z.12 的划分法未能满足本质的统一性条件。而他认为，解决 Z.12 遗留的统一性条件问题的唯一方式是用 Z.17-H 中对于原因的探究和证明性的三段论来"取代"Z.12 中失败的划分法。在这个意义上，查尔斯认为，以三段论为实现方式的对于原因的探究标志着一个"新的开端"，并相对于先前不成功的对于本质的探究的尝试而言，体现出了一种"不连续性"。[①]

查尔斯认为，Z.12 的划分法或许可以解决某些定义的统一性问题，而这些定义的统一性是通过单次的连续划分而获得的。例如，划分法可以解释为什么人就是"二足动物"，而不是"二足 + 有足 + 动物"。在后面的表述中，所有三个元素像是被表述为它们之间是可分离的，好像它们指示了三个不同的对象。而我们通过 Z.12 所要求的"连续"的划分，可以保证"二足"蕴涵"有足"和"动物"；而这一点能够让这些定义的元素之间以一种"就其自身而言"的方式联系在一起，从而保证定义的统一性（参见《形而上学》Z.12，1038a25-26）。但是，查尔斯声称，划分法不能解释为什么通过多重划分产生的种差可以成为一个统一体。例如，亚里士多德在 Z.12，1037b33 提出，人的定义可能是"二足无羽毛的动物"。按照查尔斯的说法，这个定义应该通过两次划分而得到：一次划分是关于动物有足的方面，而另一次的划分则是关于有无羽毛的方面。但 Z.12 的划分法不能解释为什么"二足无羽毛的动物"是严格意义上的统一体，而不是"二足 + 无羽毛 + 动物"，后者可能不止指涉了一个对象。理由在于，在"人是二足无羽毛的动物"的定义中，"无羽毛"并不蕴涵"二足"，"二足"也不蕴涵"无羽毛"。因此，这个定义没有满足统一性条件，就像"白的文雅的人"这个说法一样。[②] 换句话说，划分法可以使划分的结果满足"纵向"意义上的统一性条件（由一次连续划分产生的最终的种差），但它不能确保结果满足"横向"意义上的统一性条件（由不同的几次连续划分产生的几个最终的种差）。[③] 出于这个原因，查尔斯提出了他关于 Z.17 的"不连续的解读"，根据这种解读，来自于《后分析篇》的证明法取代了 Z.12 的划分法。根据作为原因的 *ousia* 概念，一个"统一的"首要原因就是本质。另外，查尔斯声称，通过使用证明性的三段论，作为单一的首要原因和本质的中项可以

---

① Charles 2000, 282-285; Charles 2010, 314-315. 参见 Code 2010, 95-96，他也倾向于认为 Z.12 中不成功的划分法被 Z.17 的证明法所取代。

② Charles 2000, 282; 参见 Charles 2010, 320。

③ 我们从 Henry（2011, 249）那里借用了这个区分，这个区分不同于 Gill（1989）采用的"垂直/水平统一"（vertical/horizontal unity）的概念。

让复合实体变得结构化，确保复合实体是一个严格的统一体。①

在这个背景下，我们想论证的是，查尔斯的上述立场以及他提出"不连续解读"的动机是值得怀疑的。与查尔斯相反，我们认为划分法可以使最终的种差满足统一性条件。存在两个这样认为的理由。首先，没有理由认为亚里士多德在 Z.12 中设想的划分法会带来"横向统一"的问题。其次，如果我们正确理解了 Z.12 中的两个划分要求，一些看似通过多次划分而得到的例子，实际上可以通过单一的连续划分而得到。②

第一，我们认为亚里士多德在《形而上学》Z.12 中描述的划分法不会带来横向统一的问题。因为只有通过同时进行多次划分才会产生所谓横向统一的问题。然而，没有迹象表明亚里士多德在 Z.12 中已经要求我们进行这样的划分。从 T1 中我们可以看到，亚里士多德强调最终的种差必须是一个，这应该通过单一的连续划分而得到。诚然，似乎没有什么能阻止我们在 Z.12 进行多重划分。然而，在这些划分所产生的几个种差中，我们必须选择一个最终的种差作为在严格定义中得到强调的单一的种差，③ 并将所有通过其他几次划分得出的最终的种差作为定义对象的非严格说明而加以拒绝。④ 我们不能像查尔斯那样，简单地把这些多个最终的种差加在一起。如果我们把所有这些种差结合起来，或许是为了精确地界定定义的对象，那么从这种做法来看，这种划分就不能满足"完全性"的要求。这是因为在这些多个"最终的种差"之下，可能还存在一个更低的种，因而我们还没有达到"最低的种"。例如，假设现在我们对鸟的定义是"二足有羽毛的动物"。这个定义是从两次不同的连续划分得出的（一次是关于有足的，另一

---

① 例如参见 Charles 2000, 291; Charles 2010, 315。虽然查尔斯对 Z.17 的"不连续解读"的措辞可能没有那么强烈（参见 Charles 2000, 293, 306），但我们没有看到他如何将 Z.17 的探究与 Z.12 的探究联系起来的迹象。但参见 Charles 2010, 319-322，后来他在这个问题上似乎改变了主意，但也没有进一步发展他的想法。
② 关于《形而上学》Z.12 的论述能够解决定义的统一性问题，参见聂敏里 2020。我们认为，这里定义统一性的解决也就意味着本质统一性的解决，因为实体的定义是对于实体本质的描述。
③ 如果不能选择一个作为恰当的最终种差，那不是因为最终种差不满足统一性条件，而是由于最终种差不是真正的最终种差，它不满足优先性条件。
④ 我们不认为本质的统一性条件要求在任何意义上对于某一对象只有一个定义。统一性条件所要求的是，只有一个严格的定义来说明本质，尽管对这个对象可能还有其他次要的非严格的定义，参见《形而上学》Z.4, 1030a17-b14。而且这一点不会与 Z.12 中的讨论相冲突，因为 Z.12 考虑的主要问题是一个定义中的几个定义要素如何能成为一个统一体。

次是关于有羽毛的），而且会面临如何实现横向统一的问题。然而，在这种情况下，我们在"有足"的划分上未能满足完全性的要求，因为在"二足动物"这一类下面还有一个更低的类，或许可以表示为"二足带爪的动物"（假设这也是鸟的定义）。这样，我们应该进一步尝试在"二足动物"的类下进行进一步划分，直到把握这一划分中真正的最终的种差："二足带爪"。

更重要的是，当亚里士多德提出"二足无羽毛的动物"的例子时，他不是在进行多重划分，而是在进行单次的连续划分：

> T2：例如，首先是（τὸ πρῶτον）"动物"，接下来（τὸ δέ）"二足动物"，再来是（καὶ πάλιν）"二足无羽毛动物"。（《形而上学》Z.12，1037b32-33）[①]

在 T2 中，亚里士多德不是在进行多次的划分，比如"先是动物，然后是二足动物；再来，先是动物，然后是无羽毛动物……"。尽管亚里士多德后来在 1038a12-14 似乎不承认这个例子，因为它是一种偶然的划分；但这并不影响亚里士多德在 T2 想强调的观点：我们必须进行单一的连续划分。这样一来，把"二足无羽毛的动物"这个例子看作是 Z.12 中存在多重划分的理由是有问题的。既然 Z.12 中没有存在多个最终的种差的依据，那么，认为 Z.12 的划分法会产生横向统一的问题是不合理的，从而也没有理由认为最终的种差不能满足统一性条件。

第二，T2（大概是作为一个"对于我们更可知"的例子）也可能意味着，一些通常被认为是由多次划分得到的定义，实际上可以通过一次连续的划分得到。例如，我们假设人的定义是"X-Y-Z 的动物"，其中 X、Y、Z 都是人的种差，说明了人的不同方面或特征。大多数人会认为，这种定义只能通过多次不同的划分来获得，而每一次划分都对应着一个特征或方面。然而，我们并不认为亚里士多德要求在单一的连续划分内，我们只能根据一个单一的方面进行划分，如动物—有足动物—二足动物—弯曲的二足动物，诸如此类等等。如 T2 所示，一开始，我们把"动物"视为一个属，然后我们有"二足动物"。但现在我们可以把"二足动物"看作是一个属，[②] 然后会有另一个进一步的种差，而它说明了"有足"之外的一个不同

[①] οἷον τὸ πρῶτον ζῷον, τὸ δὲ ἐχόμενον ζῷον δίπουν, καὶ πάλιν ζῷον δίπουν ἄπτερον·

[②] 参见《论题篇》VI.6, 144b27-30; Frede and Patzig 1988, ii. 234; Bostock 1994, 181; 也参见 Barnes（1993, 244）关于《后分析篇》II.13 的类似表述。

方面。如果是这样的话,那么一些看起来有问题的多重划分的案例实际上可以通过一个单一的连续划分得到,因此这些案例不会导致横向统一性的问题。有人可能会反对说,既然亚里士多德说最终的种差必须包含所有更高的属和种差,那么"X-Y-Z 的动物"这样的表述一定意味着在这个定义中没有一个单一的元素包含其他的元素。然而,如前所述,亚里士多德使用这样的表述并无大碍,其中一个元素实际上包含着另外两个元素(例如,X包含着 Y 和 Z),从而是唯一的真正的最终种差。采用这样的表述的原因可能是,它可以更好地说明定义对象的不同方面的种差。这就像亚里士多德在"属+种差"的定义中经常提到属,尽管属应该被最终的种差所蕴涵。

话虽如此,对上述论点还有一个更严重的反对意见。有人可能会认为,把不同的方面置于一个单一的连续划分之内会导致我们进行"交叉划分"(cross division)或"偶然的划分"(accident division),这对亚里士多德来说是不能接受的。例如,在《形而上学》1038a12-14,亚里士多德反对在 T2 中进行划分的方式。他在 1038a26-28 也否定了我们可以将白或黑视为"有足"之下的进一步种差(参见《论动物的部分》I.3,643b17-23)。然而,亚里士多德拒绝这些例子的原因是,在这些情况下,较低的种差对于较高的种差来说是偶然的(也就是说,较低的种差就其自身而言不属于较高的种差),① 这违反了划分中的连续性要求。但是,连续性的要求并不一定意味着在一个单一的连续划分内,我们只能根据一个方面进行划分。如果更低的种差② 对于更高的属来说是非偶然的,并与更高的属是同延的(co-extensive);也就是说,如果一个更高的属中的所有事物并且仅有这些事物能具有这个更低的种差(例如,假设所有的有血动物且仅有有血动物能有单胃/多胃的种差),我们可以把这个更低的种差看作是这个更高的属的恰当的种差,并根据这一种差进行连续的划分——即便这一更低的种差与更高的属说的是定义对象的不同方面。亚里士多德在划分中强调"作为"(qua,ᾗ,Z.12,1038a11:"有足的动物的种差必须是'作为'有足的……")要求的用意也是为了保证划分的种差对于更高的属来说不是偶然的,而是"就其自身而言"(per se)的。这一点并不排除在一次连续的划分过程中我们可以针对不同的方面来进行。

---

① 正是在这个意义上,我们把它称为"偶然的划分",值得一提的是,"非偶然的划分"和"根据本质的划分"是不一样的(参见下文)。

② 需要注意的是,在这种情况下,种差被视为"一组特征",而不是"单独一个特征",如二足/四足/多足、黑/白等。

事实上，我们在实际情况中很难不进行这样的划分。让我们假设，在"二足动物"的例子中，最高的属（summum genus）不是"动物"，而是"生物"。① 现在，在划分的第一步中，我们应该把"生物"划分为动物和植物，而种差可能是"有感觉灵魂 / 没有感觉灵魂"。然而，在第二步的划分中，种差是关于"有足"，而不是关于灵魂的。在这一划分中，我们实际上是把生物的两个方面放在一次划分中。而我们很难否认，这是一种恰当的划分。② 因此，我们的结论是，一些可能导致横向统一性问题的例子实际上可以从单次的连续划分中得到，而这不会使它们不满足统一性条件。

总而言之，我们在这里所要主张的是，所谓"横向统一"的问题在《形而上学》Z.12 中并没有出现。首先，亚里士多德不允许在 Z.12 中出现会带来横向统一问题的那些情况。其次，一些通常被认为有横向统一问题的例子实际上可以由一次连续的划分得到，而这不会产生统一性的问题。这样一来，我们认为 Z.12 的划分法使得最终的种差满足了统一性条件，查尔斯提出"不连续解读"的动机是没有说服力的。

三、Z.12 的划分法和优先性条件

我们已经论证了，Z.12 中的划分法可以使最终的种差满足统一性条件。但现在我们要提出，划分法不能使最终的种差满足优先性条件。就此而言，Z.12 中作为对于本质的探究的划分法仍然不足以完成《形而上学》ZH 中对 ousia 的探究。

根据优先性条件，最终的种差必须在本性上优先于定义对象及其特征和属性。然而，Z.12 中所描述的划分法无法完成这一任务。最终的种差只

---

① 参见 Balme（1992, 107）举出的类似例子。
② 有人可能会反对说，我们不能从"生物"开始划分，而只能从"动物"开始划分。原因在于，根据一些学者的观点，亚里士多德的动物学是一门不同于植物学的学科，只有"动物"才是动物学的恰当主题（参见 Bronstein 2016, 61, 170; Falcon 2015; Falcon 2024 的更多讨论）。因此，我们上面的划分是一个"跨学科"的划分，而跨学科的划分对亚里士多德来说是不可接受的（《后分析篇》I.7, 相关研究如参见 Steinkrüger 2018）。然而，在动物学内部，我们也可以做如下划分。首先，我们根据关于有血 / 无血的种差，将动物分为有血动物和无血动物。其次，我们根据有血动物的呼吸方式进一步划分，比如"有肺 / 有鳃"的种差；因为亚里士多德认为无血动物不呼吸（例如参见《论灵魂》II.9, 421b20）。同样地，在我们根据有血 / 无血的种差得到无血动物后，我们可以进一步根据有关这些动物的甲壳结构的种差来进一步划分无血动物（参见《动物志》IV.1, 523b1-20）。很明显，这些划分的例子也提及了不同方面的种差，但每一个划分都是单次的连续划分。

是与定义对象同延，但不一定优先于定义对象。假设一个对象 O 存在一个连续的划分："$G\text{-}D_1\text{-}D_2\text{-}D_3\text{-}D_4$"，G 是最高属，而 D_4 是 O 的最终的种差。在连续的划分之后，D_4 将包含所有更高的属和种差 G、D_1、D_2、D_3，而且经过这样的划分后，D_4 在本性上也优先于这些属和种差。① 然而，我们不能排除这样一种可能性，亦即存在着另一个种差 D_5，它在本性上优先于 D_4 和 O，但 D_5 所关涉的方面处于这一连续划分之外（也就是说 D_5 不在这一连续的单次划分之内）。在这种情况下，有人可能会反对说，这是因为 D_4 不是一个最终的种差，这种划分不符合完全性的要求。然而，完全性的要求只要求在一个完整的划分中没有进一步的更低的种。这一要求不能排除通过另一次划分得到的 D_5 优先于 D_4 的可能性（不过我们要注意的是，在这种情况下，每一个种差都是以"一个特征"的形式出现的，例如"二足""驯服的"；而不是以"一组特征"的形式出现的，如"二足/四足""驯服的/野性的"）。而且，即使我们在上文中承认了单次的连续划分过程可以涉及定义对象的多个方面，这也不能保证没有其他的种差处于这个单次的连续划分之外。总之，完全性的要求只能确保我们得到"最低的种"，但它不能确保指涉了最低的种的最终的种差在本性上也是优先于定义对象的，它只能确保最终的种差是与定义对象同延的。

在这里，有人会声称，如果我们在每个阶段都让我们"在本质上"进行划分，那么最终的种差就会是本质，并满足优先性条件。然而，"在本质上"进行划分这个说法是模棱两可的。当我们根据对象的"就其自身而言的偶性"（*per se* accidents）进行划分时，似乎也可以被认为是在"本质上"进行划分（因此，一些学者把"就其自身而言的偶性"称为"本质"属性/特性）。然而很明显，"就其自身而言的偶性"并不是本质或本质的一部分（参见《形而上学》Δ.30，1025a30-32）。那么，有人就会进一步认为，我们必须从一开始就根据事物的本质进行划分，而不是根据"就其自身而言的偶性"。有人会举出以下两段话作为这一要求的证据。

T3：要通过划分来建立一个定义，必须以三件事为目标。(1) 必须让"谓项"在"是什么"之中（τοῦ λαβεῖν τὰ κατηγορούμενα ἐν τί

---

① 诚然，逻辑蕴涵关系（logical entailment）并不等同于在本性上优先，也就是说，A 蕴涵 B 并不意味着 A 在本性上也优先于 B。然而，根据《形而上学》Z.12 的划分法要求，最终的种差必须要通过连续的完全的划分而得到，这样的话，最终的种差就应该在本性上也优先于在同一次划分中出现的其他更高的属。不然的话，亚里士多德就无法声称最终的种差是复合实体的形式和本质（Z.12, 1038a19-20, 1038a25-26）。

ἐστι);(2)必须将这些项目排序为第一或第二;(3)而且必须确保这些是全部。这些目标中的第一个能够实现,如果有能力通过属来确立事物,正如对于偶性,要有能力演绎它们成立(ὥσπερ πρὸς συμβεβηκὸς συλλογίσασθαι ὅτι ὑπάρχει, καὶ διὰ τοῦ γένους κατασκευάσαι)。(《后分析篇》II.13,97a23-28)①

T4: 此外,应该根据在 *ousia* 中的东西来划分(διαιρεῖν χρὴ τοῖς ἐν τῇ οὐσίᾳ),而不是根据"就其自身而言的偶性"(τοῖς συμβεβηκόσι καθ' αὑτό)。如果有人根据一些图形的内角和等于两个直角而另一些图形的内角和等于更多个直角来划分图形,就会出现这种情况。因为内角和等于两个直角是三角形的一种偶性(συμβεβηκός)。(《论动物的部分》I.3,643a27-31)②

首先,我们不认为 T3 提出了"根据本质进行划分"的要求。有人可能会认为,《后分析篇》97a24-25 的"必须让'谓项'在'是什么'之中"这句话是指"必须确保种差是定义对象的本质③中的谓词",④ 因为谓述定义对象的是种差。然而,当亚里士多德在 97a26-28 提及这句话时,他提到的不是什么种差或定义对象,而是"通过属来确立事物"(διὰ τοῦ γένους κατασκευάσαι)。正如许多学者所指出的,亚里士多德在这里可能是指《论题篇》第四卷中的讨论,他在那里详细考虑了如何在属下建立一个种。⑤ 事

---

① Εἰς δὲ τὸ κατασκευάζειν ὅρον διὰ τῶν διαιρέσεων τριῶν δεῖ στοχάζεσθαι, τοῦ λαβεῖν τὰ κατηγορούμενα ἐν τῷ τί ἐστι, καὶ ταῦτα τάξαι τί πρῶτον ἢ δεύτερον, καὶ ὅτι ταῦτα πάντα. ἔστι δὲ τούτων ἓν πρῶτον διὰ τοῦ δύνασθαι, ὥσπερ πρὸς συμβεβηκὸς συλλογίσασθαι ὅτι ὑπάρχει, καὶ διὰ τοῦ γένους κατασκευάσαι.

② Ἔτι διαιρεῖν χρὴ τοῖς ἐν τῇ οὐσίᾳ καὶ μὴ τοῖς συμβεβηκόσι καθ' αὑτό, οἷον εἴ τις τὰ σχήματα διαιροίη, ὅτι τὰ μὲν δυσὶν ὀρθαῖς ἴσας ἔχει τὰς γωνίας, τὰ δὲ πλείοσιν· συμβεβηκὸς γάρ τι τῷ τριγώνῳ τὸ δυσὶν ὀρθαῖς ἴσας ἔχειν τὰς γωνίας.

③ 他们认为 τί ἐστι 直接表示严格意义上的本质,但我们在本书第一章中已经论证,在《后分析篇》中不是这样的,另参见《论题篇》102a32-34。

④ Balme(1992,114)在讨论 T4 时提到了 T3,他认为这两段话都说明了"根据本质进行划分"的同一个要求:"种差必须是动物的定义或本质的一部分"。另外,Loeb 译本对 97a24-25 这句话的翻译也有些误导:"选择描述本质的属性。"(to select attributes which describe the essence)

⑤ 例如参见 Ross 1949, 660; McKirahan 1992, 113; Barnes 1993, 247; Deslauriers 2007, 25。

实上，我们认为亚里士多德在 T3 中所主张的是，为了确立一个种或种差①是不是更高的属的一个真正的种或种差，应该确保属在这个种的"是什么"中，或在这个种差所区分出的事物的"是什么"中（例如参见《论题篇》IV.1，120b15-20，121a27-39）。比如，为了确保"二足动物"这个种或"二足"这个种差是"动物"属下的一个真正的种或种差，我们应该保证"动物"属在"二足动物"这个种或"二足"这个种差所区分出的事物中被提及。这可能需要我们考察是否所有"二足"的情况都属于"动物"这个属。因此，T3 没有指出"种差谓述定义对象"的情况，而是说明了"属谓述种或被种差划分出的事物"的情况。而且很明显，这个方式不能保证我们在一开始就一定会根据本质进行划分。② 因此 T3 并不意味着"根据本质进行划分"的要求。

另一方面，T4 似乎确实建议我们应该根据本质进行划分，而不是根据"就其自身而言的偶性"进行划分。当然，这种划分方式能够确保最终的种差是本质。然而，这似乎意味着我们在划分之前就已经掌握了本质。不然的话，在我们知道本质是什么之前，我们如何区分本质和"就其自身而言的偶性"，我们如何区分本质和"就其自身而言的偶性"（这些"就其自身而言的偶性"也是与它们所属的对象同延的）？③ 比方说，仅仅依靠 Z.12 的划分法，在我们知道人的本质是什么之前，我们如何在"有手"和"有理性灵魂"两个种差之间选择一个作为人的本质？④ 而如果我们已经知道了本质，那么作为对于本质的探究的划分法将完全是不必要的。这样一来，亚里士多德在 T4 就可能没有把划分法作为获得划分对象的本质的方法来讨论。例如，T4 可能提出了以下情况：首先我们知道了一种动物的本质，然后我们根据它的本质进行划分，这样做的目的是探究这种动物的各个部分。此外，T4 的 *ousia* 不一定被认为是本质，⑤ 否则，在《论动物的部分》中被理解为本质的 *ousia* 将与《形而上学》中的本质有不同的含义。与《形

---

① 参见 Ross 1949, 660; McKirahan 1992, 113; Barnes 1993, 247，他们都指出了《论题篇》I.4, 101b17-19 作为证据。

② 参见 McKirahan 1992, 113。另参见 Detel 1993, 770-771，他可能对这段话采取了一种较弱的解读（尤其参见 Detel 1993, 773）。

③ 参见 Balme 1991, 14。

④ Ferejohn（1991, 25）声称，划分法不能使人区分本质和"就其自身而言的偶性"。另参见 Barnes 1993, 241-242; Falcon 1997, 129-130，他们对《后分析篇》II.13 中划分法的适用性提出了一些警告意见。

⑤ 由于这个原因，有些人在 T4 中把 *ousia* 直接翻译或"理解"为"存在"。

而上学》相比,《论动物的部分》中的 ousia 有可能具有更灵活、更宽松的含义。正如戈特黑尔夫（A. Gotthelf）所指出的，亚里士多德在《论动物的部分》III.6, 669b8-12 认为,"肺"属于鸟的 ousia。[①] 然而，如果 ousia 在这个段落中表示本质（如果它不是，那么在《论动物的部分》中出现的其他 ousia 将更不可能表示本质），那么它会与《形而上学》中的本质概念不一致。

总之，关于 T3 和 T4 两段文本，首先，T3 并没有直接提出"根据本质进行划分"的要求。其次，如果没有对《论动物的部分》和其他动物学著作中的 ousia 概念进行恰当的进一步研究，我们不能直接将 T4 带入《形而上学》Z.12 的讨论。[②] 因此，如果《形而上学》Z.12 划分法的目的是为了把握本质，那么一开始就根据本质划分并不能成为 Z.12 的划分法的要求。

由此，我们可以得出结论，《形而上学》Z.12 的划分法不能保证最终的种差满足优先性条件。而为了满足优先性条件，为了获得复合实体的本质，我们仍然需要另一种探究。在下一节中，我们将论证，通过《形而上学》Z.17 的证明性三段论，我们可以完成这一任务，并且可以确保最终的种差也是优先于复合实体的。在这个意义上，Z.17 的三段论作为对于原因的探究，补充了而不是取代了 Z.12 的划分法。

第三节　引入《形而上学》Z.17 对于原因的探究：最终的种差是首要原因

在这一节中，我们将首先阐明 Z.17 中证明性三段论如何有助于解决 Z.12 遗留下来的优先性问题。通过把最终的种差放入一个三段论，当我们能够确认它是一个有效可靠的证明性三段论时，最终的种差作为中项将被确证是恰当的首要原因。换句话说，借助于三段论，我们可以确保最终的种差确实满足优先性条件，可以保证最终的种差也是优先于定义对象或复合实体的。我们把这种最终的种差称为"恰当的因果种差"。而这是亚里士

---

① 参见 Gotthelf 2012, 217-240，尤其是 pp. 222-225。
② 关于 T4 的进一步讨论，参见 Lennox 2001a, 161-163。

多德诉诸对于原因的探究的首要原因。其次，我们将利用《形而上学》H.2 中的讨论来加强我们的解读。在这一章中，亚里士多德将种差认定为原因和现实，而这也应该是本质。而且我们会补充说，虽然在《形而上学》中亚里士多德很少从原因方面进行划分，但可以合理地假设，我们可以根据一个对象的原因进行划分，然后根据这种划分法获得因果种差，而这必须通过 Z.17 的证明性三段论而得到确证。最后，我们将简要讨论承认种差是首要原因的一个理论后果：这可以让我们对于复合实体的定义问题提出新的思考角度。如果"恰当的因果种差"就是一个复合实体的本质，那么它也构成了复合实体的定义。就其种差本身而言，这个复合实体的定义只包括形式，而不包含质料。但是因为这个种差来自于 Z.12 的划分法，并且需要能够通过一个恰当的三段论表述出来，那么这样就能够保证最终的因果种差蕴涵了质料，所以就这个角度而言，我们也可以说复合实体的定义同时包含了形式和质料。

一、Z.17 中证明性三段论的作用

首先，很明显，在一个有效可靠的三段论中，中项（B）是"为什么大项（A）谓述小项（C）"这个问题的解释和原因。其次，同样明显的是，作为原因的中项具有因果优先性，因此，正如我们多次提到的，它优先于被解释项。当最终的种差是关于复合实体的一个恰当的三段论的中项时，这个最终的种差将优先于复合实体，并满足优先性条件。在这种情况下，这个最终的种差也是这个对象的"（恰当的）因果种差"（causal differentia）。而且这个因果种差也是本质，因为这个种差已经满足了统一性条件和优先性条件。就此而言，我们就把握住了本质，并完成对于本质的探究。

我们认为这是亚里士多德在《形而上学》Z.17 中诉诸三段论的首要原因。这就是说，是为了确保从 Z.12 得到的最终的种差也满足优先性条件，并且成为复合实体的首要原因。正是在这个意义上，Z.17 中对于原因的探究补充和完成了 Z.12 中对于本质的探究。当然我们并不否认，通过使用三段论，统一性条件也可以得到满足。但我们想强调的是，这并不是亚里士多德在 Z.17 中使用三段论的首要原因和动机，因为 Z.12 的划分法已经可以解决统一性问题，并使最终的种差满足统一性条件（这不仅是定义的统一性，也是复合实体本质的统一性）。此外，当亚里士多德在《形而上学》Z.17 的后半部分（也就是 1041b11-33）提及复合实体的统一性问题的时候，他的讨论并没有像 Z.17 的前半部分那样如此依赖于证明性三段论的

理论。① 亚里士多德在 1041b11-33 考察统一性问题这一点也不能说明在这个时候统一性问题还没有得到解决，而是表明了，当我们认识到"作为原因的 ousia 概念"之后，复合实体的本质（也就是复合实体的首要原因）使得整个复合物成为一个真正的统一体这一点会更加明确。因此，我们认为《形而上学》Z.17 的后半部分是为了让亚里士多德通过"作为原因的 ousia 概念"来进一步确认他已经在 Z.12 解决的问题，从而展现出 Z.17 前半部分关注的"作为原因的 ousia 概念"的一个理论后果。同样，《形而上学》H.6 也是在潜能现实理论下进一步讨论实体统一性的问题，而不意味着 Z.12 对于统一性问题的解决是失败的。

那么，我们如何才能确保从《形而上学》Z.12 得到的一个三段论必然会使最终的种差满足优先性条件？在我们看来，如果这个三段论是一个有效的、可靠的证明性三段论，如果它满足了证明性三段论的所有要求，那么这个证明性三段论就会使作为中项的最终的种差满足优先性条件。② 例如，在这样的证明性三段论中，每个前提中的谓词和主词必须有"就其自身而言的"联系（per se 条件）；③ 前提中的谓词和主词之间必须没有进一步的原因或中项（"直接的"条件）；④ 中项必须是解释原因的（τὸ διότι），而不是仅仅说明事实（τὸ ὅτι）。

在这个时候，除了我们在第四章中提到的理由以外，我们还可以补充另一个理由来说明，在 Z.17 中，证明性三段论比非证明性的一般因果框架更好。通过把最终的种差放入一个恰当的证明性的三段论，我们可以更好、更明确地看到这个最终的种差如何成为探究对象的适当原因。例如，通过使用证明性的三段论，我们可以看到与最终的种差相关的每一个前提是如何满足"就其自身而言的"和"直接的"条件的。另一方面，如果只有一个非证明性的、一般的因果框架，其形式为"为什么 A 是 C？因为 B"，那么 B 如何能真正成为恰当的原因，就会变得不清楚。这种表达似乎更像是一种断言，它没有像三段论那样清楚地说明对于原因的探究。此

---

① 参见 Wedin 2000, 429-430。

② 在《形而上学》中，"直接的"条件也可以避免一个复合实体存在多个原因：一个首要原因将先于所有其他原因，这已经被作为原因的 ousia 概念所保证。此外，尽管亚里士多德在《后分析篇》I.9, 76a26-30 承认，有时很难确认一个三段论是否是一个有效的、可靠的证明性三段论（参见 Detel 1993, 214-215），但我们不认为亚里士多德会放弃这种可能性，并怀疑我们是否能通过证明和证明性三段论成功地进行探究。

③ Charles（2000, 289, 291; 2010, 312 n. 31）强调了这个条件。

④ 例如参见 Charles 1991, 244-245, 247; Charles 1994, 83-86; Charles 2000, 290-291。

外，值得注意的是，亚里士多德在 1041b10 将 Z.17 中的方法视为一种"教导"（δίδαξις）。因此，与非证明性的一般因果框架相比，针对复合实体使用的证明性三段论可能是一种更好的教导手段。

然而，需要注意的是，确证关于某一复合实体的三段论的确是恰当的证明性三段论的任务或许不是在 Z.17 中完成的，也不会完全只是通过使用证明性的三段论来完成。换句话说，在某个复合实体的探究中，确保一个三段论的所有前提满足恰当的证明性三段论的所有要求的任务，需要通过其他探究来补充和完成。因为证明性三段论本身并不能充分地回答"为什么这个前提中的主词和谓词之间没有进一步的原因"这一问题。为了回答这个问题，我们还需要进行其他领域的探究，这些探究可能不在第一哲学的范围内，而属于自然哲学的范畴。例如，为了回答"为什么在'拥有理性灵魂'和'人'之间没有进一步的原因，而在'二足'和'人'之间却有进一步的原因"这个问题，也就是说，为了确证是灵魂而不是二足才是人的形式和本质，我们必须对灵魂进行探究。同样，为了充分回答"为什么庇护人是房子的本质"的问题，我们需要一些相关的背景知识和其他领域的探究。

在这个意义上，《形而上学》Z.17-H 中对特定复合实体的原因的探究需要与其他学科的理论相联系。[①] 而在具体的探究中，Z.17 的证明性三段论可能具有更加有限的作用。这不是说我们是在强的意义上"证明"或"演绎"出这个最终的种差确实是本质这一事实（这意味着我们不需要任何其他的探究），而是说，Z.17 的证明性三段论的使用可以被视为一种"确证"从其他地方获得的成果的方式。换句话说，Z.17 中的证明性三段论被用来回答这样的问题："我怎么能确定从 Z.12 得到的这个最终的种差就是复合实体的首要原因和本质？"通过把最终的种差放进一个三段论，并确保这个构建的证明性三段论满足所有相关的要求，这最终需要利用第一哲学以外的其他哲学探究的结果。[②] 这样，我们可以得出结论，最终的种差确实是首要原因

[①] 我们反对 Bolton（2010, 37-46）的观点。他认为第一哲学完全独立于自然哲学，关于第一哲学的探究绝不应该从自然哲学中获取任何信息。参见 Peramatzis（2013, 307-310）对博尔顿（R. Bolton）观点的批评；另参见 Burnyeat 2001, 59。

[②] 当然，我们应该注意到，在这里我们说《形而上学》Z.17 中关于原因的探究需要由第一哲学之外的其他哲学探究来补充，这并不意味着亚里士多德在《形而上学》中考察的第一哲学需要依赖于自然哲学，并因此成为一种"第二"哲学。这只是表明，在对某些复合实体的探究过程中，我们可能需要借鉴其他领域的探究结果。

和本质。① 由于三段论揭示了恰当的最终的种差的因果关系和因果优先性，而这是探究者对于原因进行探究之前没有认识到的，所以这种证明的方式仍然是一种获得新知识的方式，而不是简单地展示在对于原因的探究之前已经知道的东西。② 同样地，非证明性的因果框架也需要依靠第一哲学以外的探究。③ 然而，这种要求较低的非证明性的因果框架很难说明最终的种差如何是以及在何种意义上是恰当的原因，而只是通过直接挪用其他相关探究的结果来断言它是原因和本质。

以上已经阐明了《形而上学》Z.17 的证明性三段论与 Z.12 的划分法的作用，以及亚里士多德在 Z.17 引入证明性三段论的主要动机。另外，我们还提出，证明性三段论可以被看作是一种确证因果优先性的手段。接下来我们将转向《形而上学》H.2，亚里士多德在那里将种差等同于原因，这进一步支持了我们对 Z.12 和 Z.17 的"连续性解读"。我们还将提出，尽管《形而上学》中没有什么迹象表明亚里士多德按照原因进行了划分，但在他的动物学作品中却有很多这样的划分的例子。

二、《形而上学》H.2 作为原因的种差

在下文中，我们旨在论证，有明确的证据表明亚里士多德在《形而上学》H.2 将种差视为原因。而这可以进一步支持我们对《形而上学》Z.12 和 Z.17 的连续性解读。根据 Z.17，亚里士多德认为从 Z.12 得到的最终的种差应该是首要原因。事实上，绝大多数人都承认，亚里士多德在 H.2 把种差看作是原因。然而，由于有一些学者拒绝接受这一观点，我们在这里将主要关注 H.2 中三个看似有问题的段落（T6、T7 和 T8），这些学者通过引证这些段落来否认种差是原因。但我们认为，即使从这些段落中，我们仍然可以认为 H.2 中的种差是原因。因此，H.2 主张的观点，即种差是原因和复合实体的本质，可以佐证我们对 Z.12 和 Z.17 的解读。

在《形而上学》H.2 开头，亚里士多德宣布这一章的讨论对象是作为现实的 *ousia*。

---

① 关于《后分析篇》中证明性三段论的作用的类似观点，参见 Halper 2017, 64, 71。
② 另参见第一章中关于证明法作用的讨论。
③ 正如在第四章提到的，德弗罗坚持认为 Z.17 中只有一个非证明性的一般的因果框架。然而，当德弗罗论证 Z.17 中的原因必须是形式时，他还是提到了《物理学》和《论动物的部分》中的段落，参见 Devereux 2003, 186 n. 49。这反而是一个很好的例子，说明 Z.17 中的讨论应该与自然哲学领域的其他哲学探究相关。

T5：既然作为主体，即作为质料（ὡς ὑποκειμένη καὶ ὡς ὕλη）的 ousia 被普遍认同，而它是潜在存在的，那么我们还需要说作为可感事物的现实（ὡς ἐνέργειαν）的 ousia 是什么。(《形而上学》H.2, 1042b9-11)①

在这段话中，虽然亚里士多德没有详细说明"现实"指的是什么，但从他将质料和潜能相联系来看，有理由认为他把现实视为可感复合实体的形式和本质。之后，他有点突兀地引入了种差的概念，并根据德谟克利特的种差的观点列出了一系列的例子（1042b11-25）。最后，亚里士多德似乎得出结论，指出这些种差是存在的原因和本原。

T6：那么，必须掌握种差的类（τὰ γένη τῶν διαφορῶν），因为这些种差将是存在的本原（ἀρχαὶ ἔσονται τοῦ εἶναι）。②（《形而上学》H.2, 1042b31-33）③

一般认为，亚里士多德在这段话中承认这些种差是存在的原因。之前通过作为原因的 ousia 概念，我们已经看到复合实体之所以存在的原因也是它的本质，因而我们有理由得出结论，在 T6 中，亚里士多德认为种差是复合实体的原因和本质。

然而，这段话里有一个不明确的地方，它使查尔斯和佩拉马齐斯认为种差不是原因，而是应该进一步被首要原因所决定。④ 诚然，亚里士多德在这里使用了未来时，他不是简单地说"这些种差是存在的本原"，而是说"种差将是（ἔσονται）存在的本原"。而在下面这段话中，可能也有类似的暗示会让人对"H.2 中的种差是原因"这一说法产生怀疑。

---

① Ἐπεὶ δ' ἡ μὲν ὡς ὑποκειμένη καὶ ὡς ὕλη οὐσία ὁμολογεῖται, αὕτη δ' ἐστὶν ἡ δυνάμει, λοιπὸν τὴν ὡς ἐνέργειαν οὐσίαν τῶν αἰσθητῶν εἰπεῖν τίς ἐστιν.
② 在这里，我们不必纠结于如何理解 ἀρχαί/αἰτία τοῦ εἶναι 中 τοῦ εἶναι 的含义。我们倾向于接受 Gomez-Lobo（1981）的建议，也参见 Burnyeat et al. 1984, 9。
③ ληπτέα οὖν τὰ γένη τῶν διαφορῶν (αὗται γὰρ ἀρχαὶ ἔσονται τοῦ εἶναι).
④ 这就是他们将证明性三段论中的 A 项理解为种差的原因。他们声称，这一结论可以从 H.2-4 的讨论得出。Peramatzis（2018, 17）特别提到了这段话，将其作为这种解读的证据。虽然他们也提到了 H.3-4 的段落，但我们在这里只关注 H.2，因为 H.2 是亚里士多德讨论"种差"概念的主要的章节，而且没有理由认为 H.3-4 会与 H.2 的讨论发生矛盾。

T7：那么，从这些［种差］① 中可以明显看出，如果 ousia 的确是每个事物存在的原因（εἴπερ ἡ οὐσία αἰτία τοῦ εἶναι ἕκαστον），那么正是在它们（ἐν τούτοις）之中，② 人们才会去寻找这些事物存在的原因是什么。（《形而上学》H.2，1043a2-4）③

在 T7 中，亚里士多德似乎认为本质是存在的原因，而存在的原因也是种差。然而，对于那些否认种差是原因的人来说，T6 中的未来时态暗示了种差不是原因，把握种差并不是探究的终点，我们还必须做一些进一步的工作来寻找另一个事物作为首要原因，这将使种差成为次级意义上的原因。此外，在 T7 中，亚里士多德使用了"ἐν τούτοις"（1043a3）这个表达，认为我们可以"在这些种差中"找到原因，这可能表明种差本身不是原因，而是比种差更"根本"的事物才是真正的首要原因和本质。因而，这些学者不愿意承认 H.2 中的种差是原因的说法。

然而，我们不需要担心这两段话。在 T6 中，未来时态的使用并不表示某个未来的探究阶段，而是表示"一个普遍的真理"，即种差一直都是存在的原因。换句话说，ἔσονται 说明了"永恒的未来时"（gnomic future）④。根据这种理解，显然 T6 并没有表明种差不是原因。至于 T7，我们认为"ἐν τούτοις"不需要被解释为"存在一些更根本的事物，它们才是这些种差当中的原因"。相反，ἐν τούτοις 的表达可能只是说明了以下情况：有一组事物，这组事物有一组相应的种差；现在对于这组事物中的某个特定事物而言，我们应该在这组种差之中寻找一个种差，它是这个特定事物存在的原因。⑤ 因此，这两段话都不能被看作是亚里士多德认为种差不是存在的原因的证据。

然而，在 T7 之后，亚里士多德似乎不承认所有这些种差的例子，相反，他认为它们都不是 ousia。

---

① 根据前文的讨论，很明显这里是指"种差"。

② 我们认为 τούτοις 表示"种差"，参见罗斯的牛津英文翻译；Burnyeat et al. 1984, 5; Gomez-Lobo 1981, 11 n. 13。

③ φανερὸν δὴ ἐκ τούτων ὅτι εἴπερ ἡ οὐσία αἰτία τοῦ εἶναι ἕκαστον, ὅτι ἐν τούτοις ζητητέον τί τὸ αἴτιον τοῦ εἶναι τούτων ἕκαστον.

④ 参见 Smyth § 1914。

⑤ 参见 Bostock 1994, 257。而有人可能认为，ἐν τούτοις 指的是"不同种类的种差"，而不是直接指"种差"，这种看法也能支持我们的解读。

T8: 事实上，这些事物没有一个（οὐδὲν τούτων）① 是 ousia，[与质料]结合的也不是，但所有这些在它们每个之中都是类似的事物（τὸ ἀνάλογον）。而在诸 ousia 中，谓述质料的是现实本身。同样，在其他定义中，则是最类似的事物（μάλιστα）[与现实相对应]。(《形而上学》H.2，1043a4-7)②

有人可能会认为，对作为 ousia 的种差的否认表明，作为非 ousia 的种差不可能成为原因，因为 ousia 应该是原因。③ 然而，亚里士多德否认这些种差是 ousia 的缘由在于，对亚里士多德来说，这些种差所属的承载者并不是真正的复合实体。很明显，亚里士多德并不认为在 1042b15-25 提到的例子是《形而上学》中真正的复合实体。相反，他认为这些例子可以被看作是"对我们来说更加可知"的例子；因为在这些情况下，我们会更容易认识到它们的区别与差异。鉴于这些例子相似于真正的复合实体，亚里士多德在 1043a5 认为它们的种差也相似于真正的复合实体的本质。④ 在 1043a6-7，亚里士多德澄清了他先前的意思，由此可以进一步证明我们的理解。对于真正的 ousia 来说，谓述质料的是现实；而在其他情况下（即非 ousia 或"伪实体"），最相应于现实的事物谓述最相应于质料的事物。⑤ 通过这种方式，我们可以产生以下的类比关系：

伪实体的种差（=最相应于本质的事物=最相应于现实的事物）：伪实体 :: 真正的复合实体的种差（=本质=现实）：真正的复合实体

此外，当亚里士多德在 H.2，1043a19-21 比较两种定义时，他将种差与原因相提并论："因为似乎通过种差给出的描述是关于形式和现实的，而'来自于组成部分'（ἐκ τῶν ἐνυπαρχόντων）[的描述]则是关于质料的。"在这里，亚里士多德认为，来自于种差的定义将把握住复合实体的形式和

---

① 关于 τούτων 的所指，参见 Burnyeat et al. 1984, 5。
② οὐσία μὲν οὖν οὐδὲν τούτων οὐδὲ συνδυαζόμενον, ὅμως δὲ τὸ ἀνάλογον ἐν ἑκάστῳ· καὶ ὡς ἐν ταῖς οὐσίαις τὸ τῆς ὕλης κατηγορούμενον αὐτὴ ἡ ἐνέργεια, καὶ ἐν τοῖς ἄλλοις ὁρισμοῖς μάλιστα.
③ 参见 Peramatzis 2018, 17。
④ 这可能就是为什么亚里士多德在 H.2 只是笼统地提到"存在的原因"，而不是具体指明"复合实体的原因"。
⑤ 关于这段话的讨论，参见 Burnyeat et al. 1984, 5-8。

现实。由于亚里士多德多次指出现实和形式可以被视为原因，因此在这段话中，亚里士多德也认为作为形式的种差是首要原因。

在这里，有人可能会反对说，H.2 中的 διαφορά 这个词实际上只是泛指"差异"或"区别"，而不是指专门的"属＋种差"中的"种差"。[①] 这可以从 H.2, 1042b15-25 的例子中得到证明。当亚里士多德指出各种事物之间各方面的差异是这些事物存在的原因时，他没有考虑 διαφορά 与划分法的关系，也没有把 διαφορά 放在"属＋种差"中加以考虑。但我们认为，亚里士多德之所以使用这些例子，如位置上的差异、时间上的差异、地点上的差异等，是因为这些例子对普通人来说更明显、更熟悉，而不是意在把 H.2 中 διαφορά 的范围限定为非专门意义上的"存在上的差异"。就像在 T8 中一样，亚里士多德在这个问题上采用了从"对我们来说更可知"的事物到"在自然上更可知"的事物的策略：通过从一些事物中以泛泛的方式列出的存在上的差异（这是"对我们来说更加可知"的事物），我们可以推进到在"属＋种差"框架下的种差的讨论，并将其与划分法联系起来（这是"在自然上更可知"的事物）。此外，即使在这些"对我们来说更加可知"的例子中，我们也可以找到"属＋种差"的可能结构。例如，门槛和门楣可以被视为在一个更高的属"石板"之下，而种差将是其位置："在门的底部／在门的顶部。"因此，我们可以将"石板"划分为门槛和门楣。因此，这个反对意见并没有削弱我们的提案，即 Z.12 的最终的种差也是 H.2 的讨论对象。

这样一来，通过对 H.2 相关段落的分析，我们提出了对于《形而上学》Z.12—Z.17—H.2 的"连续性解读"。首先，《形而上学》Z.17 的讨论是对 Z.12 的补充和完善。其次，这一解释思路可以在《形而上学》H.2 得到确认。而且，这就是为什么在《形而上学》H.2 的开头，亚里士多德似乎有点突兀地引入了"种差"的概念：这是因为在 Z.17，亚里士多德已经确立了复合实体的首要原因可以是复合实体的最终的种差，故而在 H.2，他可以直接转向种差的讨论，并重申种差可以被视为原因，而这一点在先前的讨论中可能还不是很明确。

既然最终的种差应该是原因，我们就需要通过划分法获得因果种差。正如在上面所论证的那样，三段论所做的是确证一个现有的最终的种差是首要原因，而不是寻求另一个别的不是从 Z.12 得到的因果种差。然而，有人可能会说，亚里士多德在《形而上学》中的划分法例子并不是关于因果种

[①] 吕纯山 2016, 244-245。也许 Bostock（1994, 254）暗示了这样一种理解 διαφορά 概念的方式。参见 Halper 2005, 160。

差的，而大多是关于"形态特征"的，如二足、无羽毛等。在这种情况下，我们可能会想，如何能通过 Z.12 的划分法获得因果种差。① 在这里，《论动物的部分》的下面一段话很有启发意义："首先有必要划分与每种动物相关的、其本身属于所有动物的属性，接下来要设法**划分它们的原因**。"(μετὰ δὲ ταῦτα τὰς αἰτίας αὐτῶν πειρᾶσθαι διελεῖν)(《论动物的部分》I.4, 645a36-b3, 强调为笔者所加。)这里亚里士多德明确指出，我们可以划分原因，并且在他的《论动物的部分》中存在这样的例子。② 尽管这段话来自他的动物学著作，但没有什么能阻止我们根据 Z.12 中的讨论进行这种划分。例如，我们可以把"用于遮蔽的建筑物"这个属划分为"用于遮蔽人"的建筑物(房子, οἰκία)和"用于遮蔽物"的建筑物(仓库, ἀποθήκη)。一旦它们的因果优先性通过 Z.17 中的三段论而得到了确证，这两个最终的种差将分别成为房子和仓库的首要原因和因果种差。

最后，我们应该注意到，当我们说在《形而上学》中"对原因进行划分"或"划分原因"时，这并不预设对原因是什么的认识；否则，"对原因进行划分"的说法就会像"根据本质进行划分"的要求一样，很难通过划分法而得到满足。"对原因进行划分"的说法是一种"事后的"看法；换句话说，只有在我们确认一个最终的种差的确可以被放入一个有效可靠的三段论当中之后，我们才能把握住有关对象的首要原因。可以说，在探究原因这个阶段之前，我们可能有一些关于"这个复合实体的首要原因是什么"的假设，比如"该对象的某些方面可能是原因，让我们对这些方面进行划分"，"这种划分方式可能比那种划分方式更有可能获得最终的因果种差"。然而，这类假设只能通过而且必须通过 Z.17 对于原因的探究来确证为真正的首要原因。

三、作为原因的种差与复合实体的定义问题

复合实体的定义问题一直是当代亚里士多德形而上学研究中的一个重要问题，而近年来随着查尔斯和佩拉马齐斯对于《形而上学》Z.17 和《论灵魂》的关注，又再次引起了许多关注和争论。传统上，这个问题一般被表述为："由形式和质料构成的复合实体的定义究竟只包括形式，还是既包括形式又包括质料"？M. 弗雷德等学者认为复合实体的定义只涉及形式；而罗斯和吉尔等人则认为复合实体的定义不仅包括形式，而且也需要提及

---

① 参见 Code 2010, 95。

② 参见 Gotthelf 2012, 200-212。

质料。① 然而，查尔斯和佩拉马齐斯基于他们对于《形而上学》和《后分析篇》之间的关系的解读，同时查尔斯又基于对于亚里士多德《论灵魂》中灵魂质形论（hylomorphism）的理解，发展出了一种更加精微的观点。② 首先，他们承认复合实体的定义只涉及形式。但是，他们认为"质料"这个概念在这里具有两重含义，而且更重要的是，他们对于"形式"这个词的解读也不同于我们通常的理解。亚里士多德的"质料"不但指涉我们日常生活中的"材料"，而且也可以包括"质料性特征"（material features）和"质料性原理"（material principles）。比如说软硬程度、可延展性等特征，以及"要实现在如此这般的身体中"等原理。③ 这样一来，查尔斯和佩拉马齐斯指出，不同于传统意义上理解的"形式"，"质料性特征"和"质料性原理"也是形式的一部分。这就是说，形式本身就包含有"形式性原理"和"质料性原理"。由此，他们认为复合实体的定义虽然只涉及形式，但是形式不是传统理解的所谓"纯粹的形式"，而是包括了质料的形式。这种认为形式不是"纯粹的形式"而且复合实体的定义包含了质料性因素的形式的观点被称为是"非纯粹论"（impurism）。而坚持形式就是传统意义上的不包含质料性特征和原理的形式的观点就是"纯粹论"（purism）。在"纯粹论"中，主张复合实体的定义只包括形式的学者被称为"强纯粹论"，而认为复合实体的定义既包括形式又包括质料的学者被称为"弱纯粹论"。④ 这样，复合实体的定义问题的争论焦点由原来的"强纯粹论"和"弱纯粹论"逐渐转移到"纯粹论"和"非纯粹论"之间。

这一争论不仅涉及《形而上学》Z.10-11，H.6等"传统上的争论焦点"，而且现在也与《论灵魂》《物理学》《辩谬篇》等著作有关。我们在这里无法对于整个问题做出详尽的考察，而只想指出，通过我们在上文中对于《形而上学》Z.12—Z.17—H.2 的"连续性解读"，或许能够为这个问

---

① 对于这些学者的提及，参见 Meister 2020, 3。国内学者当中，聂敏里主张当我们就实体其自身的角度考虑实体的时候，我们不用提及质料，但当我们从生成物的角度考察实体的时候，我们必须涉及质料。而定义应当是我们从实体自身角度考虑的结果，因此实体的定义只包括形式，尽管形式也联系着质料，参见聂敏里 2016, 44-51, 70-83；聂敏里 2024。吕纯山则认为复合实体的定义应当同时提及形式和质料，参见吕纯山 2021。

② 查尔斯的解读主要集中于亚里士多德的《论灵魂》和《形而上学》Z.10-11，参见 Charles 2008; Charles 2021。佩拉马齐斯则主要通过他对于《形而上学》Z.17 和《后分析篇》关系的解读支持了这一观点，参见 Peramatzis 2011, 168-200。

③ 例如参见 Peramatzis 2011, 41-42; Charles 2008, 12-15; Charles 2021, 50, 64; Meister 2020, 4。

④ 这些说法参见 Meister 2020, 3-5。

题提供一种新的解决进路。首先，我们将对于查尔斯的"非纯粹论"提出一个批评，指出"非纯粹论"如果基于《形而上学》的文本可能还需进一步的论证。其次，我们认为由于《形而上学》Z.17的证明性三段论的中项是来自 Z.12 划分法的最终种差，那么作为复合实体的本质和形式的因果种差本身就由于划分法而蕴涵了之前的更高的类。而这些更高的类可以被看作是质料。由此，作为原因的种差是形式，形式本身就蕴涵了质料，并且是复合实体的定义：我们既可以说复合实体的定义只包括形式，也可以说它同时还包含了质料。当然，这里的"蕴涵"并不是"非纯粹论者"所说的形式包含了"质料性因素"的意思；而是指在认识论意义上，当我们通过定义认识了复合实体的形式，也同时把握了质料。在这种情况下，即便我们在复合实体的定义中提及了质料，那也只是一种"权宜之计"。另外还需要指出的是，就结论而言，我们和约翰森（T. K. Johansen）的观点是一致的。但是约翰森主要是通过亚里士多德的"假设必然性"概念和形式作为目的因的角度论证"形式蕴涵质料"的结论。与此不同，我们则主要从《形而上学》Z.12 和 Z.17 的关系，以及探究复合实体的本质的角度进行论证。①

学界对于查尔斯和佩拉马齐斯的"非纯粹论"已经有了一些批评，我们在这里不再重复他们的论证。② 鉴于大多数批评都指出查尔斯他们应该举出亚里士多德提到两种"质料"的文本段落，查尔斯在新近的著作中试图通过对于《形而上学》Z.10-11 的解读而进一步强化他的"非纯粹论"，尤其是关于亚里士多德提出了两种"质料"的证据。在我们看来，其中一个对他非常关键的段落是 Z.10，1035a5-6。查尔斯认为，这句话表明了"肉是扁鼻的一部分"。更重要的是，查尔斯认为这里的"扁鼻"（σιμότητος）指的是作为形式的"扁鼻性"（snubness），而不是作为质形复合物的扁鼻。③如果这样的话，那么 1035a5-6 就成为"非纯粹论"成立的一个关键证据，因为亚里士多德在那里直接提到了作为"质料"的肉是形式的一部分，按照查尔斯的理解，这就是说存在着作为"质料性原理"的肉。

然而，我们认为亚里士多德在 1035a5-6 说的更应该是"肉是作为复合物的扁鼻的一部分"。这一点更加符合段落上下文的论证理路，亚里士多德

---

① 参见 Johansen 2012, 154-155。

② 对于查尔斯的批评参见 Caston 2008；对于佩拉马齐斯的批评参见 Malink 2013, 343-352; Corkum 2013；集中于 Z.10-11 的批评参见 Meister 2020, 17-19。

③ Charles 2021, 55-56, 尤其参见 p. 55 n. 35。

在这一段是这样说的：

> T9：现在，如果存在着质料、形式和"出自于它们的东西"（τὸ ἐκ τούτων），并且实体（οὐσία）是质料、形式和"出自于它们的东西"；那么甚至质料在一种意义上也被称为是一个东西的部分，而在另一种意义上不是，反而是出自于形式的描述（ὁ τοῦ εἴδους λόγος）的事物①[被称为是一个东西的部分]。比如说，对于"凹性"（κοιλότητος）而言，肉（σάρξ）不是一个部分（因为它[指肉]是在其[指凹性]之上生成[复合物]的质料），但是对于"扁鼻"（σιμότητος）而言是一个部分。而且（καί），对于复合的雕像而言，铜是一个部分，但是对于在形式的意义上的"雕像"而言，[铜]不是[一个部分]。（《形而上学》Z.10，1035a1-7）②

首先，亚里士多德在1035a1-2提到了形式、质料和复合物，指出它们可能都是实体（这里的 ousia 一词指的是实体，因此我们将其直接翻译成"实体"）。在这里，没有提到任何有关"质料性特征"或是"质料性原理"的东西。因此，如果像查尔斯所说1035a5的"肉"指的是形式中的"质料性原理"，那么就会显得突兀。其次，亚里士多德在接下来的文本中讨论了形式和质料在什么意义上可以被说成是一个东西的部分的问题。同样，亚里士多德也只提到了质料和形式，而没有出现什么"质料性的原理"。亚里士多德指出，质料可以被说成是复合物的一部分，但是质料不是形式的一部分，而是只有构成形式的事物才是形式的一部分（1035a2-4）。接下来就是查尔斯关注的这段文本：肉不是"凹性"的一部分，但却是"扁鼻"的一部分（1035a4-6）。查尔斯主张，这里的"σιμότητος"和"κοιλότητος"形成了对照，指的都是形式。③但是，我们认为这里的

---

① 这指的是构成形式的东西。

② εἰ οὖν ἐστι τὸ μὲν ὕλη τὸ δὲ εἶδος τὸ δ' ἐκ τούτων, καὶ οὐσία ἥ τε ὕλη καὶ τὸ εἶδος καὶ τὸ ἐκ τούτων, ἔστι μὲν ὡς καὶ ἡ ὕλη μέρος τινὸς λέγεται, ἔστι δ' ὡς οὔ, ἀλλ' ἐξ ὧν ὁ τοῦ εἴδους λόγος. οἷον τῆς μὲν κοιλότητος οὐκ ἔστι μέρος ἡ σάρξ (αὕτη γὰρ ἡ ὕλη ἐφ' ἧς γίγνεται), τῆς δὲ σιμότητος μέρος· καὶ τοῦ μὲν συνόλου ἀνδριάντος μέρος ὁ χαλκὸς τοῦ δ' ὡς εἴδους λεγομένου ἀνδριάντος οὔ.

③ 查尔斯这样说："在当前语境中，"扁鼻"（snubness）应当被视为形式，因为与之进行对比的"凹性"（concavity）显然是一个形式，而这是由于它被描述为呈现在质料之中。（Charles 2021, 55 n. 35: "in the immediate context snubness should be the form since concavity, with which it is compared, is clearly a form as it is described as present in matter."）

对照正好说明了 1035a5 的 "σιμότητος" 指的更应该是作为复合物的 "扁鼻"，而不是作为形式的 "扁鼻性"。查尔斯继而认为，如果亚里士多德用 "σιμότητος" 指称作为复合物的 "扁鼻"，那他应该明确说明这一点，如同亚里士多德在《形而上学》1037a31 那样。① 然而我们认为这个理由很难成立，因为亚里士多德当然可以在没有明确说明的情况下使用一个术语的不同含义，哪怕在亚里士多德其他文本中的 σιμότης 指的都是 "扁鼻性"，σιμός 指的则是复合物的扁鼻；我们也不能排除亚里士多德在这里用了 σιμότης 的更不常见的含义。② 这段文本中 σιμότητος 和 κοιλότητος 的对照是复合物和形式的对照，这一点通过 1035a6-7 的第二个例子能够更明显地看出来。铜是作为复合物的雕像的一部分，但不是作为形式的雕像的一部分。亚里士多德通过 καί 这个词来连接这两个例子，说明这两个例子是相似的，阐释了相同的论点。因此，我们认为查尔斯对于这段文本的解读是有问题的。《形而上学》1035a5-6 不能成为亚里士多德提出了形式中的 "质料性原理" 的文本证据。

既然 "非纯粹论" 是有问题的，那么在 "纯粹论" 当中，究竟是 "强纯粹论" 还是 "弱纯粹论" 更符合亚里士多德的意思呢？复合实体的定义究竟包不包括质料？在我们看来，如果我们将《形而上学》Z.12 和 Z.17 的关系考虑进来，那么我们可以认为由于形式本身蕴涵了质料，因此 "强纯粹论" 和 "弱纯粹论" 其实都是合理的，是否需要在定义中提到质料或许并不重要。

如前文所述，亚里士多德在《形而上学》Z.17 通过引入《后分析篇》的三段论学说探究一个复合实体的本质。我们已经论证，一个有效可靠的证明性三段论的中项是这个复合实体之所以存在的首要原因，也是它的本质和形式。例如，针对房子的定义和本质，我们可以给出下面这样一个证明性三段论。③

> 如此这般的结构（A）谓述让人们避风遮雨（B）。
> 让人们避风遮雨（B）谓述砖石和土（C）。
> ——————————————————
> 如此这般的结构（A）谓述砖石和土（C）。

---

① Charles 2021, 55 n. 35.
② 《修辞学》1360a27-28 的 ἡ σιμότης 指的应该是作为复合物的扁鼻。
③ 这个例子参见《形而上学》H.2, 1043a14-21。

对于这样的一个三段论，我们可以将其转换成一个关于"是什么"的描述：

    房子是为了让人们避风遮雨的由砖石和土构成的一个如此这般的结构。

  这个描述可以被看作是房子的定义。事实上，这样的定义正是一个既含有形式又含有质料的定义，也是让佩拉马齐斯提出"非纯粹论"的一个理由。既然定义是对于事物本质的描述，本质就是形式。而上述这个定义说出了本质，但既有形式又有质料的因素；那么，似乎定义中的形式就同时包含了形式性和质料性的原理，因而是"不纯粹"的。①

  然而，佩拉马齐斯和查尔斯都没有意识到三段论中三个词项的来源问题。而我们已经在上文中论证了，《形而上学》Z.17 的三段论的词项来源于 Z.12 的划分法。一个有效可靠的三段论的中项是 Z.12 的最终种差。而 Z.12 的划分法要求我们进行完全的、连续的划分。经过这样的划分法得出的最终种差自身已经蕴涵了在划分的中间阶段所产生的一系列结果，包括在其之上的更加普遍的类和相关的中间性的种差。我们在上文中也讨论了根据原因划分的可能性，根据之前的例子，我们可以把"用于遮蔽的建筑物"这个属划分为"用于遮蔽人"的房子和"用于遮蔽物"的仓库。那么"用于遮蔽人"的种差已经蕴涵了建筑物。而我们可以设想，在划分得到"建筑物"的过程中也会涉及砖石等质料，由此这个最终种差已经蕴涵了质料。而这一点是通过 Z.12 的划分法而得到保证的。这样，三段论的中项和本质自身就蕴涵了质料。②

  我们将在下一节详细讨论《形而上学》Z.12 划分法的结果如何具体应用到 Z.17 的证明性三段论中。在这里我们只需要承认，Z.12 的划分法能够在得出最终种差的过程中涉及质料。这既可能是指属（参见《形而上学》Z.12，1038a5-9，也参见下文第四节的论述），也可能是一般的"材料"。对于后者而言，我们也可以通过前文提到的划分原因方式而在划分的中间过程中提及它们，毕竟质料也是亚里士多德的"四因"之一。而只要能够得

---

① 参见 Peramatzis 2011, 188-195; Peramatzis 2018, 20。
② 如果质料不是在得出最终种差的同一次连续划分中获得的，那么当最终种差通过 Z.17 的证明性三段论被确认为是本质的时候，最终种差会通过三段论中项的因果优先性而蕴涵质料。

到最终种差,它就能够蕴涵在其之前得到的其他因素。在这种情况下,当我们通过《形而上学》Z.17的三段论理论来确证这个种差的确是最终的因果种差的时候,这个种差本身就成了蕴涵质料的形式和本质,也是构成复合实体定义的关键要素。这样,复合实体的定义是否需要再提及质料就是不重要的,因为质料自身已经在探究种差的过程中得到了呈现,而且一直呈现在最终的种差之中。总而言之,当我们将《形而上学》Z.12—Z.17—H.2的"连续性解读"应用到对于复合实体的定义问题的探讨当中时,我们就能发现所谓的"强纯粹论"和"弱纯粹论"之间的争论并不重要。当我们通过《形而上学》Z.17的证明性三段论确证借助Z.12的划分法得到的最终种差是一个因果种差之后,这个作为本质的种差自身就蕴涵了质料。我们只需要在定义中提及这个最终种差就可以了,是否需要另外再加上质料并不会影响定义本身所包含的信息。

我们在这一节讨论了证明性三段论与Z.12中的划分法的关系,认为Z.17中对于原因的探究是对Z.12中对于本质的先前探究的补充。另外,我们还通过诉诸H.2来进一步支持关于Z.12的对于本质的探究和Z.17的对于原因的探究的"连续性解读",因为亚里士多德在H.2强调了种差是原因和本质这一事实。并且我们论证了我们的解读有助于解决"复合实体的定义是否包含质料"的问题。接下来,我们将详细说明如何把Z.12的探究结果放到一个三段论中,以表明我们的解读不仅与亚里士多德在《形而上学》ZH中所说的实际情况相吻合,而且这种探究方式也是实际可行的、能够真正实现的。此外,通过探究如何将Z.12的探究结果放到一个证明性三段论中,有利于我们更好地理解最终种差在什么意义上蕴涵了质料,从而推进对于复合实体定义的探究。

第四节 将《形而上学》Z.12的探究结果放入Z.17的证明性三段论

在这一节中,我们将通过对于一个证明性的三段论的三个词项的解释,考察如何将划分的结果放入一个证明性的三段论之中。首先,我们将提供一个三段论的基本模型,它可以在Z.17的文本中得到证实(模型1)。然后,我们将阐述一个更复杂的三段论模型,其中Z.12的结果可以被更大程度地使用(模型2)。虽然亚里士多德没有提到这种理解方式,但这种模型也是合理的，而且，我们将看到，这种模型并不违背亚里士多德的学说。相反，模型 2 可能是《形而上学》ZH 中实现对于本质和原因的探究的更好选择。

正如之前多次提到的，下面这种形式的证明性三段论有三个词项（A 为大项，B 为中项，C 为小项）。这一节的主要任务是阐述每个词项在三段论的每个模型中分别代表什么。

问题：为什么 A 谓述 C？
回答：因为 B。

证明性三段论：
A 谓述 B。
B 谓述 C。
_____
A 谓述 C。①

一、Z.17 的证明性三段论的第一个模型（模型 1）

第一个模型可以从《形而上学》Z.17 的文本中得到确立。亚里士多德在 1041b5-9 提出了复合实体的"为什么"问题的例子。

> T10：那么显然探究的是：为什么质料是某种[确定的]事物（τὴν ὕλην ζητεῖ διὰ τί <τί> ἐστιν）。例如，为什么这些事物是一座房子？因为房子的所是（ὃ ἦν οἰκίᾳ εἶναι）谓述它。为什么这个，或者说，这个处于如此这般的状态的身体是一个人（καὶ ἄνθρωπος τοδί, ἢ τὸ σῶμα τοῦτο τοδὶ ἔχον）？因此，在探究的是质料成为某种[确定的]事物的原因（而这就是形式），这就是 *ousia*。（《形而上学》Z.17，1041b5-9）②

---

① 与本书前面几章一样，我们在提出证明性三段论时没有包括任何量词（参见 Detel 2009, 535-542，他举出了 Z.17 中带有量词的证明性三段论的一些例子）。这不会影响我们的总体论证思路，而且亚里士多德在 Z.17 中似乎并不强调普遍的情况和特殊的情况之间的区别，参见 Detel 2009, 542。

② δῆλον δὴ ὅτι τὴν ὕλην ζητεῖ διὰ τί <τί> ἐστιν· οἷον οἰκία ταδὶ διὰ τί; ὅτι ὑπάρχει ὃ ἦν οἰκίᾳ εἶναι. καὶ ἄνθρωπος τοδί, ἢ τὸ σῶμα τοῦτο τοδὶ ἔχον. ὥστε τὸ αἴτιον ζητεῖται τῆς ὕλης (τοῦτο δ' ἐστὶ τὸ εἶδος) ᾧ τί ἐστιν· τοῦτο δ' ἡ οὐσία.

这里的问题是"为什么质料是某种确定的事物",而这种"确定的事物"指的就是复合实体。① 这可以从以下两个例子中得到确证:"为什么这些东西(即材料)是一座房子";"为什么这样的身体是一个人"。因此,"为什么"的问题表示为"为什么质料是一个复合实体"。在本书第四章中,我们提到,根据《前分析篇》I.36,48b2-3,亚里士多德认为"谓述"(τὸ ὑπάρχειν)和"是"(τὸ εἶναι)具有一样多的意义;因此,当本节在提出这两种三段论的模型时,仍然使用"谓述"的说法。在这种情况下,问题就变成是"为什么复合实体谓述质料"。其中三段论的 A 项是复合实体,C 项是质料。既然我们已经论证了 Z.17 中证明性的三段论的使用是为了确保最终的种差是首要原因,那么作为形式和本质的中项(B 项)应该是最终的种差。我们可以把模型 1 表述如下。

模型 1:
复合实体(A)谓述最终的种差(即真正的因果种差、本质、形式)(B)。
最终的种差(B)谓述质料(C)。
——————————————
复合实体(A)谓述质料(C)。

我们可以看到,这个模型就是我们在上文第四章假设的一种理解 Z.17 的证明性三段论的三个词项的方式。在这个模型中,只有划分的最终结果——即最终的种差——会被直接用于证明性的三段论中。当最终的种差是一个有效可靠的三段论中真正的中项时,那么这个最终的种差将被证明是恰当的因果种差和复合实体的本质。然而,当这个最终的种差未能成为三段论中恰当的中项时,那么这个最终的种差就只是一个非因果的最终的种差。在这种情况下,我们应该继续回到划分法,开始进行另一次划分,试图获得另一个"最终的种差"。另一方面,作为 C 项的质料,则可以通过其他的探究方法获得,如感觉和归纳,以及上文提到的 Z.12 的划分法。而我们应该在探究复合实体的原因之前把握质料:要么是我们在运用划分法之前

---

① 如前所述,查尔斯和佩拉马齐斯认为,《形而上学》Z.17 中的 A 项代表 H.2-4 中提到的种差。但这一观点是站不住脚的。虽然根据我们下面的模型 2,A 项也可以被视为非恰当的因果种差,但很明显,我们的解读不是基于《形而上学》H.2-4,而是基于我们对于《形而上学》Z.12—Z.17—H.2 的连续性解读。

已经知道了质料，要么是在划分法的实践中认识到这个复合实体的质料。①

我们可以举个例子说明模型1的运用。首先，通过《形而上学》Z.12得到的关于人的第一个最终的种差是"二足的（动物）"，② 然后我们把这个种差看作是一个中项，并把它放入一个三段论。根据亚里士多德的观点，三段论的第一个前提"人（A）谓述二足动物（B）"并不符合"直接的"条件，因为命题"二足动物是人"要成立，我们必须涉及另一个原因，比如具有理性灵魂。③ 此外，这个前提是否满足"就其自身而言的"（per se）条件也是值得怀疑的。④ 因此，这个最终的种差不能成为首要原因。而我们应该重新开始，根据 Z.12 的要求进行另一次划分。当我们得到人的另一个最终的种差："有一个理性的灵魂"，那么很明显，这个最终的种差是相应的三段论中真正的中项。因此，我们可以得出结论，这个最终的种差是真正的因果种差，也就是人的本质和形式。

二、Z.17 的证明性三段论的第二个模型（模型 2）

亚里士多德在《形而上学》中没有提到三段论的第二个模型，但我们也有充分的理由提出这样一个模型。这个模型可以比第一个模型更好地说明对于本质的探究和对于原因的探究之间的关系。而且模型 2 是一个比模型 1 更复杂的模型，因为这个模型利用了更多 Z.12 的划分法所得出的结果。首先很明显，三段论的 B 项仍然是真正的因果种差。然而，由于亚里士多德没有明确讨论这个模型，我们在如何理解三段论的 A 项和 C 项上存在一些开放性。下面我们将首先提出第二个模型，然后分别讨论这个模型的 A 项和 C 项分别可能代表什么。

---

① 参见 Menn（2001, 133-134 n. 53）的类似建议。Morrison（1996, 198）声称，对质料的探究和对本质的探究一样困难，所以在探究的初期阶段，质料是不能被完全知道的。但我们认为在 Z.17 中，亚里士多德可能不需要对质料进行非常精确的界定，因为他经常使用 ταδί、τοδί 这样的表达来表示这些例子中的质料，而这样的语词并不意味着对"质料是什么"有了完全的把握。

② 如前所述，我们可以在这样定义中加入属，尽管属已经被蕴含在最终的种差"二足的"当中。在这种情况下，"二足的"（仅仅说了种差）与"二足的动物"（提及了"动物"这个属）是一样的。

③ 当然，为了发现这一点，我们不需要预先就知道人的首要原因（即真正的因果种差和本质），因为对于人为什么是二足的，我们可能有几种解释，尽管其中只有一种会是首要原因和人的本质。

④ 关于这个条件的理解方式，参见第一章和《后分析篇》I.4, 73a34-b5。

模型2：

初步的说明（即不恰当的因果种差）（A）谓述真正的因果种差（B）。

真正的因果种差（B）谓述质料（或属）（C）。

_____

初步的说明（A）谓述质料（或属）（C）。

1. 三段论的 A 项是"初步的说明"

首先，我们认为模型 2 的 A 项表示初步的说明。它指一个不恰当的因果种差，这也是通过 Z.12 的划分法而得到的。之所以提出这种理解 A 项的方式，是为了避免我们在第四章提到的刘易斯等学者对于在 Z.17 应用证明性三段论的另一个批评。因为，根据三段论和三段论式的定义之间的相互转换关系，我们可以从一个证明性的三段论中推导出一个三段论式的定义，而这个三段论式的定义可以表达为"A 因为 B 而谓述 C"。这些学者认为，根据模型 1，A 项是复合实体，是定义的对象；但如果是这样，那么模型 1 就意味着被定义的对象 A（即复合实体）出现在整个三段论式的定义（A 因为 B 而谓述 C）当中。而这会使定义成为循环定义（例如参见《论题篇》VI.4，142a34-b6）。这样一来，由此产生的三段论式的定义是一个循环定义，我们就不能在 Z.17 中将证明性的三段论应用于复合实体。①

为了避免这个问题，我们认为就三段论的 A 项而言，我们可以用对复合实体的初步说明来取代这个探究的对象（即复合实体），就像亚里士多德在《后分析篇》中所做的那样。② 这个初步的说明可能指出了相应的复合实体属于哪个类。我们可以看到，《后分析篇》的一些例子也出现在《形而上学》中。例如，亚里士多德用"声音"来代替"雷声"，并将其作为雷声的初步说明（例如《后分析篇》93a22-23，93b7-12，94a7-8；参见《形而上学》Z.17，1041a24-25）；另外，他用"光的缺失"（στέρησις φωτός）来表示"月食"的初步说明（例如《后分析篇》90a15-18；参见《形而上学》H.4，1044b13-14）。③ 此外，在亚里士多德的自然哲学，尤其是动物学中也

---

① Lewis 2013, 284.
② 关于这个问题的讨论，参见 Ackrill 1981, 360-363。此外，亚里士多德在《论题篇》II.2, 110a4-9 建议，在某些情况下，我们可以用一个说明来代替定义对象的名称。
③ 值得注意的是，在月食的例子中，"光的缺失"这一初步说明可以被当作是一个由种差区分出的类，因为有许多类别的"缺失"，而"光的缺失"是"缺失"的一个下属的类。

有一些类似的例子，比如《论动物的部分》中动物的一些部分和特征。① 正如我们在第二章中所讨论的，在这些情况下，我们也需要一个初步的说明来提出关于这些部分的可能的三段论。因此，我们有理由采用这种方式来理解《形而上学》中关于复合实体的三段论的 A 项。在这种情况下，A 项不会被理解为复合实体，而是复合实体的"初步说明"。由于整个复合实体没有出现在这个证明性的三段论中，它也不会在相应的三段论式的定义"A 因为 B 而谓述 C"中被提及，定义也就不会有循环性的问题。

在这一点上，有人可能会反对说，在《形而上学》中，亚里士多德从未在复合实体的定义中提到过任何初步的说明，因此我们的主张没有文本基础。然而，根据我们前面的解读，复合实体的三段论式的定义中的原因是 Z.12 的划分法得到的最终的种差。更重要的是，Z.12 中的最终的种差将蕴涵所有更高的属和种差，因而包括这些"初步的说明"。当我们把最终的种差放入一个三段论式的定义中时，这个最终的真正的因果种差也将包含该定义中的所有其他要素。因此，亚里士多德没有必要在最后的定义中提到这些初步的说明。最终的因果种差可以是一个定义中的唯一要素，即使这个定义实际上是一个"A 因为 B 而谓述 C"形式的三段论式的定义。因此，这个反对意见不会损害我们的论证。

此外值得注意的是，通过把首要原因作为 Z.12 中的最终的种差，我们也可以回应来自《论题篇》VI.6 的可能反驳，这段话我们在第一章已经提到过。

> T11：再者，这样定义的人把结果（τὸ ποιούμενον）当作原因（τὸ ποιητικόν），或把原因当作结果。因为自然地连在一起的部分的破坏不是痛苦，而是痛苦的原因。同样，不能感觉也不是睡眠，但一个是另一个的原因；因为要么我们因为不能感觉而睡眠，要么因为睡眠而不能感觉。（《论题篇》VI.6，145b11-16）②

在这段话中，亚里士多德声称，我们不能把 X 的原因视为关于 X 的定义中的唯一元素。有人甚至可以认为，根据这段话，形式作为复合实体的

---

① 自然哲学中"愤怒"和"睡眠"的案例，参见 Bronstein 2016, 97-98。有关动物精液的案例也参见 Bolton 1987, 155-160。

② ἔτι τὸ ποιούμενον εἰς τὸ ποιητικὸν ἢ ἀνάπαλιν συμβαίνει τιθέναι τοῖς οὕτως ὁριζομένοις. οὐ γάρ ἐστιν ἀληδὼν ἡ διάστασις τῶν συμφύτων μερῶν, ἀλλὰ ποιητικὸν ἀλγηδόνος· οὐδ' ἡ ἀδυναμία τῆς αἰσθήσεως ὕπνος, ἀλλὰ ποιητικὸν θάτερον θατέρου· ἤτοι γὰρ διὰ τὴν ἀδυναμίαν ὑπνώσσομεν ἢ διὰ τὸν ὕπνον ἀδυνατοῦμεν.

首要原因，不能成为复合实体定义中的唯一元素。然而，如同《形而上学》Z.12 所描述的那样，当首要原因是通过连续和完全的划分得到的时候，这个首要原因将蕴涵定义中的所有其他要素。这样一来，唯一的首要原因就可以成为恰当定义中的唯一要素，而不会面临 T11 的批评。①

在这里，有人可能想知道，这个"初步说明"究竟指的是什么样的东西。鉴于我们有可能根据复合实体的不同方面进行几次尝试性的划分，因而有两种方式可以理解其外延。（1）如果这个初步的说明是来自与最终的种差（B 项）相同的一次划分，那么这个初步说明就是在这一连续的划分的较早阶段得到的一个较高的中间的种差，或一个由这样的种差所指出的中间的属。（2）如果这个初步说明是从另一次划分得到的，那么它可以是那次连续的划分中得到的任何种差，而不管它是不是最终的种差。这最后一点是我们提出模型 2 的另一个理由。因为，在这种情况下，当我们把一个非恰当的最终的种差视为 A 项，而把真正的因果种差视为 B 项时，在这样一个三段论中，我们能够更加明确地看到，真正的因果种差是如何在因果上优先于非恰当的最终种差的。让我们把"（拥有）双手"作为人的一个非恰当的最终的种差，把"（拥有）一个理性灵魂"作为人的一个真正的最终因果种差。

双手（A）谓述理性灵魂（B）。
理性灵魂（B）谓述如此这般的身体（或"动物"）（C）。
_____
双手（A）谓述如此这般的身体（或"动物"）（C）。

在这个例子中，"双手"和"一个理性灵魂"都是人的最终的种差，而且都是与人同延的。然而，根据亚里士多德，只有"拥有一个理性灵魂"才是人的首要原因和真正的本质，而且它也是"有两只手"的原因。正如亚里士多德在《论动物的部分》687a17-19 所说，"不是因为人类有手才最智慧，而是因为人类是动物中最智慧的才有手"。这样一来，当我们把两个来自不同的连续划分的最终种差放在一个证明性的三段论中时，我们就可

---

① 这就是《形而上学》ZH 中的情况与《后分析篇》中情况的不同之处。正如在本书第一章中所论证的，在《后分析篇》中，这段话可以用来否定对于"同一性命题"的"同一性解读"，也就是说，《论题篇》这段话表明，我们不能认为本质和原因无条件相同。然而在《形而上学》中，《论题篇》这段话不能被用来否认"作为原因的 ousia 概念"。造成这种差异的原因是，亚里士多德在《形而上学》Z.12 提到了"如何使划分的最终结果蕴涵了划分对象的所有其他信息"的问题，但在《后分析篇》没有提到这个问题。

以更明确地看到，为什么只有一个最终的种差才是首要原因。而且，我们也可以看到，在 Z.17 中使用的证明性三段论如何确保了本质的优先性条件的满足。因此在这个意义上，虽然亚里士多德在文本中没有明确表达过模型 2，但它可能是比模型 1 更好的选择，因为模型 1 没有明确显示出，真正的最终的因果种差是如何也优先于其他非恰当的最终种差的。

2. 三段论的 C 项是质料或属

模型 2 中的 C 项既可以被视为复合实体的质料，也可以被理解为复合实体的一个更高的属。将 C 项视为属的主要原因是亚里士多德在 Z.12，1038a5-9 似乎将属与质料联系起来。

> T12：那么，如果属完全不脱离作为属的种（ὡς γένους εἴδη）而存在，或者如果它这样，那么也是作为质料而存在。因为语音是属和质料（γένος καὶ ὕλη），但种差从这个 [按：即语音] 造成了种，即音素（καὶ τὰ στοιχεῖα）。那么很明显，定义是来自于种差的描述。（《形而上学》Z.12, 1038a5-9）[①]

虽然在 T12 中，亚里士多德提出的建议似乎是假设性的，但从 Z.12 的总体结论来看，如果划分进行得当，那么属应当是不脱离种而存在的，因此属可以在类比的意义上被看作是质料。我们认为亚里士多德之所以把属看作是一种质料，[②] 是因为与最终的种差和形式相比，属和质料都可以被看作是不确定的以及潜在的存在，而不是说作为参与实体生灭变化的质料就完全等同于定义中的属。[③] 这可以通过这段话中语音的例子来说明。与具体的音素相比，语音是不确定的和潜在的：某个语音既能够成为这种音素（如

[①] εἰ οὖν τὸ γένος ἁπλῶς μὴ ἔστι παρὰ τὰ ὡς γένους εἴδη, ἢ εἰ ἔστι μὲν ὡς ὕλη δ' ἐστίν (ἡ μὲν γὰρ φωνὴ γένος καὶ ὕλη, αἱ δὲ διαφοραὶ τὰ εἴδη καὶ τὰ στοιχεῖα ἐκ ταύτης ποιοῦσιν), φανερὸν ὅτι ὁ ὁρισμός ἐστιν ὁ ἐκ τῶν διαφορῶν λόγος.

[②] 关于属可以被看作是一种质料的说法，也参见《形而上学》Δ.6, 1016a25-28; I.8, 1058a23-24。或者反过来说，对于质料可以被看作是一种"属"的说法，参见《形而上学》Δ.28, 1024b6-8，亚里士多德在那里认为"属"的一个含义是质料。

[③] 定义中的属可以指涉一个能够作为质料的事物，这个事物就其自身而言是一种质形复合物（比如"铜"作为"铜"有其自身的形式和质料，我们可以说构成它的元素是质料，构成的比例是形式），但它可以作为另外的复合实体的质料（比如"铜"是"铜球"的质料）。我们认为 Peramatzis（2018, 21, 28-29）走得太远了，他认为作为 C 项的质料，在 Z.17-H 中只是一个抽象的逻辑性的存在。

a），也能够成为那种音素（如 b）。但是，一旦语音被某一种音素决定了，这个语音就成了一个确定的事物，它成为其他种类的音素的可能性就会被消除了。[①]

有人可能会反对说，没有迹象表明 Z.17 的质料在某种程度上是潜在的和不确定的。[②] 然而，我们可以设想，在 Z.17，1041a26-27 的"为什么这些，砖头和石头，是一座房子"这句话中，砖头和石头也有成为其他复合物的潜能，如成为仓库；但一旦它们被房子的形式所决定，这些其他的可能性就被排除在外。正是在这个意义上，砖石仍然可以被看作是不确定的和潜在的。而在 Z.17 中还有另外的两段类似文本，亚里士多德也提到了质料的例子："为什么这些是一座房子"（οἰκία ταδὶ διὰ τί, 1041b6）；"为什么这个，或者说，这个处于如此这般的状态的身体是一个人（ἄνθρωπος τοδί, ἢ τὸ σῶμα τοῦτο τοδὶ ἔχον, 1041b7）"。通过使用"ταδί""τοδί""τοῦτο τοδί"这样的词语来表示复合实体的质料，亚里士多德可能意味着，质料在某种程度上是不确定的和潜在的，而我们在探究本质的这个阶段只能用这种含糊的表达来表示它们。只有当质料成为一个确定的复合实体时，我们才能准确把握"如此这般"所表示的内容。在《形而上学》Z.11，1037a27，亚里士多德将质料描述为不确定或有待被规定的事物（ἀόριστον，参见《论动物的生成》778a6：τὴν τῆς ὕλης ἀοριστίαν）。[③] 因此，当亚里士多德在 Z.17，1041b5 指出，对于复合实体而言，提出"为什么"问题的正确方式是"为什么质料是某种确定的事物"时，他有理由认为这里的"质料"也可以用"属"来替代。[④]

如果我们承认 C 项是属，那么模型 2 的三段论中的三个词项都来自 Z.12 划分法的结果。这样一来，Z.12 中对于本质的探究和 Z.17 中对于原因的探究的连续性就会更加明显。因为当我们在检查一个构建出来的三段论是否是一个有效可靠的证明性三段论时，通过考察这个三段论中的每个命题是否符合

---

① 关于把这段话中的质料和属理解成潜在的和不确定的存在，例如参见 Burnyeat et al. 1979, 105; Frede and Patzig 1988, ii. 235-236; Gill 2010, 104-107（对照 Gill 2008, 420），其中许多学者都提到了柏拉图《斐莱布》（*Philebus*）16c5-17e6 的相似讨论。

② 例如 Gill 1996, 215-217。

③ 参见 Frede and Patzig 1988, ii. 218，他们还将这一特征与《形而上学》Θ.7 的相关讨论联系起来。

④ 关于质料和属的关系的更多讨论，例如参见 Granger 1984, 19-20 以及他提及的更多参考文献。另外，值得注意的是，Menn（2001, 133-134 n. 53; manuscript, IIe, 38-39）提出了一种方法，将作为"物质材料"的质料概念和作为"属"的质料概念联系起来。

证明性三段论的所有要求，我们会利用到更多从不同阶段的划分过程中得到的结果，而不是仅仅使用一个最终的种差。通过这种方式，我们还可以看到，真正的因果种差是如何在因果性上优先于复合实体的其他特征的。而且更重要的是，我们能够知道这个最终的因果种差是如何优先于该复合实体的其他在后的原因的（如前所述，它们也是从 Z.12 的划分法中得到的），毕竟一个复合实体有且仅有一个首要原因。这一点是建立在"作为原因的 *ousia* 概念"的基础之上的，而这个概念可以追溯到第一哲学的一般特征，并且在《形而上学》开篇就已经得到确立和证明。①

总而言之，我们提出模型 2 的动机，也就是模型 2 相对于模型 1 的优势如下。第一，模型 2 可以避免在 Z.17 引入证明性三段论的另一个批评，也就是说，模型 2 可以让我们在最后获得的关于复合实体的三段论式的定义中不把定义对象包括在内。第二，模型 2 可以更明确地说明证明性三段论是如何确证复合实体的最终的种差是首要原因的。第三，模型 2 利用了 Z.12 的划分法的更多成果，这能够使我们更清楚地看到，Z.12 和 Z.17 中的探究之间的连续关系。因此，当我们在探究复合实体的本质时，模型 2 可能是比模型 1 更好的选择。

综上所述，在这一节中，我们提出了两种三段论模型，从而可以把《形而上学》Z.12 的划分结果放入 Z.17 的三段论中。通过这种方式，我们可以看到，对于《形而上学》Z.12—Z.17—H.2 的"连续性解读"是切实可行的。②我们实际上的确可以通过初步的划分阶段和后来的证明阶段，探究复合实体的本质。在本章末尾，我们将总结《形而上学》ZH 中本质与原因之间的关系。

---

① 正如之前所说，这与动物学中的"多重原因论"的情况不同。在动物学探究中，亚里士多德并不要求动物的所有部分都有作为首要原因的 *ousia* 概念。

② 有两位学者也可能提出了 Z.12 和 Z.17 的类似连续性解读。（1）Charles（2010, 320-322）似乎改变了他之前关于"不连续解读"的想法。他在那里建议对 Z.12 和 Z.17 进行某种连续性解读。然而，他只是简略地提出了几种可能性，并没有详细说明 Z.17 中的探究与 Z.12 中的探究之间有什么具体的联系。（2）Menn（manuscript, IIe, 10-12, 16-19; 2021, 231-241）也提出了类似的连续性解读。然而，他提出这种连续性解读的动机是为了给他对于《形而上学》B.3, 998a20-b14 提到的第 6 个"疑难"的回应进行辩护。此外，门恩（S. Menn）认为，种差实际上是通过 Z.17 中对于原因的探究"得到"的。然而我们认为，Z.17 中的证明性三段论是"确证"恰当的最终种差的因果性的一种方式。在这个意义上，当我们在 Z.12 确立最终的种差时，已经获得了复合实体的种差；而 Z.17 中对于原因的探究是为了证明其是首要原因。

本章小结

通过对《形而上学》Z.12—Z.17—H.2 的"连续性解读",本章阐明了如何根据亚里士多德在《形而上学》ZH 中对于本质的探究和对于原因的探究的讨论来寻找复合实体的本质。最后,我们来重述对本质的探究和对于原因的探究之间的关系。这样,我们就可以最终得到《形而上学》中本质与原因之间的关系了。

首先,旨在获得复合实体的严格意义上的本质的最终探究应该依赖于《形而上学》Z.17 中对于原因的探究。亚里士多德在《形而上学》Z.17 中引入对于原因的探究是为了确保复合实体的本质必然满足优先性条件。Z.17 中的这种对于原因的探究是通过证明性的三段论来表述的。通过确保本质是一个有效可靠的三段论的真正中项,这个本质的优先性条件必然得到满足。

其次,《形而上学》Z.17 中对于原因的探究应该进一步依赖于对于本质的初步探究。这种初步的对于本质的探究就是《形而上学》Z.12 描述的划分法。三段论中使用的材料必须来自于 Z.12 的划分法的成果。当 Z.12 的划分法所得到的最终的种差被证明为是 Z.17 中有效可靠的三段论的中项时,这个最终的种差就是复合实体的本质。这样一来,Z.17 中对于原因的探究补充并完善了 Z.12 中对于本质的探究;而这种对于原因的探究也完成了关于复合实体的最终本质的探究。正是在这个意义上,《形而上学》Z.17 中对于原因的探究应被视为《形而上学》ZH 中对于本质的最终探究的关键部分。

总而言之,《形而上学》中"本质"和"原因"之间的关系是这样的。(1)本质和原因是相同的,它可以通过"作为原因的 *ousia* 概念"而直接推断出来,后者基于第一哲学的一般特征而得到确立,而不是来自于《后分析篇》。(2)对于本质的最终探究依赖于对于原因的探究,这是通过在《形而上学》Z.17 引入的证明性三段论而完成的。(3)对于原因的探究进一步依赖于先前的对于本质的探究,这就是《形而上学》Z.12 的划分法。

由此,我们可以把上述本质与原因的关系称为"《形而上学》模型"。这个《形而上学》模型也与《后分析篇》模型相关。这体现在《形而上学》模型需要利用到证明性的三段论与其相应的三段论式的定义之间的相互转换或相互蕴涵关系:一旦我们通过 Z.12 中的划分法得到一个因果性的种差,我们就应该把带有这个因果种差的定义转换成一个三段论;而当我们在 Z.17 中确认一个这样的三段论确实是一个有效可靠的证明性三段论时，我们可以再次把这个证明性三段论转化成最终的定义，即陈述本质的定义。如果我们不借助这样的相互转换关系，我们就很难完成《形而上学》ZH 中对于本质的最终探究。

另一方面，与《后分析篇》模型所提供的一般框架相比，《形而上学》模型呈现了一种更为复杂的探究顺序（我们可以通过图 5-1 来表达这样的探究过程）。在之前的章节中，我们已经看到，根据《后分析篇》模型，应该根据具体情况来决定究竟是先建立定义还是先建立三段论证明。然而，《形而上学》模型规定了如何在探究原因的基础上确立最终的本质，以及如何从探究本质的较早阶段进入对于原因的探究阶段。首先，我们应该从对于本质的探究开始，这一点通过 Z.12 的划分法而得到了说明。其次，当我们通过划分法获得了最终的种差之后，我们应该把最终的种差放入到一个三段论之中。再次，只有当我们确保这个提出的三段论是一个有效可靠的证明性三段论时，我们才能确证，这个从 Z.12 中获得的最终的种差的确是复合实体的首要原因和本质。最后，我们可以把这个证明性的三段论转化为最终的定义，并完成《形而上学》中对于复合实体的本质的探究。重要的是，我们应当明白，《形而上学》ZH 的这一更复杂的探究图景和亚里士多德在《形而上学》ZH 对 *ousia* 的探究的总体议题是相符的，也相符于他第一哲学的一般特征，而不是直接来源于《后分析篇》中本质与原因之间的关系。

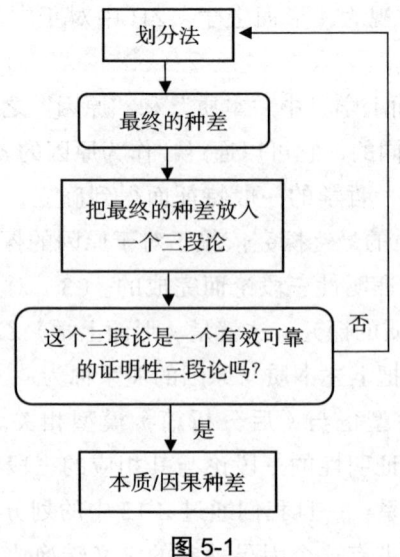

图 5-1

结　语

"本质"和"原因"是西方哲学的核心概念。亚里士多德对这两个概念的反思对于希腊哲学和整个西方哲学的发展都具有重要意义。作为西方本质主义传统的奠基者，亚里士多德对于本质的哲学探究成为亚里士多德形而上学体系的重要组成部分，并且产生了后世所谓的"亚里士多德的本质主义"（Aristotelian Essentialism）。① 另一方面，原因问题在亚里士多德那里常常和本原问题联系在一起，而且在他的自然哲学探究中占据了显著地位。这样一来，通过本书对于亚里士多德"本质"和"原因"概念关系的研究，我们能够更好地审视西方形而上学和自然哲学（或近代以来的自然科学）的发展脉络与二者之间的相互影响，以及亚里士多德在西方形而上学和自然哲学传统中的独特地位。尤其值得注意的是，亚里士多德对于本质和原因之间的紧密联系的考察，也启发了当代哲学家从因果性和解释性的角度来重新解读"本质"概念，构成了当代形而上学的"新亚里士多德主义"（Neo-Aristotelianism）。在他们看来，本质是使得一个事物成为它所是的原因，是奠基于一个事物的存在的东西，而不仅仅是一个事物"必然"拥有的"属性"。②

通过以上五章的论述，我们已经看到，亚里士多德在不同哲学领域对于本质和原因的考察呈现出了一幅异常复杂的图景。甚至很难说在亚里士多德那里存在着一个统一的、贯穿了不同领域的本质和原因之间的关系。特别值得强调的是，并不是亚里士多德所有的哲学探究都被以《形而上学》为代表的著作中的"本质主义"思想所渗透。诚然，亚里士多德在《形而上学》中通过"作为原因的 ousia 概念"所建立的本质主义理论可以被用在其他一些哲学领域中，但我们不能在任何情况下都预设亚里士多德的所有哲学探究都符合《形而上学》中严格的本质主义思想。

---

① 例如参见 Charles 2000, 348-372。
② 这方面的更多讨论，参见 Tahko 2012; Feser 2013; Novotný and Novák 2014。

首先在《后分析篇》中，当亚里士多德提出"同一性命题"，声称"是什么"和"为什么"是相同的时候，他不是在重复《形而上学》中的"作为原因的 ousia 概念"，并把本质等同于原因。相反，《后分析篇》中的本质概念具有更加宽泛的含义，允许亚里士多德承认一些非严格意义的本质，并把它们当作恰当的哲学探究对象。在此基础上，我们论证了《后分析篇》中本质与原因之间的相互蕴涵关系，以及对于本质的探究和对于原因的探究之间的相互蕴涵关系。"《后分析篇》模型"的要旨在于定义和证明性三段论之间的一种相互转化关系。一旦我们获得了其中之一，另一个也可以被马上推导出来，但是我们究竟要首先开始探究本质，还是应该首先探究原因，这一点在《后分析篇》中是保持开放的。由此，亚里士多德在《后分析篇》中的探讨就呈现出一种开放性。这与《后分析篇》作为一部阐述哲学探究的一般方法论的著作是分不开的。在我们看来，正是《后分析篇》模型所体现出来的一种总体框架性，使得亚里士多德的《后分析篇》能够应用于其他哲学领域的讨论。并且正是通过不同领域的哲学探究，《后分析篇》模型展示出的总体框架得到了丰富和充实。

其次，亚里士多德的动物学探究体现出了不符合《形而上学》中的本质主义的一面。诚然，我们并不否认，《形而上学》中的本质主义理论可以应用于某些动物学的具体探究，但它不能适用于所有情况，而且我们也不应该在动物学探究中预设亚里士多德的本质主义思想。相反，亚里士多德的动物学探究主要关注的是对于各种动物学现象的原因探究，因而对于本质的探究需要依赖于对于原因的探究。这种"动物学模型"一方面不与《后分析篇》模型冲突，因为它运用了《后分析篇》模型所包含的定义和证明之间的相互转化关系，但是另一方面，"动物学模型"规定了我们探究的顺序，我们要从对于原因的探究开始。这与亚里士多德动物学探究的整体议程是相关的，他以探究原因为优先，至于探究对象是否符合《形而上学》所要求的本质主义框架，这不是亚里士多德首要关注的问题。或许当他完成对于原因的探究之后，他会进一步考察动物学的本质主义问题。但是就我们目前可以读到的作品来看，亚里士多德的动物学探究是未完成的，所以我们不能对此进行过多的诠释。

然而，在转向《形而上学》时，我们会发现情况又有了转变。的确，正是在《形而上学》中，亚里士多德承认了本质和原因的同一性，而此时的本质就是一个事物严格意义上的本质，是让这个事物成为其所是的东西。根据我们的论证，这样一种"作为原因的 ousia 概念"并不是来源于《后分析篇》中的"同一性命题"，而是来自于《形而上学》内部。亚里士多德在

《形而上学》开篇描述了第一哲学（即"形而上学"）的一般特征：第一哲学是最高的哲学，应该研究最首要的事物，那么我们必须探究本质和第一原因。而第一哲学的特征一方面基于大多数人的普遍观念，一方面又根植于亚里士多德所属的哲学传统，尤其是柏拉图探究本质的哲学传统。这样，对于"是什么"的问题和本质的关注，使得亚里士多德在《形而上学》中强调了本质和原因之间的等同关系。

在《形而上学》A.1-2 确立了"作为原因的 ousia 概念"之后，亚里士多德在《形而上学》ZH 详细考察了本质和原因之间的关系。我们发现，亚里士多德在《形而上学》Z.17 重新提出了"作为原因的 ousia 概念"，并在此基础上引入了来自于《后分析篇》的证明性三段论的学说，将其作为探究原因的方式。这样一来，对于原因的探究就在亚里士多德《形而上学》ZH 对于 ousia 的整体探究中起到了枢纽作用。一方面，为了探究复合实体的本质，我们必须借助对于原因的探究。但另一方面，对于原因的探究又要进一步依赖于对于本质的先前探究。通过一种对于《形而上学》Z.12—Z.17—H.2 的"连续性解读"，我们将《形而上学》Z.12 的划分法和 Z.17 的证明法联系起来：划分得到的最终的种差成为一个有效可靠的证明性三段论的中项，并最终被确证是复合实体的原因和本质。这就是说，我们必须先通过划分法开始对于本质的探究，然后转向证明性的三段论探究实体的原因，最后再回到对于本质的探究。这样一种本质与原因之间的复杂关系构成了亚里士多德的"《形而上学》模型"。与"动物学模型"一样，"《形而上学》模型"也利用了"《后分析篇》模型"体现的相互转换关系；但是，鉴于"形而上学"这门学科的内在特性，"《形而上学》模型"以一种不同于"动物学模型"的方式丰富并发展了"《后分析篇》模型"，以适应于亚里士多德对于严格意义的本质的探究。

由此，我们就获得了亚里士多德的不同哲学领域中"本质"和"原因"概念的联系，并且指出了亚里士多德的形而上学和动物学如何丰富了《后分析篇》中对于本质和原因关系的思考。但是有人可能想知道"动物学模型"和"《形而上学》模型"之间的关系。充分回答这个问题需要我们考察亚里士多德动物学和形而上学之间的联系，而这超出了本书的研究范围。在这里，我们想强调的是，尽管"《形而上学》模型"也适用于动物学的一些探究，比如对于动物整体的本质的探究，但是我们不能忽视"动物学模型"在亚里士多德动物学探究中的重要性。正如我们在第二章看到的，《论动物的部分》中存在大量"动物学模型"的应用例子，它们常常针对动物的某个身体部分或特征。而只有当我们充分了解了动物的部分的本质和原因之后，我们才可能对动物整体的本质有一个充分的了解。[①]而我们在第五章也提到了，亚里士多德在《形而上学》中对于本质的探究和对于原因的探究常常需要借助其他领域的哲学探究的成果，其中一个显著的领域就是动物学探究，毕竟生物体往往被亚里士多德认为是真正的可感复合实体（例如参见《形而上学》1032a18-19，1034a3-4）。因此，"动物学模型"也为"《形而上学》模型"的建立提供了部分基础。

的确，"《形而上学》模型"体现了亚里士多德的本质主义思想：一个复合实体有且仅有一个本质，它被等同于首要原因。正是这样的本质主义思想留给了后世的西方哲学传统丰富的遗产。亚里士多德在《形而上学》中主张的本质和首要原因的一致性也让我们能够重新理解"本质"一词的内涵：我们应当通过原因论的角度理解本质概念，本质是使得一个事物成为其所是的原因，而不仅是对于一个事物而言必然的事物（即所谓的"模态"式理解）。然而，本书要强调的是，我们不能想当然地预设亚里士多德的所有哲学探究都贯彻了这种本质主义理论，也不能够任意地将本质主义"读入"其他哲学领域。相反，亚里士多德在《后分析篇》和动物学著作中都允许一种更为宽泛的"本质"概念的存在，而它们也是哲学探究的恰当对象。这样，亚里士多德的本质主义就显示出一些"可变性"和灵活性，我们可以称其为"可变的本质主义"（flexible essentialism）。值得注意的是，"可变的本质主义"并不是一个与亚里士多德"严格的"本质主义相冲突的概念。相反，亚里士多德"可变的本质主义"只是意味着，在有些时候，我们应当诉诸严格的本质主义，而有的时候则不应该如此。故而，可变的本质主义是一个更为宽泛的，并且能够同时容纳严格的本质主义的概念。从这一点出发，本书的研究为我们反思亚里士多德的本质主义以及西方本质主义传统的发展逻辑和当代价值提供了一个新的视域。当代的"新亚里士多德主义者"在接受亚里士多德《形而上学》中严格的本质主义思想的同时，是否能够看到在更大语境下的亚里士多德"本质"概念的复杂性？他们在吸收亚里士多德本质主义遗产的同时，能否将本书讨论的这种更加宽松的"可变的本质主义"也容纳到"新亚里士多德主义"的形而上学中？通过对于亚里士多德本质和原因之间的关系的考察，本书希望能为这些问题的解决提供一个起点和推进的方向，以期通过新的视角来重新理解亚里士多德的本质主义遗产。

[①] 对于这一点，参见 Gotthelf 2012，尤其是 pp. 217-254。

参考文献

（此处只列出本书参考的二手文献，关于本书使用的希腊文原典书目信息，请参阅书前的"作者说明"。）

一、中文文献

曹青云，2016，《亚里士多德"质料形式理论"探源》，《哲学动态》，2016 年第 10 期。

葛天勤，2020，《本质实体论的原因论——重思陈康先生对亚里士多德存在论和神学关系的讨论》，《世界哲学》，2020 年第 5 期。

葛天勤，2021，《亚里士多德〈论动物的部分〉中的多重原因论——重思亚里士多德生物学中的本质主义》，《哲学研究》，2021 年第 10 期。

葛天勤，2022，《思辨哲学与自然法传统的开端——亚里士多德〈劝勉篇〉中的古代自然法理论》，《哲学动态》，2022 年第 10 期。

杰弗里·劳埃德，2021，《希腊科学》，张卜天译，北京：商务印书馆。

刘玮，2011，《亚里士多德伦理学的两个起点：Endoxa 与良好的教养》，《世界哲学》，2011 年第 2 期。

吕纯山，2016，《亚里士多德的实体理论：〈形而上学〉ZHΛ 卷研究》，北京：中国社会科学出版社。

吕纯山，2021，《亚里士多德论复合实体的定义——从自然哲学著作出发》，《世界哲学》2021 年第 2 期。

聂敏里，2011，《存在与实体——亚里士多德〈形而上学〉Z 卷研究（Z 1-9）》，上海：华东师范大学出版社。

聂敏里，2015，《亚里士多德论偶性》，《云南大学学报（社会科学版）》，2015 年第 4 期。

聂敏里，2016，《实体与形式——亚里士多德〈形而上学〉Z 卷研究（Z 10-17）》，北京：中国人民大学出版社。

聂敏里，2020，《亚里士多德论定义的统一性》，《哲学家》，2020 年第 1 期。

聂敏里，2024，《"既不应当离开质料也不应当依据质料"——亚里士多德〈物理学〉B 2 对形式与质料特殊关系的揭示》，《哲学动态》，2024 年第 7 期。

宋继杰，2011，《"理念"之为"aitiai"：〈斐多篇〉95C-107B》，《云南大学学报（社会科学版）》，2011 年第 3 期。

苏峻，2020，《亚里士多德关于"在实体上的优先性"的论述》，《世界哲学》，2020 年第 1 期。

孙亚杰，2020，《亚里士多德与苏格拉底的反诘法》，《哲学研究》，2020 年第 8 期。

汪子嵩，范明生，陈村富，姚介厚，2014，《希腊哲学史·第三卷（修订本）》，北京：人民出版社。

维尔纳·耶格尔，2013，《亚里士多德：发展史纲要》，朱清华译，北京：中国人民大学出版社。

余纪元，2013，《亚里士多德〈形而上学〉中 being 的结构》，杨东东译，北京：中国社会科学出版社。

二、外文文献

Ackrill, J. L. (1981). "Aristotle's Theory of Definition: Some Questions on *Posterior Analytics* II 8-10", in E. Berti (ed.), *Aristotle on Science: The Posterior Analytics*. Padova: Antenore, 359-384.

Angioni, L. (2016). "Aristotle's Definition of Scientific Knowledge (71b9-12)", *Logical Analysis and History of Philosophy* 19, 140-166.

Angioni, L. (2018). "Causality and Coextensiveness in Aristotle's *Posterior Analytics* 1.13", *Oxford Studies in Ancient Philosophy* 54, 159-185.

Bäck, A. T. (2000). *Aristotle's Theory of Predication*. Leiden: Brill.

Balme, D. M. (1987a). "The Place of Biology in Aristotle's Philosophy", in A. Gotthelf, J. Lennox (eds.), *Philosophical Issues in Aristotle's Biology*. New York: Cambridge University Press, 9-20.

Balme, D. M. (1987b). "Aristotle's Use of Division and Differentiae", in A. Gotthelf, J. Lennox (eds.), *Philosophical Issues in Aristotle's Biology*. New York: Cambridge University Press, 69-89.

Balme, D. M. (1987c). "Teleology and Necessity", in A. Gotthelf, J. Lennox (eds.), *Philosophical Issues in Aristotle's Biology*. New York: Cambridge University Press, 275-285.

Balme, D. M. (1991). *Aristotle: History of Animals, Volume III: Books 7-10*. Cambridge, MA: Harvard University Press.

Balme, D. M. (1992). *Aristotle's De Partibus Animalium I and De Generatione Animalium I (with passages from II.1–3)*. 2nd edition. New York: Oxford University Press.

Barnes, J. (1969). "Aristotle's Theory of Demonstration", *Phronesis* 14.2, 123-152.

Barnes, J. (ed.). (1984). *The Complete Works of Aristotle: The Revised Oxford Translation*. 2 vols. Princeton, N.J.: Princeton University Press.

Barnes, J. (1993). *Aristotle: Posterior Analytics*. 2nd edition. New York: Oxford University Press.

Barnes, J. (2007). *Truth, etc.: Six Lectures on Ancient Logic*. New York: Oxford University Press.

Barnes, J. (2011). "Philosophy and Dialectic", in J. Barnes, *Method and Metaphysics: Essays in Ancient Philosophy I*, Oxford: Oxford University Press, 164-173.

Bayer, G. (1995). "Definition through Demonstration: The Two Types of Syllogisms in *Posterior Analytics* II.8", *Phronesis* 40.3, 241-264.

Bolton, R. (1987). "Definition and Scientific Method in Aristotle's *Posterior Analytics* and *Generation of Animals*", in A. Gotthelf, J. Lennox (eds.), *Philosophical Issues in Aristotle's Biology*. New York: Cambridge University Press, 120-166.

Bolton, R. (1996). "Science and the Science of Substance in Aristotle's *Metaphysics* Z", in F. A. Lewis, R. Bolton (eds.), *Form, Matter and Mixture in Aristotle*. Oxford: Blackwell, 231-280.

Bolton, R. (1997). "The Material Cause: Matter and Explanation in Aristotle's Natural Science", in W. Kullmann, S. Föllinger (eds.), *Aristotelische Biologie: Intentionen, Methoden, Ergebnisse*. Stuttgart: Franz Steiner Verlag, 97-126.

Bolton, R. (2009). "Two Standards for Inquiry in Aristotle's *De Caelo*", in Alan C. Bowen and Christian Wildberg (eds.), *New Perspectives on Aristotle's De Caelo*. Leiden: Brill, 51-82.

Bolton, R. (2010). "Biology and Metaphysics in Aristotle", in J. Lennox, R. Bolton (eds.), *Being, Nature, and Life in Aristotle: Essays in Honor of Allan Gotthelf*. New York: Cambridge University Press, 30-55.

Bolton, R. (2018). "The Search for Principles in Aristotle: *Posterior Analytics* 2 and *Generation of Animals* 1", in A. Falcon, D. Lefebvre (eds.), *Aristotle's Generation of Animals: A Critical Guide*. Cambridge: Cambridge University Press, 227-248.

Bostock, D. (1994). *Aristotle Metaphysics: Books Z and H*. New York: Oxford University Press.

Broadie, S. (2012). "A Science of First Principles (*Metaphysics* A 2)", in Carlos Steel (ed.), *Aristotle's Metaphysics Alpha*. Oxford: Oxford University Press, 43-67.

Bronstein, D. (2016). *Aristotle on Knowledge and Learning*. Oxford: Oxford University Press.

Bronstein, D. (2018). "Aristotle as Systematic Philosopher: Essence, Necessity, and Explanation in Theory and Practice", in S. Hetherington (ed.), *What Makes a Philosopher Great? Thirteen Arguments for Twelve Philosophers*. New York: Routledge, 48-66.

Bronstein, D. and B. Zuppolini. (2024). "Aristotle on Multiple Demonstration: A Reading of *Posterior Analytics* II 17-8", in A. P. Mesquita, R. Santos (eds.), *New Essays on Aristotle's Organon*. London: Routledge, 158-180.

Burnyeat, M. (2001). *A Map of Metaphysics Zeta*. Pittsburgh: Mathesis Publications.

Burnyeat, M. et al. (1979). *Notes on Zeta*. Oxford: Sub-faculty of Philosophy.

Burnyeat, M. et al. (1984). *Notes on Books Eta and Theta of Aristotle's Metaphysics*. Oxford: Sub-faculty of Philosophy.

Cambiano, G. (2012). "The Desire to Know (*Metaphysics* A 1)", in Carlos Steel (ed.), *Aristotle's Metaphysics Alpha*. Oxford: Oxford University Press, 1-42.

Carraro, N. (2019). "Dualisers in Aristotle's Biology", *Apeiron* 52.2, 137-165.

Caston, V. (2008). "Commentary on Charles", *Proceedings of the Boston Area Colloquium in Ancient Philosophy* 24, 30-49.

Cerami, C. (2018). "Function and Instrument: Toward a New Criterion of the Scale of Being in Aristotle's *Generation of Animals*", in A. Falcon, D. Lefebvre (eds.), *Aristotle's Generation of Animals: A Critical Guide*. Cambridge: Cambridge University Press, 130-149.

Charles, D. (1991). "Aristotle on Substance, Essence and Biological Kinds", *Proceedings of the Boston Area Colloquium in Ancient Philosophy* 7.1, 227-261.

Charles, D. (1994). "Matter and Form: Unity, Persistence, and Identity", in T. Scaltsas, D. Charles, and M. L. Gill (eds.), *Unity, Identity, and Explanation in Aristotle's Metaphysics*. New York: Oxford University Press, 75-105.

Charles, D. (2000). *Aristotle on Meaning and Essence*. Oxford: Oxford University Press.

Charles, D. (2008). "Aristotle's Psychological Theory", *Proceedings of the Boston Area Colloquium in Ancient Philosophy* 24, 1-29.

Charles, D. (2010). "Definition and Explanation in the *Posterior Analytics* and *Metaphysics*", in D. Charles (ed.), *Definition in Greek Philosophy*. Oxford: Oxford University Press, 286-328.

Charles, D. (2011). "Some Remarks on Substance and Essence in Aristotle's *Metaphysics* Z.6", in B. Morison, K. Ierodiakonou (eds.), *Episteme, etc.: Essays in Honour of Jonathan Barnes*. Oxford: Oxford University Press, 151-171.

Charle, D. (2021). *The Undivided Self: Aristotle and the "Mind-Body Problem"*. New York: Oxford University Press.

Code, A. (1985). "On Origins of Some Aristotelian Theses about Predication", in James Bogen and James E. McGuire (eds.), *How Things Are: Studies in Predication and the History of Philosophy and Science*. Dordrecht: Springer, 101-131.

Code, A. (2010). "An Aristotelian Puzzle about Definition: *Metaphysics* Z.12", in J. Lennox, R. Bolton (eds.), *Being, Nature, and Life in Aristotle: Essays in Honor of Allan Gotthelf*. New York: Cambridge University Press, 78-96.

Cohen, S. Marc. (1978). "Essentialism in Aristotle", *Review of Metaphysics* 31, 387-405.

Comay del Junco, E. (2019). "Aristotle on Multiple Demonstration", *British Journal for the History of Philosophy* 27.5, 902-920.

Cooper, J. M. (1987). "Hypothetical Necessity and Natural Teleology", in A. Gotthelf, J. Lennox (eds.), *Philosophical Issues in Aristotle's Biology*. New York: Cambridge University Press, 243-274.

Cooper, J. M. (2012). "Conclusion—and Retrospect (*Metaphysics* A 10)", in Carlos Steel (ed.), *Aristotle's Metaphysics Alpha*. Oxford: Oxford University Press, 335-364.

Corcilius, K. (2019). "The Teleology of the Practical in Aristotle", *Manuscrito* 42, 352-386.

Corkum, P. (2013). "Critical Notice for Michail Peramatzis's *Priority in Aristotle's Metaphysics*", *Canadian Journal of Philosophy* 43.1, 136-156.

de Haas, F. A. J. (1997). *John Philoponus' New Definition of Prime Matter: Aspects of Its Background in Neoplatonism and the Ancient Commentary Tradition*. Leiden: Brill.

de Haas, F. A. J. (2009). "*Aporiai* 3-5", in M. Crubellier, A. Laks (eds.), *Aristotle's Metaphysics Beta*. Oxford: Oxford University Press, 73-104.

de Rijk, L. M. (2002). *Aristotle: Semantics and Ontology, Volume 1: General Introduction. The Works on Logic*. Leiden: Brill.

Deslauriers, M. (2007). *Aristotle on Definition*. Leiden: Brill.

Detel, W. (1993). *Aristoteles, Analytica Posteriora*. 2. Halbband. Berlin: Akademie Verlag.

Detel, W. (1997). "Why All Animals Have a Stomach: Demonstration and Axiomatization in Aristotle's *Parts of Animals*", in W. Kullmann, S. Föllinger (eds.), *Aristotelische Biologie: Intentionen, Methoden, Ergebnisse*. Stuttgart: Franz Steiner Verlag, 63-84.

Detel, W. (2009). *Aristoteles, Metaphysik, Bücher VII und VIII*. Frankfurt: Suhrkamp.

Devereux, D. (2003). "The Relationship between Books Zeta and Eta of Aristotle's *Metaphysics*", *Oxford Studies in Ancient Philosophy* 25, 159-211.

Düring, I. (1943). *Aristotle's De Partibus Animalium*. Göteborg: Elander.

Ebert, T. and U. Nortmann. (2007). *Aristoteles: Analytica priora, Buch I*. Berlin: Akademie Verlag.

Falcon, A. (1997). "Aristotle's Theory of Division", *Bulletin of the Institute of Classical Studies. Supplement No. 68, Aristotle and After*, 127-146.

Falcon, A. (2015). "Aristotle and the Study of Animals and Plants", in B. Holmes, K.-D. Fischer (eds.), *The Frontiers of Ancient Science: Essays in Honor of Heinrich von Staden*. Berlin: De Gruyter, 75-91.

Falcon, A. (2024). *The Architecture of the Science of Living Beings: Aristotle and Theophrastus on Animals and Plants*. Cambridge: Cambridge University Press.

Falcon, A. and M. Leunissen. (2015). "The Scientific Role of *Eulogos* in Aristotle's *Cael* II 12", in D. Ebrey (ed.), *Theory and Practice in Aristotle's Natural Science*. Cambridge: Cambridge University Press, 217-240.

Ferejohn, M. (1991). *The Origins of Aristotelian Science*. New Haven: Yale University Press.

Feser, E. (ed.). (2013). *Aristotle on Method and Metaphysics*. New York: Palgrave Macmillan.

Fine, G. (2003). "Forms as Causes: Plato and Aristotle", in G. Fine, *Plato on Knowledge and Forms: Selected Essays*. New York: Oxford University Press, 350-396.

Fine, K. (1994). "Essence and Modality", *Philosophical Perspectives* 8, 1-16.

Frede, D. (2012). "The *Endoxon* Mystique: What *Endoxa* Are and What They Are Not", *Oxford Studies in Ancient Philosophy* 43, 185-215.

Frede, M. (1987). "The Original Notion of Cause", in M. Frede, *Essays in Ancient Philosophy*. Minneapolis: University of Minnesota Press, 125-150.

Frede, M. and G. Patzig. (1988). *Aristoteles Metaphysik Z: Text, Übersetzung und*

Kommentar. 2 vols. Munich: C. H. Beck.

Frey, C. (2012). "Review of *Explanation and Teleology in Aristotle's Science of Nature*", *Classical Philology* 107.2, 169-173.

Furth, M. (1985). *Aristotle's Metaphysics Books Zeta, Eta, Theta, Iota (VII-X)*. Indianapolis: Hackett Publishing Company.

Gelber, J. (2015). "Aristotle on Essence and Habitat", *Oxford Studies in Ancient Philosophy* 48, 267-293.

Gill, M. L. (1989). *Aristotle on Substance: The Paradox of Unity*. Princeton, N.J.: Princeton University Press.

Gill, M. L. (1991). "Commentary on Charles", *Proceedings of the Boston Area Colloquium in Ancient Philosophy* 7.1, 262-269.

Gill, M. L. (1996). "*Metaphysics* H 1-5 on Perceptible Substances", in C. Rapp (ed.), *Aristoteles Metaphysik: Die Substanzbücher (Z, H, Θ)*. Berlin: Akademie Verlag, 209-228.

Gill, M. L. (2005). "Aristotle's *Metaphysics* Reconsidered", *Journal of the History of Philosophy* 43, 223-241.

Gill, M. L. (2008). "Form-Matter Predication in *Metaphysics* Θ.7", in M. Crubelier, A. Jaulin, D. Lefebvre, and P. M. Morel (eds.), *DUNAMIS: Autour de la puissance chez Aristote*. Leuven: Peeters, 391-427.

Gill, M. L. (2010). "Unity of Definition in *Metaphysics* H.6 and Z.12", in J. Lennox, R. Bolton (eds.), *Being, Nature, and Life in Aristotle: Essays in Honor of Allan Gotthelf*. New York: Cambridge University Press, 97-121.

Glock, H.-J. (2019). "Aristotle on the Anthropological Difference and Animal Minds", in G. Keil, N. Kreft (eds.), *Aristotle's Anthropology*. Cambridge: Cambridge University Press, 140-160.

Goldin, O. (1996). *Explaining an Eclipse: Aristotle's Posterior Analytics 2.1-10*. Ann Arbor: The University of Michigan Press.

Gomez-Lobo, A. (1981). "Aristotle, *Metaphysics* H, 2", *Diálogos* 38, 7-12.

Gotthelf, A. (2012). *Teleology, First Principles, and Scientific Method in Aristotle's Biology*. New York: Oxford University Press.

Gottlieb, P. and E. Sober, (2017). "Aristotle on 'Nature Does Nothing in Vain'", *HOPOS: The Journal of the International Society for the History of Philosophy of Science* 7, 246-271.

Granger, H. (1984). "Aristotle on Genus and Differentia", *Journal of the History of*

Philosophy 22.1, 1-23.

Granger, H. (1985). "The Scala Naturae and the Continuity of Kinds", *Phronesis* 30.2, 181-200.

Halper, E. C. (1985). "Aristotle on the Convertibility of One and Being", *New Scholasticism* 59.2, 213-227.

Halper, E. C. (2005). *One and Many in Aristotle's Metaphysics: The Central Books*. Las Vegas: Parmenides Publishing.

Halper, E. C. (2017). "Aristotle's Scientific Method", in W. Wians, R. Polansky (eds.), *Reading Aristotle: Argument and Exposition*. Leiden: Brill, 50-96.

Hankinson, R. J. (1998). *Cause and Explanation in Ancient Greek Thought*. New York: Oxford University Press.

Henry, D. (2011). "A Sharp Eye for Kinds Collection and Division: Plato on Collection and Division", *Oxford Studies in Ancient Philosophy* 41, 229-255.

Henry, D. (2018). "Aristotle on Epigenesis: Two Senses of Epigenesis", in A. Falcon, D. Lefebvre (eds.), *Aristotle's Generation of Animals: A Critical Guide*. Cambridge: Cambridge University Press, 89-107.

Henry, D. (2019). *Aristotle on Matter, Form, and Moving Causes*. New York: Cambridge University Press.

Henry, D. (2021a). "*Parts of Animals* Book 1 on Methods of Inquiry", in S. Connell (ed.), *The Cambridge Companion to Aristotle's Biology*. Cambridge: Cambridge University Press, 83-96.

Henry, D. (2021b). "Essence and definition in Aristotle's *Parts of Animals*", *British Journal for the History of Philosophy* 29, 763-783.

Hutchinson, D. S. and M. R. Johnson. (2005). "Authenticating Aristotle's *Protrepticus*", *Oxford Studies in Ancient Philosophy* 29, 193-294.

Iamblichus. (2020). *On the General Science of Mathematics*, trans. John Dillon and J. O. Urmson, London: Bloomsbury.

Johansen, T. K. (2012). *The Powers of Aristotle's Soul*. Oxford: Oxford University Press.

Karbowski, J. (2019). *Aristotle's Method in Ethics*. Cambridge: Cambridge University Press.

Keil, G. and N. Kreft. (2019). "Introduction: Aristotle's Anthropology", in G. Keil, N. Kreft (eds.), *Aristotle's Anthropology*. Cambridge: Cambridge University Press, 1-22.

Kietzmann, C. (2019). "Aristotle on the Definition of What It Is to Be Human", in G. Keil, N. Kreft (eds.), *Aristotle's Anthropology*. Cambridge: Cambridge University

Press, 25-43.

Kirwan, C. (1993). *Aristotle Metaphysics: Books Γ, Δ, and E*. 2nd edition. Oxford: Oxford University Press.

Kullmann, W. (2014). *Aristoteles als Naturwissenschaftler*. Berlin: De Gruyter.

Kung, J. (1977). "Aristotle on Essence and Explanation", *Philosophical Studies* 31, 361-383.

Lennox, J. (1987). "Divide and Explain: The *Posterior Analytics* in Practice", in A. Gotthelf, J. Lennox (eds.), *Philosophical Issues in Aristotle's Biology*. New York: Cambridge University Press, 90-119.

Lennox, J. (1996). "Aristotle's Biological Development: The Balme Hypothesis", in W. Wians (ed.), *Aristotle's Philosophical Development: Problems and Prospects*. London: Rowman & Littlefield Publishers, 229-248.

Lennox, J. (2001a). *Aristotle: On the Parts of Animals I-IV*. New York: Oxford University Press.

Lennox, J. (2001b). *Aristotle's Philosophy of Biology: Studies in the Origins of Life Science*. Cambridge: Cambridge University Press.

Lennox, J. (2010a). "*Bios* and Explanatory Unity in Aristotle's Biology", in D. Charles (ed.), *Definition in Greek Philosophy*. Oxford: Oxford University Press, 329-355.

Lennox, J. (2010b). "Βίος, πρᾶξις and the Unity of Life", in S. Föllinger (ed.), *Was ist "Leben"?*. Stuttgart: Franz Steiner Verlag, 239-259.

Lennox, J. (2011). "Aristotle on Norms of Inquiry", *HOPOS: The Journal of the International Society for the History of Philosophy of Science* 1, 23-46.

Lennox, J. (2019). "Is Reason Natural? Aristotle's Zoology of Rational Animals", in G. Keil, N. Kreft (eds.), *Aristotle's Anthropology*. Cambridge: Cambridge University Press, 99-117.

Lennox, J. (2021). *Aristotle on Inquiry: Erotetic Frameworks and Domain Specific Norms*. New York: Cambridge University Press.

Leunissen, M. (2010). *Explanation and Teleology in Aristotle's Science of Nature*. New York: Cambridge University Press.

Lewis, F. A. (1991). *Substance and Predication in Aristotle's Metaphysics*. Cambridge: Cambridge University Press.

Lewis, F. A. (2013). *How Aristotle Gets by in Metaphysics Zeta*. Oxford: Oxford University Press.

Lloyd, G. E. R. (1983). *Science, Folklore and Ideology: Studies in the Life Sciences in*

Ancient Greece. Cambridge: Cambridge University Press.

Lloyd, G. E. R. (1996). *Aristotelian Explorations*. Cambridge: Cambridge University Press.

Loux, M. J. (1991). *Primary Ousia. An Essay on Aristotle's Metaphysics Z and H*. Ithaca, N.Y.: Cornell University Press.

Makin, S. (1988). "Aristotle on Unity and Being". *The Cambridge Classical Journal* 34, 77-103.

Malink, M. (2007). "Categories in *Topics* I.9", *Rhizai. A Journal for Ancient Philosophy and Science* 4, 271-294.

Malink, M. (2013). "Essence and Being: A Discussion of Michail Peramatzis, *Priority in Aristotle's Metaphysics*", *Oxford Studies in Ancient Philosophy* 45, 341-362.

Matthews, G. B. (1990). "Aristotelian Essentialism", *Philosophy and Phenomenological Research* 50, 251-262.

McKirahan, R. (1992). *Principles and Proofs: Aristotle's Theory of Demonstrative Science*. Princeton, N.J.: Princeton University Press.

Meister, S. (2020). "Aristotle on the Purity of Forms in *Metaphysics* Z.10-11", *Ergo* 7.1, 1-33.

Meister, S. (2021). "Aristotle on the Relation between Substance and Essence", *Ancient Philosophy* 41, 477-494.

Menn, S. (2001). "*Metaphysics* Z.10-16 and the Argument-Structure of *Metaphysics* Z", *Oxford Studies in Ancient Philosophy* 21, 83-134.

Menn, S. (2011). "On Myles Burnyeat's *Map of Metaphysics Zeta*", *Ancient Philosophy* 31, 161-202.

Menn, S. (2021). "Aristotle on the Many Senses of Being", *Oxford Studies in Ancient Philosophy* 59, 187-263.

Menn, S. (manuscript). *The Aim and the Argument of Aristotle's Metaphysics*. Retrieved from https://www.philosophie.hu-berlin.de/de/arbeitsbereiche/antike/mitarbeiter/menn/contents（访问日期：2025年5月15日）.

Morrison, D. (1993). "The Place of Unity in Aristotle's Metaphysical Project", *Proceedings of the Boston Area Colloquium of Ancient Philosophy* 9, 131-156.

Morrison, D. (1996). "Substance as Cause: *Metaphysics* Z.17", in C. Rapp (ed.), *Aristoteles Metaphysik: Die Substanzbücher (Z, H, Θ)*. Berlin: Akademie Verlag, 193-207.

Morsink, J. (1982). *Aristotle on the Generation of Animals: A Philosophical Study*.

Washington, D.C.: University Press of America.

Mueller, I. (1981). *Philosophy of Mathematics and Deductive Structure of Euclid's Elements*. Mineola, N.Y.: Dover Publications.

Mure, G. R. G. (1928). *Aristotle's Analytica Posteriora*. Oxford: Clarendon Press.

Natali, C. (2013). "*Aitia* in Plato and Aristotle. From Everyday Language to Technical Vocabulary", in C. Viano, C. Natali, and M. Zingano (eds.), *Aitia I. Les quatres causes: origines et interpretation*. Leuven: Peeters, 39-73.

Novotný, D. and L. Novák. (2014). *Neo-Aristotelian Perspectives in Metaphysics*. New York: Routledge.

Owen, G. E. L. (1965). "The Platonism of Aristotle", *Proceedings of the British Academy* 50, 125-150.

Patzig, G. (1968). *Aristotle's Theory of the Syllogism: A Logico-Philological Study of Book A of the Prior Analytics*. Dordrecht: Springer.

Pellegrin, P. (2010). "Definition in Aristotle's *Posterior Analytics*", in J. Lennox, R. Bolton (eds.), *Being, Nature, and Life in Aristotle: Essays in Honor of Allan Gotthelf*. New York: Cambridge University Press, 122-146.

Peramatzis, M. (2011). *Priority in Aristotle's Metaphysics*. Oxford: Oxford University Press.

Peramatzis, M. (2013). "Science and Metaphysics in Aristotle's Philosophy", *Metascience* 22.2, 303-315.

Peramatzis, M. (2014). "Matter in Scientific Definitions in Aristotle", *The Oxford Handbook of Topics in Philosophy* (Online Edition), https://doi.org/10.1093/oxfordhb/9780199935314.013.001（访问日期：2025年5月15日）.

Peramatzis, M. (2017). "Aristotle's 'Logical' Level of Metaphysical Investigation", in B. Bydén and C. Thomsen Thörnqvist (eds.), *The Aristotelian Tradition: Aristotle's Works on Logic and Metaphysics and Their Reception in the Middle Ages*, Toronto: Brepols Publishers, 81-130.

Peramatzis, M. (2018). "Aristotle's Hylomorphism: The Causal-Explanatory Model", *Metaphysics* 1.1, 12-32.

Peramatzis, M. (2019). "*Posterior Analytics* II.11, 94b8-26: Final Cause and Demonstration", *Manuscrito* 42, 323-351.

Politis, V. (2004). *Routledge Philosophy Guidebook to Aristotle and the Metaphysics*. London: Routledge.

Politis, V. (2010). "Explanation and Essence in Plato's *Phaedo*", in D. Charles (ed.),

Definition in Greek Philosophy, Oxford: Oxford University Press, 62-114.

Politis, V. (2015). *The Structure of Enquiry in Plato's Early Dialogues*. Cambridge: Cambridge University Press.

Politis, V. (2021). *Plato's Essentialism: Reinterpreting the Theory of Forms*. Cambridge: Cambridge University Press.

Politis, V. and P. Steinkrüger. (2017). "Aristotle's Second Problem about a Science of Being *qua* Being: A Reconsideration of *Metaphysics* IV 2", *Ancient Philosophy* 37, 59-89.

Politis, V. and J. Su. (2017). "The Concept of *Ousia* in *Metaphysics* Alpha, Beta, and Gamma", in W. Wians, R. Polansky (eds.), *Reading Aristotle: Argument and Exposition*. Leiden: Brill, 257-276.

Preus, A. (1969). "Aristotle's 'Nature uses'...", *Apeiron* 3.2, 20-33.

Preus, A. (1975). *Science and Philosophy in Aristotle's Biological Works*. Hildesheim: Georg Olms.

Preus, A. (1990). "Man and Cosmos in Aristotle: *Metaphysics* Λ and the Biological Works", in D. Devereux, P. Pellegrin (eds.), *Biologie, Logique et Métaphysique chez Aristote*. Paris: CNRS, 471-490.

Pritzl, K. (1994). "Opinions as Appearances: Endoxa in Aristotle", *Ancient Philosophy* 14, 41-50.

Quine, W. V. (1966). "Three Grades of Modal Involvement", in W. V. Quine, *The Ways of Paradox and Other Essays*. New York: Random House, 1966, 156-174.

Rapp, C. (2019). "The Explanatory Value of Developmental Hypotheses as Exemplified by the Interpretation of Aristotle", in P. Golitsis, K. Ierodiakonou (eds.), *Aristotle and His Commentators: Studies in Memory of Paraskevi Kotzia*. Berlin: De Gruyter, 3-17.

Reale, G. (1980). *The Concept of First Philosophy and the Unity of the Metaphysics of Aristotle*. Albany: State University of New York Press.

Ross, W. D. (1924). *Aristotle's Metaphysics*. 2 vols. Oxford: Oxford University Press.

Ross, W. D. (1936). *Aristotle's Physics*. Oxford: Oxford University Press.

Ross, W. D. (1949). *Aristotle's Prior and Posterior Analytics*. Oxford: Oxford University Press.

Sedley, D. (2015). "Varieties of Definition", in D. Ebrey (ed.), *Theory and Practice in Aristotle's Natural Science*. Cambridge: Cambridge University Press, 187-198.

Shields, C. (2012). "Being *qua* Being", in C. Shields (ed.), *The Oxford Handbook of Aristotle*. New York: Oxford University Press, 343-371.

Sirkel, R. (2018). "Essence and Cause: Making Something Be What It Is", in Riccardo Chiaradonna, Filippo Forcignanò, and Franco Trabattoni (eds.), *Ancient Ontologies, Contemporary Debates*. Macerata: Quodlibet, 89-112.

Slomkowski, P. (1997). *Aristotle's Topics*. Leiden: Brill.

Smith, R. (1989). *Aristotle, Prior Analytics*. Indianapolis: Hackett.

Smyth, H. W. (1956). *Greek Grammar*. Revised by Gordon M. Messing. Cambridge, MA: Harvard University Press.

Sorabji, R. (1980). *Necessity, Cause, and Blame: Perspectives on Aristotle's Theory*. Ithaca, N.Y.: Cornell University Press.

Steinkrüger, P. (2018). "Aristotle on Kind-Crossing", *Oxford Studies in Ancient Philosophy* 54, 107-158.

Striker, G. (2009). *Aristotle Prior Analytics Book I*. Oxford: Oxford University Press.

Tahko, T. E. (ed.). (2012). *Contemporary Aristotelian Metaphysics*. Cambridge: Cambridge University Press.

Tierney, R. (2001). "Aristotle's Scientific Demonstrations as Expositions of Essence", *Oxford Studies in Ancient Philosophy* 20, 149-170.

Wedin, M. V. (2000). *Aristotle's Theory of Substance*. Oxford: Oxford University Press.

Weidemann, H. (1980). "In Defence of Aristotle's Theory of Predication", *Phronesis* 25, 76-87.

White, S. (1971). "Aristotle on Sameness and Oneness", *Philosophical Review* 80, 177-197.

Wians, W. (1996). "Scientific Examples in the *Posterior Analytics*", in W. Wians (ed.), *Aristotle's Philosophical Development: Problems and Prospects*. London: Rowman & Littlefield Publishers, 131-150.

Wilson, M. (2000). *Aristotle's Theory of the Unity of Science*. Toronto: University of Toronto Press.

Witt, C. (1989). *Substance and Essence in Aristotle: An Interpretation of Metaphysics VII–IX*. Ithaca, N.Y.: Cornell University Press.

Yu, J. (2003). *The Structure of Being in Aristotle's Metaphysics*. Dordrecht: Springer.